dtv

Was hat es mit den Vorgängen beim Denken, Lernen und Vergessen eigentlich auf sich? Manches lernt man schnell, anderes begreift man nie. Was man eben noch wusste, ist oft schon nach Sekunden wieder weg. Dies alles sind Erfahrungen, die jeder schon gemacht hat. Frederic Vester zeigt auf seiner Kreuzfahrt durch das menschliche Gehirn eine völlig neue Richtung der Gehirnforschung: die Biologie der Lernvorgänge. Auf eine sehr klare und anschauliche Art führt er den Nachweis, dass alle Mühe umsonst ist, wenn man beim Lehren und beim Lernen gegen die biologischen Grundgesetze verstößt – Gehirnforschung, wie sie jeden angeht. Ein Testprogramm, anhand dessen jeder seinen individuellen Lerntyp feststellen kann, verhilft dem Leser darüber hinaus zu nützlichen Einsichten in die Beschaffenheit seines eigenen »biologischen Computers« und wie er ihn am effektivsten nutzen kann.

Frederic Vester, geboren 1925, Biochemiker und Fachmann für Umweltfragen, ist Gründer und Leiter der Studiengruppe für Biologie und Umwelt GmbH in München. Von 1982 bis 1988 Inhaber des Lehrstuhls für »Interdependenz von technischem und sozialem Wandel« an der Universität der Bundeswehr in München, bis 1992 als ständiger Gastprofessor für Betriebswirtschaft an der Hochschule St. Gallen. Bekannt durch wissenschaftliche Fernsehreihen und Ausstellungen über Systemzusammenhänge sowie als Bestsellerautor von Sachbüchern. Auszeichnungen u. a. Adolf-Grimme-Preis 1974, Umweltschutzmedaille 1975, Autorenpreis der Deutschen Umwelthilfe 1979, Philip-Morris-Forschungspreis 1984, Umweltpreis der Stadt Essen 1984, Saarländischer Verdienstorden 1988, Ehrendoktorwürde für Wirtschaftswissenschaften der Hochschule St. Gallen 1989; Bayerische Umweltmedaille 1992, Comenius Medaille 2000, seit 1993 Mitglied des Club of Rome.

Frederic Vester

Denken, Lernen, Vergessen

Was geht in unserem Kopf vor,
wie lernt das Gehirn,
und wann lässt es uns im Stich?

Mit zahlreichen Abbildungen

Deutscher Taschenbuch Verlag

Von Frederic Vester
sind im Deutschen Taschenbuch Verlag erschienen:
Neuland des Denkens (33001)
Phänomen Streß (33044)
Unsere Welt – ein vernetztes System (33046)
Crashtest Mobilität (33050)

Als Unterrichtsmaterial liegen die folgenden Videofilme zu
›Denken, Lernen, Vergessen‹ vor:
Denken, Lernen, Vergessen; 3 Teile, Spieldauer je 45 Minuten
(Studiengruppe für Biologie und Umwelt,
Nußbaumstraße 14, 88336 München)
Blick ins Gehirn; 3 Teile, Spieldauer je 7 Minuten
(Ernst Klett Verlag, Rotebühlstraße 77, 70178 Stuttgart)
Meister der Komplexität; Spieldauer 55 Minuten
(Interview des SRG, Atv-TV-Produktion
Unterer Kirchweg 35 a, A-6850 Dornbirn)
sowie das interaktive Strategiespiel
›ecopolicy‹ auf CD-ROM
(Westermann Schulbuchverlag, Postfach,
38039 Braunschweig)

Überarbeitete, erweiterte Ausgabe
Oktober 2001
Deutscher Taschenbuch Verlag GmbH & Co. KG,
München
www.dtv.de
Das Werk ist urheberrechtlich geschützt.
Sämtliche, auch auszugsweise Verwertungen bleiben vorbehalten.
© 1975 Deutsche Verlags-Anstalt GmbH, Stuttgart
ISBN 3-421-02672-6
Umschlagkonzept: Balk & Brumshagen
Umschlagfoto: © Focus/Prof. P. Motta & T. Naguro, Science Photo Library
Gesetzt aus der Aldus 9,75/11,5'
Gesamtherstellung: Druckerei C. H. Beck, Nördlingen
Gedruckt auf säurefreiem, chlorfrei gebleichtem Papier
Printed in Germany · ISBN 3-423-08565-7

Inhalt

Vorbemerkung zur Neubearbeitung der Taschenbuch-Ausgabe

Dieses Buch beruht auf der im Februar und März 1973 ausgestrahlten Fernsehserie ›Denken, Lernen, Vergessen‹ und hat dennoch bis heute nichts an Aktualität verloren. Die Absicht der damals an das große Publikum gerichteten Sendungen war es, den Zuschauern anhand der neuesten biologischen Erkenntnisse einen Einblick in die faszinierenden Zusammenhänge zwischen Körper und Geist zu geben. Eine Einsicht in das Wechselspiel zwischen den Funktionen unseres Organismus und all dem, was wir fühlen und denken.

Das Echo war über alles Erwarten groß, und die Sendungen wurden mehrmals wiederholt und als Hörfunkserie umgearbeitet. Für den ersten Film der Serie erhielten der Autor und sein Produzent Gerhard Henschel den Adolf-Grimme-Preis 1974. Ein Jahr später wurde eine dritte Folge produziert, welche die den ersten beiden Folgen zugrundeliegenden Erkenntnisse in ihren Konsequenzen für die Praxis des Lehrens und Lernens umsetzte.

Nach der ersten Ausstrahlung der Fernsehfilme traf die für eine wissenschaftliche Fernsehserie sensationelle Zahl von 16 000 Zuschriften und Manuskriptanfragen ein. Nach den Wiederholungen der Filme erhöhte sich die Zahl bald auf über 20 000.

Angesichts des enormen Interesses der Öffentlichkeit erschien dann bei der DVA das Sachbuch ›Denken, Lernen, Vergessen‹. Die Auflage kletterte rasch in die Höhe. Einundzwanzig Wochen lang führte das Buch die Bestsellerlisten des SPIEGEL an und eroberte sich auch in der Jahresbestsellerliste den ersten Platz. Bis heute wurde das Buch in sieben Sprachen übersetzt. In Holland ist es im April 1976 zum »Buch des Monats« gewählt worden und erreichte innerhalb eines einzigen Monats einen Rekordabsatz von 82 000 Stück. Inzwischen ist ›Denken, Lernen, Vergessen‹ auch in mehreren deutschen Buchclub-Ausgaben erschienen und liegt seit 1978 auch als Taschenbuch vor.

Viele Aussagen des Buches basieren auf dem Inhalt meiner Vorlesungen an den Universitäten Konstanz, Regensburg und Essen, andere auf Recherchen der Studiengruppe für Biologie und Umwelt zu einem »biologisch sinnvollen Lernen«. Die meisten Erkenntnisse sind nach wie vor gültig und konnten auch in dieser Neubearbeitung unverändert beibehalten werden, sodass die Aktualisierung anhand der neueren Fachliteratur vor allem in Ergänzungen besteht, ohne dass die Grundaussagen korrigiert werden mussten. Die Bebilderung stammt vorwiegend aus dem Original-Filmmaterial der Fernsehserie ›Denken, Lernen, Vergessen‹. Für die Überlassung weiteren Bildmaterials danke ich Prof. Dr. K. Akert, Prof. Dr. D. L. Harmon, Prof. Dr. E. R. Lewis, dem Trickstudio Roderjan wie auch der Redaktion der Zeitschrift ›Schule‹ und der Zeitschrift ›Die Kapsel‹. Besonderer Dank gebührt den bei der Filmherstellung und einigen der angeführten Tests mit großem Interesse an der Sache mitwirkenden Pädagogen M. Kusterer, M. Maurer, H. von Miller, A. von Schirnding, Dir. G. Schwab, Dr. H. Seeberger und Frau Dr. T. Sladky. Dem Max-Planck-Institut für Psychiatrie und seinen Mitarbeitern, insbesondere Dr. Mehraein, sei für die ständige, bereitwillige Beratung, für Bildmaterial, jederzeitige Filmerlaubnis und viele Diskussionen gedankt. Weiterer Dank gilt B. v. Harder für seine Hinweise auf die neueren Forschungen zur Gehirnentwicklung in der Pubertät sowie der Mitwirkung der vielen Schüler und der in meinen Seminaren mitarbeitenden Studenten – und nicht zuletzt meinen eigenen Kindern, die nun selber wieder schulpflichtige Kinder haben und die mich bis heute den Kontakt mit der Realität des ständigen Lernens nie verlieren ließen. Meinen Lesern, Mitarbeitern und Freunden verdanke ich viele Anregungen und sachliche Kritiken, die ich für die Überarbeitung verwendet habe. Dem Deutschen Taschenbuch Verlag gebührt Dank für die fruchtbare redaktionelle Betreuung bei der Überarbeitung und Neugestaltung dieses Buches, der mit der Jubiläumsausgabe 2001 eine erneute Aktualisierung gefolgt ist. Die Neuausgabe erschien mir auch insofern angebracht, als auf Initiative führender deutscher Gehirnforscher die Dekade 2000 bis 2010 (im Anschluss an die amerikanische *Decade of the brain*) zum *Jahrzehnt des menschlichen Gehirns in Deutschland* ausgerufen wurde.

München, 2001 — *Der Verfasser*

Gehirnforschung, wie sie jeden angeht

Wenn diese Buchstaben durch unser Auge vom Gehirn aufgenommen werden, wenn unsere Gedanken ihnen folgen, gesteuert von dem, was wir lesen, was spielt sich dann hinter unserer Stirn ab? Was treiben unsere kleinen grauen Zellen, wenn uns ein Roman fesselt, traurig macht, zum Lachen bringt? Benutzen wir da nicht ein Instrumentarium voll ungeahnter Möglichkeiten, welches wir kaum kennen, ja vielleicht sogar verkennen, falsch bedienen oder gar missbrauchen? In der Tat, die Frage, was es mit den Vorgängen beim Denken, Lernen und Vergessen eigentlich auf sich hat, diese Frage ist heute nicht weniger aktuell als zu Sokrates' Zeiten. Äußerer Ausdruck dieses auch heute anhaltenden Interesses sind entsprechend aufgemachte Sensationen in den Massenmedien: Gehirnmanipulationen, Kopfverpflanzungen, Verhaltenssteuerung per Knopfdruck, Gedächtnisübertragung und was sonst noch alles unter Gehirnforschung verstanden wird. Man braucht nur einmal ein paar Schlagzeilen zu lesen: »Ein abgeschnittener Kopf, der weiterlebt«; »Gehirnzellen zum Leben erweckt«; »Ein Kunsthirn für Bruno«; »Mutterliebe lässt sich drahtlos steuern«; »Zanksucht gezähmt«.

Solche Manipulationen mit Gehirnen und ähnlich makabre Frankenstein-Themen, zum Beispiel die ferngesteuerte Bewegung eines Affenarms oder die ständig benutzte Lusttaste, mit der sich eine Ratte zu Tode vergnügt, betreffen ja im Grunde recht enge medizinische Bereiche und sind in Wirklichkeit ohne größere Bedeutung für uns. Selbst wenn durch Übertragung von Gehirnsubstanz Wissen direkt übermittelt (was noch sehr fraglich ist) und Gehirne ferngesteuert werden können, setzt das zunächst komplizierte Eingriffe am einzelnen Menschen voraus. Diese Dinge bedeuten daher für die Allgemeinheit keine größere Gefahr als irgendwelche anderen Techniken, mit denen am einzelnen Missbrauch getrieben werden kann. Viel interessanter für uns, bedeutender und weitreichender und für jeden von uns gültig, sind die Erkenntnisse, die wir aus solchen Forschungen über die Geheim-

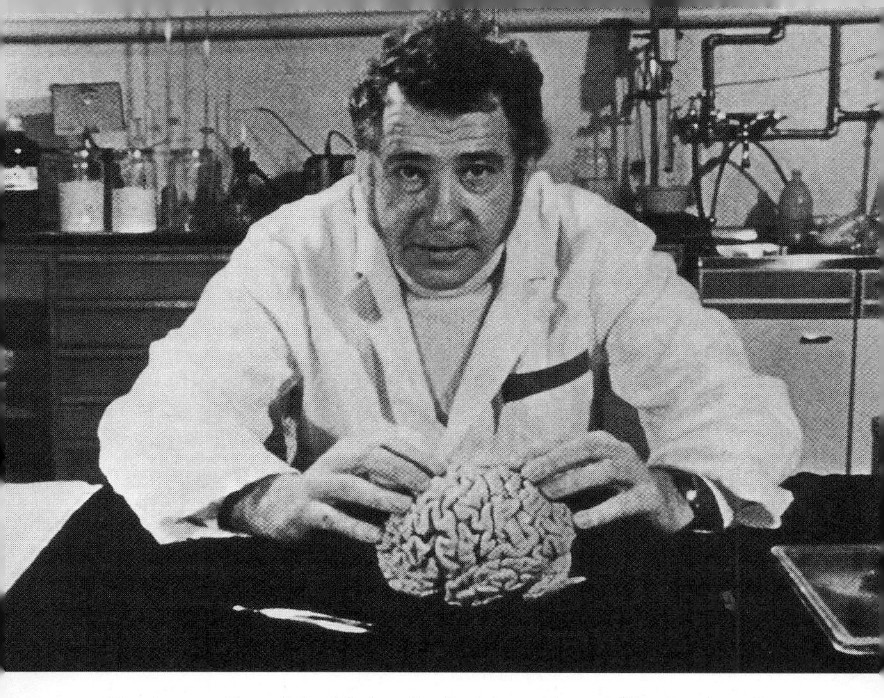

Der Autor während der Moderation in seinem Fernsehfilm ›Denken, Lernen, Vergessen I‹ (Radio Bremen), für den er zusammen mit seinem Produzenten Gerhard Henschel den Adolf-Grimme-Preis 1974, verbunden mit dem Förderpreis des Stifterverbandes für die Deutsche Wissenschaft, erhielt. Noch bei der Endabnahme zögerte der Sender, die anspruchsvollen Filme im 1. Programm um 20.15 Uhr auszustrahlen. Dass er gut daran tat, sich doch dafür zu entscheiden, zeigte die enorme Anzahl von Zuschriften – auf die erste Ausstrahlung der Filme insgesamt 16 000, vom zwölfjährigen Jungen bis zum 89-jährigen Greis, von der Putzfrau bis zum Professor –, die höchste Zahl, die der Sender je bei einem wissenschaftlichen Film verzeichnen konnte.

nisse des *natürlichen* Zusammenspiels unseres Gehirns mit dem übrigen Organismus erfahren können.

Der Zugang zu den rätselhaften biologischen Vorgängen beim Denken gelingt am besten, wenn wir uns einfach einmal ein paar bestimmte Bereiche der Gehirntätigkeit vorknöpfen und dann nach und nach die vielfältigen Wechselwirkungen zwischen ihnen beleuchten, bis wir schließlich – immer wieder anhand von Beispielen aus der Praxis – das komplexe Netzwerk, wie es auf S. 176 abgebildet ist, aufbauen und verstehen können.

Beginnen werden wir mit dem Gehirn selbst, seinem eigenartigen Aufbau, seiner geheimnisvollen inneren Struktur aus vielen Milliarden Nervenzellen und seiner so sonderbaren Evolution gegenüber den Hirnen anderer Lebewesen. Doch wie entwickelt es sich im Laufe unseres *eigenen* Lebens? Die Antwort birgt einige Überraschungen von großer Tragweite. Sie beginnen mit den ersten Eindrücken im Säuglingsalter – Eindrücke, die für das spätere Lernen und Verstehen das entscheidende *Grundmuster* prägen. Diesen Eindrücken in den ersten noch unbewussten Lebenswochen wurde bisher wenig Aufmerksamkeit geschenkt. Sie sind von Kind zu Kind ungemein verschieden – ebenso verschieden wie unsere Vorlieben, Fähigkeiten, Schwierigkeiten und Abneigungen bei allem, was mit dem Lernen und Denken zusammenhängt. Mit diesem Thema wird sich der erste Teil des Buches befassen.

Im zweiten Teil werden wir die verschiedenen *Speicherschritte* unseres Gedächtnisses kennen lernen: das Ultrakurzzeit-, das Kurzzeit- und das Langzeit-Gedächtnis – und dabei erste wissenschaftliche Erkenntnisse über die Arbeitsweise und die Hintergründe dieser speziellen Tätigkeiten des Denkens erfahren.

Im dritten Teil geht es dann um die in der Allgemeinheit noch weithin unbekannten Wechselwirkungen der nun schon etwas bekannteren Denkvorgänge mit dem übrigen Organismus. All dies bleibt jedoch keinesfalls graue Theorie. Denn jeder einzelne Bereich wird dazu von zwei Seiten aus beleuchtet: einmal in einer realen Situation aus dem Leben, die das äußere Bild einer bestimmten Gehirntätigkeit wiedergibt; zum anderen in einem Einstieg in das allmählich immer vertrautere Innere unseres Gehirns selbst, wobei wir versuchen wollen, die dabei sozusagen »hinter den Kulissen« ablaufenden Vorgänge nach neuesten wissenschaftlichen Erkenntnissen zu verfolgen – Erkenntnisse, die, wenn dieses Buch erschienen ist, vielleicht schon wieder weiter gediehen sind.

Der vierte Teil schließlich wird mit den so gewonnenen Einblicken in die Arbeit unseres Gehirns, dieses unentwegt gebrauchten und doch so unverstandenen und oft malträtierten Denkinstruments, einen ersten Schritt in die Praxis wagen und einiges, was

Regiebesprechung während der Dreharbeiten zu ›Denken, Lernen, Vergessen III‹ in den Räumen der Studiengruppe für Biologie und Umwelt, München.

wir in der Studiengruppe für Biologie und Umwelt über ein biologisch sinnvolles Lernen herausgefunden haben, recht deutlich zur Sprache bringen.

Bei all dem werden wir die Forschung auf *solche* Erkenntnisse hin sondieren, die uns neue Horizonte über unsere normale geistige Tätigkeit, unsere Intelligenz, unser Denken und Lernen eröffnen können. Dabei werden Fragen über Fragen auftauchen: Wie groß ist der Einfluss der ersten Wahrnehmungen – Hören, Schmecken, Fühlen – eines neuen Erdenbürgers in der Zeit nach der Geburt? Zeichnen die ersten Eindrücke in dem noch wenig geprägten Gehirn eines Säuglings tatsächlich unauslöschliche Spuren für die spätere Entwicklung? Warum kommt ein Schüler bei dem einen Lehrer im Unterricht glänzend mit, bei dem anderen dagegen nicht? Ist er nun dümmer als seine Mitschüler, oder hat sein Nichtbegreifenkönnen andere Ursachen? Warum weiß ein Fußballspieler tatsächlich Minuten später nicht mehr, wie er gefoult wurde? Ist eine solche Erinnerungslücke, von der auch Autofahrer oft nach einem Unfall berichten, eine faule Ausrede oder doch ein echter Gedächtnisverlust? Was erfahren wir daraus über die Erinnerungsvorgänge? Warum behalten wir manche Dinge nur für Sekunden, andere dagegen ein ganzes Leben lang? Was bedeutet das plötzliche Vergessen bei Prüfungsangst, das Fehlverhalten bei einer Panik? Wo kommen eigentlich Ideen her? Wodurch werden sie gefördert, wodurch werden sie abgewürgt? Welche Bedingungen stimulieren, welche hemmen uns beim Lernen?

Wenn wir solche Fragen beantworten wollen, müssen wir schon recht tief hinter die Kulissen unseres Gehirns schauen, müssen wir seine Struktur und seine Funktion bis in die letzten Feinheiten kennen. Und genau diese Erkenntnis über unseren biologischen Computer hat vor einigen Jahren begonnen, sich aus vielen Mosaiksteinchen der unterschiedlichsten Forschungsbereiche zusammenzusetzen. Vieles ist Hypothese, erst einiges gesichert. Doch schon aus diesem wenigen können wir Konsequenzen ziehen, die manche der bisherigen Vorstellungen über Lern- und Denkvorgänge erschüttern oder zumindest in ein neues Licht rücken. Und selbst über das, was man gemeinhin Geist nennt, eröffnet dieses beginnende Wissen schon völlig neue Horizonte.

Wie wesentlich es ist, diese Zusammenhänge heute jedem zugänglich zu machen, geht schon daraus hervor, dass der amerikanische Senat die 90er Jahre zum »Jahrzehnt des Gehirns« erklärt hat.[1] So kommen endlich Molekularbiologen und Informatiker miteinander ins Gespräch, verbünden sich mit Linguisten, Neurologen, Psychologen und Physiologen zu einer interdisziplinären Entdeckungsreise, die wir in der Tat dringend brauchen, denn ohne eine neue Sicht der Wirklichkeit und eine bessere Art, unser Gehirn zu nutzen, werden wir immer größere Probleme haben, mit dem komplexen System unserer Welt richtig umzugehen.[2]

Wie wir das lineare Denken überwinden können und welche Hilfen für eine neue »vernetzte« Sicht heute zur Verfügung stehen, habe ich in meinem Buch ›Die Kunst, vernetzt zu denken‹ anhand vieler praktischer Beispiele dargestellt. (Sh. Anm. 105)

I Die Prägung unseres Gehirns
»Hardware« – Aufbau der Struktur

Einführung

Wie kann man nun so etwas Nichtfassbares wie den menschlichen Geist überhaupt naturwissenschaftlich erforschen? Die ersten Hinweise auf die Beziehungen zwischen Gehirnstruktur und Denkvorgängen kamen aus den Veränderungen krankhafter Hirne. Wir werden etwas später noch genauer darauf eingehen. Moderne Methoden der Hirnvermessung, Einführung von elektrischen Sonden mit Hilfe des Röntgenschirmes, Elektroenzephalogramme, pharmakologische Eingriffe und neuerdings Emissions- und Kernspin-Schnittbilder haben diese Hinweise im Laufe der letzten Jahre gefestigt. Gleichzeitig stießen sie in ganz neue Dimensionen vor. Sehen wir uns zunächst einmal ein normales menschliches Gehirn an. Diese geheimnisvolle, gallertartige, windungsreiche Masse gab, lediglich präpariert und haltbar gemacht, viele Jahrhunderte lang die Grundlagen für unsere heutige Forschung ab. Gehirne wurden seziert, in ihrer Form und Größe verglichen, in anatomisch unterscheidbare Einzelteile zerlegt. Heute ist man dabei, mit immer subtileren Methoden der Gehirnphysiologie, der Neurologie und der Biochemie in die differenziertesten Funktionen vorzudringen.

Versuchen wir dieses Vordringen nachzuvollziehen. Im Schädel liegt das Gehirn als der wichtigste Teil des zentralen Nervensystems wohl behütet wie in einem Tresor. Es ist eingebettet in das Gehirnwasser und geschützt gegen Druck und Stoß. Wir haben auch hier, wie bei allen Organen, ein Gebilde voller Wunder vor uns liegen. Der älteste Teil des Gehirns ist das beim Menschen von den anderen Teilen fast völlig verdeckte sogenannte Stammhirn, das bei den Tieren auch heute noch praktisch die gesamte Hirnmasse ausmacht. Im Gipsmodell auf Seite 16/17 sehen wir vier Hirne mit zunehmend ausgeprägtem Großhirn: das eine vom Dachs, ein anderes vom Hirsch, ein drittes vom Gorilla, und im Vergleich

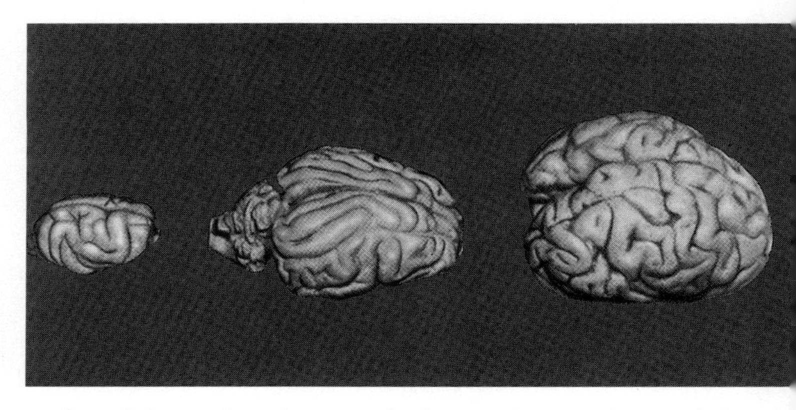

Größenverhältnisse der Gehirne verschiedener Evolutionsstufen. Von links nach rechts: Dachs, Hirsch, Gorilla, Mensch.

dazu, noch unpräpariert, ein echtes menschliches Gehirn aus der Anatomie. Kaum ein anderes Körpergewebe zeigt in der Tat so wesentliche Unterschiede zwischen Tier und Mensch wie gerade der Aufbau des Nervengewebes unseres Gehirns. Wie kam dieser Unterschied zustande?

Im Laufe von Jahrmillionen, also mit der Entwicklung der Arten, hat sich aus einem kleinen, vorne befindlichen Riechhirn unser Großhirn gebildet. Beim Menschen sieht man noch zwei kleine, degenerierte Läppchen als Rest des ursprünglichen Riechhirns. Von diesem ausgehend, haben sich zwei größere Lappen gebildet, die als Großhirnlappen schließlich das gesamte übrige Gehirn überdecken (vgl. hierzu die Abbildung auf S. 20).

Diese immer stärkere Betonung des Großhirns im Lauf der Entwicklung der Arten hat ihre Ursache in einer allmählichen Verschiebung der Evolutionsbedingungen. Alle Lebewesen, die bis heute überlebt haben, haben auf jede neue Situation in ihrer Umwelt auf eine ihnen ganz eigene Weise reagiert. Je höher sich dabei ein Lebewesen entwickeln musste, desto weniger konnte es einer bestimmten Situation immer bloß auf eine Weise begegnen. Seine Reaktionen wurden vielschichtiger. Berühren wir beispielsweise die Stielaugen einer Schnecke, so zieht sie diese ein. Nach

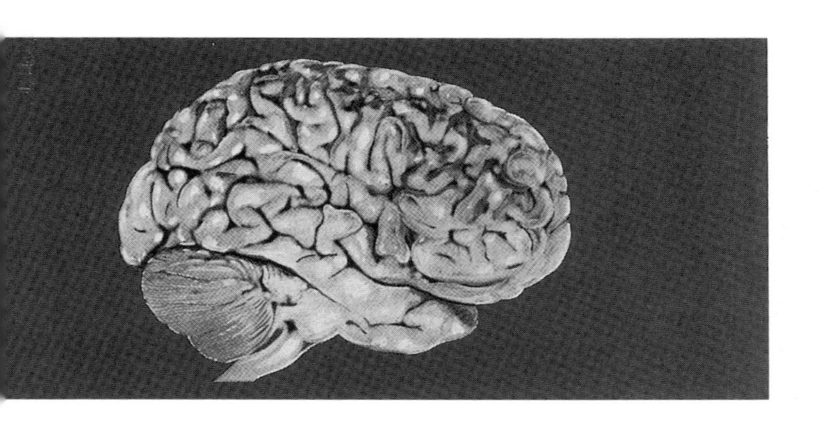

kurzer Zeit fährt sie ihre Antennen wieder aus, berührt wieder unseren Finger damit, zieht sie wieder ein, und so geht es weiter: berühren, einziehen, ausfahren, berühren, einziehen, ausfahren. Machen wir diesen Versuch mit einem Affen, dann erleben wir ganz andere Vorgänge. Der Affe fährt zurück, schließt das Augenlid und geht sofort aus dem Gefahrenbereich. Kommen wir ihm mit unserem Finger nach und wollen das Auge ein zweites Mal berühren, dann nimmt er bereits vorher unseren Finger und hält ihn von sich weg. Beim dritten Mal wird er vielleicht danach beißen, und wenn all das nichts nutzt, und wir wieder auf sein Auge zufahren, gibt er vielleicht seinen angestammten Platz auf und springt zurück, wenn er unseren Finger nur sieht. Die Reaktionen ändern sich von Mal zu Mal und beziehen die jeweils vorangegangenen Erfahrungen mit ein. Wie vielfach in der Biologie führt das Wirken des Nervensystems, vor allem bei den höheren Tieren, über das Zusammenspiel vieler einzelner Reaktionen also zu weit mehr als zu deren bloßer Summierung. Hier ist *Lernen* im Spiel – und das hochkomplexe Zusammenspiel dabei nennen wir Verhalten.

Es ist klar, dass eine so komplizierte Tätigkeit der Nerven eine zentrale Überwachung und Steuerung braucht: das Zentralnervensystem. Mit anderen Worten: ein Gehirn. Und da im Laufe der Evolution bei denjenigen Lebewesen, die mit anatomischen Werkzeugen wie Krallen, Springmuskeln und Flügeln nur schwach ausgerüstet waren oder bei denen diese allmählich verkümmerten, eine immer komplexere Reaktion und Verarbeitung im Nervensystem (bis zur kodifizierten Kommunikation mit anderen Gruppenmitgliedern – der Sprache) nötig wurde, um diese Mängel zu ersetzen, hat sich bei solchen Lebewesen (zu denen auch wir gehören) das bewusst steuernde und lernende Gehirn schließlich zu jener gewaltigen Größe entwickelt. Ursprünglich bestand ja das Verhalten im Wesentlichen aus festen Programmen wie Angreifen, Fressen, Sich-Paaren, Fliehen, Schlafen. Kam ein primitives Lebewesen in eine bestimmte Situation und bedeutete diese Situation ein bestimmtes Zeichen, so spulte eines dieser Programme ab, ähnlich einem Computerprogramm. Der Hochzeitstanz der Stichlinge zum Beispiel zeigt dadurch ein ganz eigentümliches Ritual. Auf S. 19 ist dieses Liebesspiel näher beschrieben. Für die Stichlinge ist dieses Ritual so fest programmiert, dass, wenn es unterbrochen wird, die Tiere weder ablaichen noch besamen können. Das Ritual muss erst wieder von vorne begonnen werden, und das so oft, wie es unterbrochen wird. Ein Verhalten, dessen erfolgreicher Abschluss – und damit die Erhaltung der Art – also vom ungestörten Ablauf eines festen Programms abhängt. Die Tiere selbst können diesen Ablauf nicht steuern. Ganz anders bei höheren Tieren.

Verletzt sich etwa eine Katze beim Anschleichen an einem Dorn, so zieht sie die verletzte Pfote nicht nur reflexartig aus der Gefahrenzone zurück. Die Nachricht, dass ein Dorn in der Pfote steckt, wird an das Gehirn weitergeleitet, dort als Schmerz empfunden und mit der Wertung »unangenehm« eingespeichert. In Zukunft wird diese Katze versuchen, Dornenhecken zu vermeiden. Und so, wie hier der Schmerz bewertet wurde, werden es Fressen, Paaren, Angreifen und Flucht ebenfalls. Diese »Werte« bilden eine Art Urbewusstsein im Sinne von angenehmen und unangenehmen Gefühlen.

Doch wo ist dieses Urbewusstsein, wo sind diese Gefühle im Gehirn beheimatet? Warum fehlt es bei niederen Tieren? Hirnspezialisten haben das zentrale Nervensystem durch alle Tierarten hindurch erforscht und herausgefunden, dass das, was wir gerade bei unserer Katze beobachtet haben, erst dann funktioniert, wenn eine ganz bestimmte anatomische Struktur im Gehirn vorhanden ist, die sich aus dem Riechhirn entwickelt hat: das sogenannte limbische

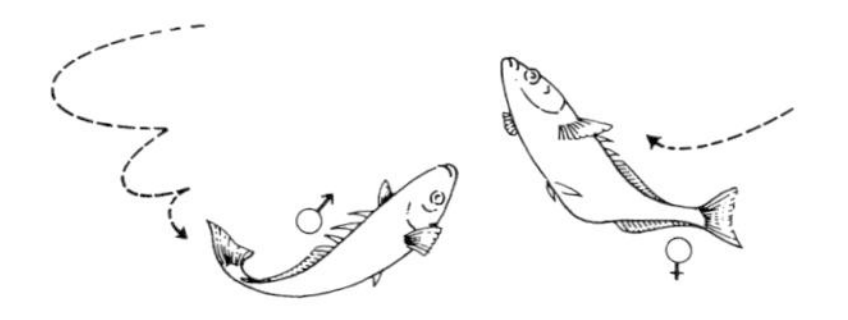

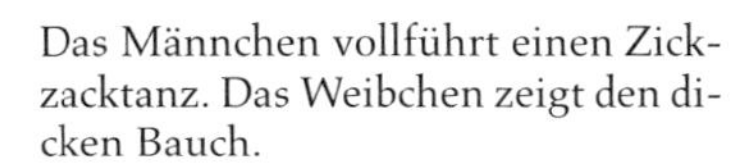

Das Männchen vollführt einen Zickzacktanz. Das Weibchen zeigt den dicken Bauch.

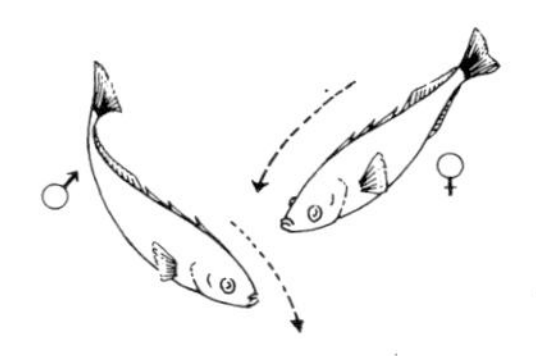

Das Männchen führt zum Nest. Das Weibchen folgt.

Das Männchen zeigt den Nesteingang. Das Weibchen schwimmt ins Nest.

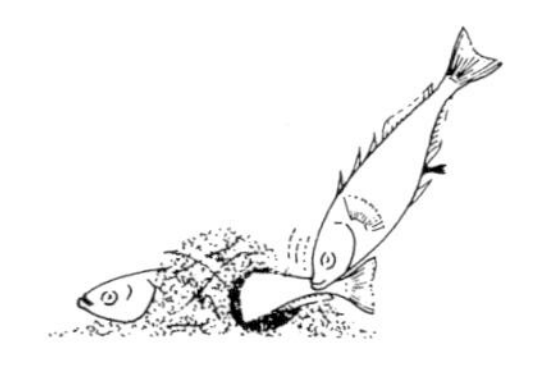

Das Männchen trommelt mit der Schnauze auf den Schwanz des Weibchens.

Das Weibchen laicht ab und schwimmt weg. Das Männchen besamt.

Programmierte Brautschau: der Hochzeitstanz des Stichlingmännchens
Dieses eigenartige Naturschauspiel ist im Frühjahr zu beobachten, wenn das Wasser sich erwärmt. Die Wärme des Wassers wird über die Nerven an das Gehirn des Stichlings gemeldet und führt dort zur Produktion bestimmter Hormone. Diese bewirken, dass das Tier mit der Suche nach einem Nistplatz beginnt. Ist eine geeignete Stelle gefunden, beginnen die Keimdrüsen, das Sexualhormon Testosteron auszuschütten. Das Tier wird aggressiv, verteidigt sein Revier und verändert sein Aussehen: Die Bauchseite färbt sich rot, der Rücken wird türkisfarben und die Augen leuchten blau. Das Stichlingmännchen hat sein Hochzeitskleid angelegt. Nun beginnt der Hochzeitstanz, wie er oben beschrieben ist.
Die Automatik dieses Programms ist genetisch fest verankert. Sie geht sogar so weit, dass man durch künstliche Unterbrechung das Liebesspiel beliebig oft wiederholen lassen kann, ohne dass eine Änderung eintritt. Die Paarung wird nur – und erst dann – vollzogen, wenn das Programm vollständig abgespult ist.

System – in unserem Gehirn eine begrenzte Region oberhalb des Zwischenhirns (siehe Abbildung auf S. 21). In der Evolutionshierarchie der Tiere tritt es zum ersten Mal bei den Reptilien auf.

Verfolgt man die Entwicklung des Gehirns in der aufsteigenden Tierreihe weiter, dann kommt man dahinter, dass das Prinzip, Tätigkeiten mit Gefühlen zu verknüpfen, immer erfolgreicher wird. Endlich verändern die Gefühle sogar ihre ursprüngliche Funktion und werden zu Bewusstsein, das uns Menschen schließlich hilft, ganz besondere komplexe Tätigkeiten auszuüben: nachdenken, pla-

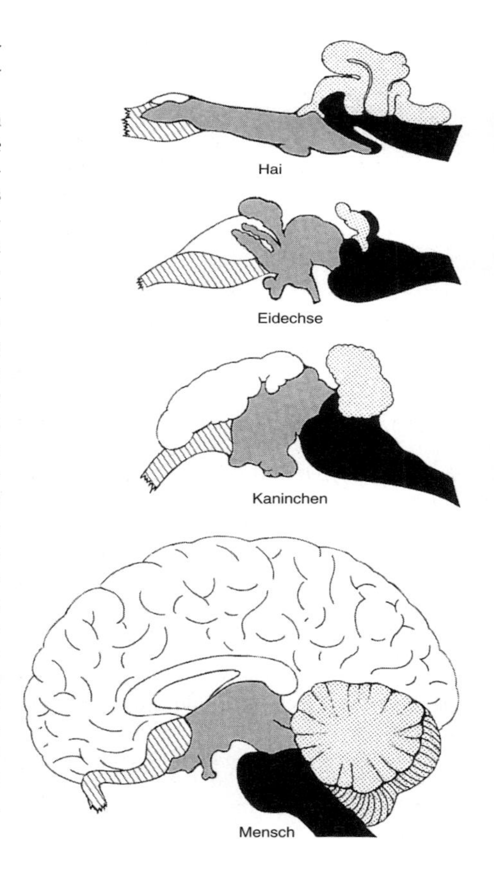

Veränderungen des Gehirns während der Evolution
Bei den niederen Tieren nehmen die Teile, die die Koordination und die automatischen Reaktionen des Körpers steuern, am meisten Platz ein; das Kleinhirn (gepunktet), das Zwischen- und Mittelhirn (grau), das verlängerte Mark mit Brücke (schwarz) und das Riechhirn (gestreift). Die Tiere steigen die Leiter der Evolution hinauf, wobei die Kommunikation in der Gruppe und laufende Lernprozesse – also das Denken und damit das Großhirn (weiß) – immer wichtiger werden. Die Oberfläche des Großhirnlappens, der sich aus dem Riechhirn entwickelt, vergrößert sich so sehr, dass sich der Lappen in Falten legen muss, während die Teile, die den Instinkt beherrschen, immer kleiner werden. (Nach R. Moore: Die Evolution, Amsterdam 1973.)

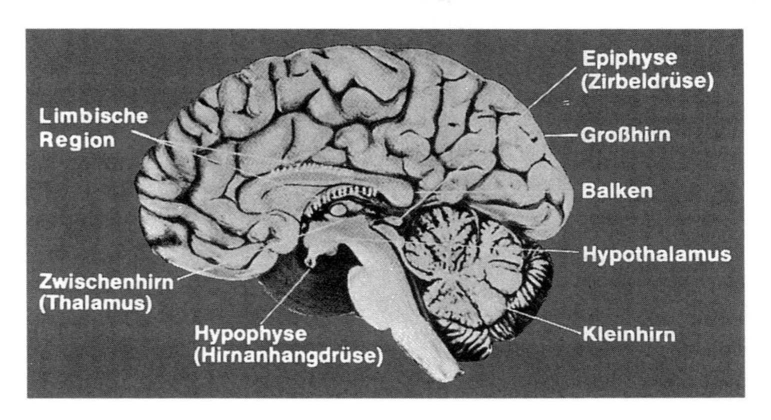

Längsschnitt durch das menschliche Gehirn

nen, entwerfen, vergleichen, urteilen, eigene Erfahrungen symbolisieren, das heißt in eine Sprache übersetzen und sie sogar anderen mitteilen. Wir werden später noch sehen, dass auf Grund dieser Verknüpfungen die Bedeutung geeigneter Emotionen oder eines Erfolgserlebnisses beim Lernvorgang gar nicht überschätzt werden kann. Auch die starke Erinnerungswirkung von Gerüchen (bestimmte »Schlüsselgerüche« können bekanntlich ganze Erinnerungspakete aus der Kindheit wachrufen) findet ihre Erklärung in der engen Verbindung der Riechbahn mit dem limbischen System.[3]

Solche Funktionen konnten sich freilich nur in dem Maß weiter entwickeln, wie sich auch die anatomische Struktur des limbischen Systems weiter ausbildete. So entstand schließlich aus dem limbischen Cortex die heutige Großhirnrinde. Mit ihr war nun nicht nur die genauere Abbildung eines großen Anteils der Gesamtaußenwelt möglich; die Fülle der neugebildeten Neuronen und deren Verknüpfungen erlaubte eine neue Zusammenschau aller gespeicherten Eindrücke und darüber hinaus das Erkennen dieser Zusammenschau selbst und damit auch desjenigen, der sie vornimmt – eben das Ichbewusstsein im eigentlich menschlichen Sinn.

Damit wollen wir wieder zur Anatomie des Gehirns des heutigen Menschen zurückkehren und ein wenig in sein geheimnisvolles Inneres schauen. Von dieser äußeren, etwas groben, walnussartigen Struktur würde man kaum vermuten, welch ein höchst kompliziertes und vielseitiges Organ sich darin verbirgt. Legen wir der Länge

Durch Krankheit bedingte Veränderungen des Gehirns:

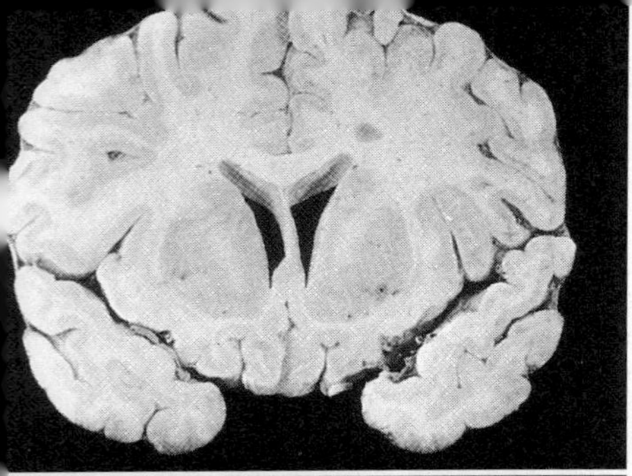

Querschnitt (Frontalschnitt) durch ein gesundes menschliches Gehirn.

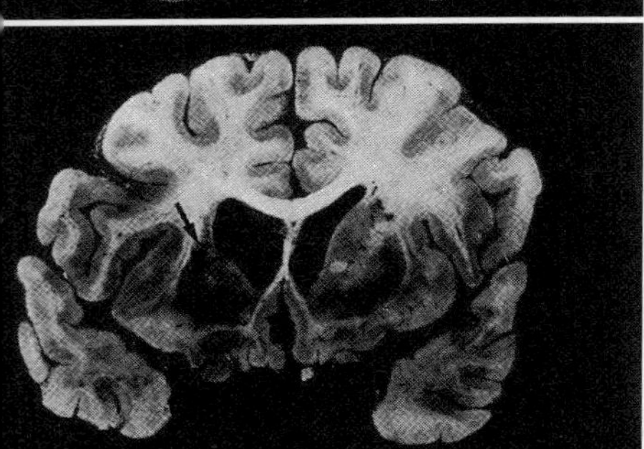

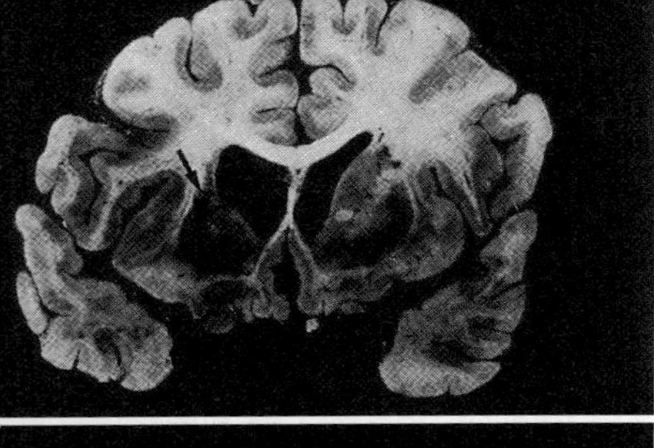

Kreislaufbedingter Zerfall von Gehirngewebe in der linken inneren Kapsel (Pfeil), die andere Seite ist gesund. Über diese Region werden die Impulse für unsere bewussten Bewegungen zum Rückenmark weitergeleitet. Folge: rechtsseitige Lähmung der Gliedmaßen.

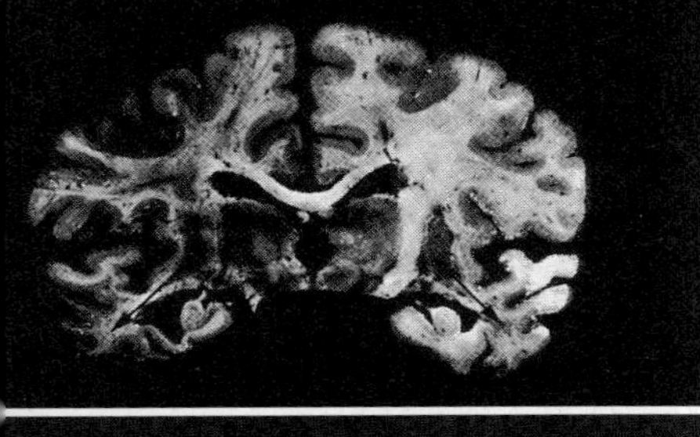

Starke Schrumpfung von Großhirnrinde und Mark in beiden Schläfenlappen. Links etwas stärker als rechts (Pfeile). Folge: starker intellektueller Abbau, weitgehender Gedächtnisverlust, Desorientierung.

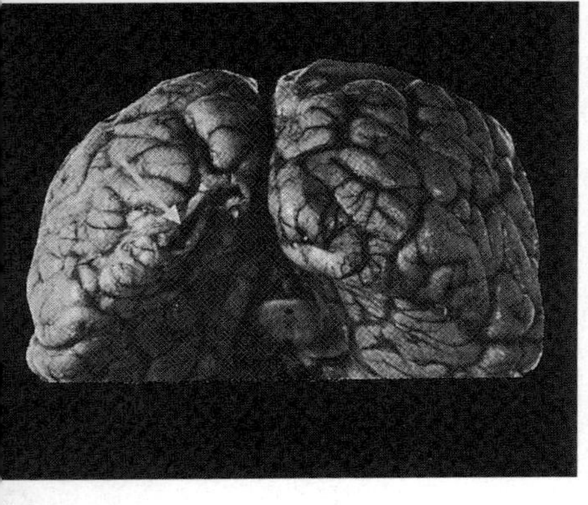

Tiefgreifende Großhirnwunde (Pfeil) im linken Hinterhauptslappen mit Zerstörung großer Teile der Sehrinde. Folge: schwere Sehstörungen (Blick von hinten; Kleinhirn wurde entfernt).

nach einen Schnitt hindurch, so ahnen wir schon eher, welche ungeheuer komplexen Vorgänge hier beherbergt werden. Mit Hilfe solcher Präparate, die in ihren wunderschönen Formen an pflanzliche Ornamente oder bizarre Meerestiere erinnern, konnte man die Aufgaben der einzelnen Gehirnteile schon in früher Zeit an bestimmten Störungen wie Orientierungslosigkeit, Gedächtnisschwund, Zwergwuchs und anderem erkennen. Solche Störungen gingen natürlich von denjenigen Gehirnteilen aus, die gegenüber einem Normalhirn anatomisch verändert waren. Diese Veränderungen konnte man nach dem Tode der Patienten leicht feststellen und damit nicht nur die Störungen lokalisieren, sondern auch die normalen Funktionen (vgl. Abbildung S. 22).

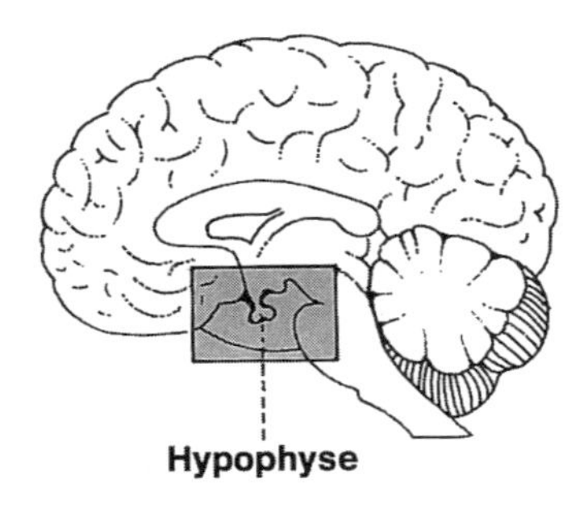

Die Hypophyse (unten: Blickrichtung durch das Gehirn von hinten nach vorn).

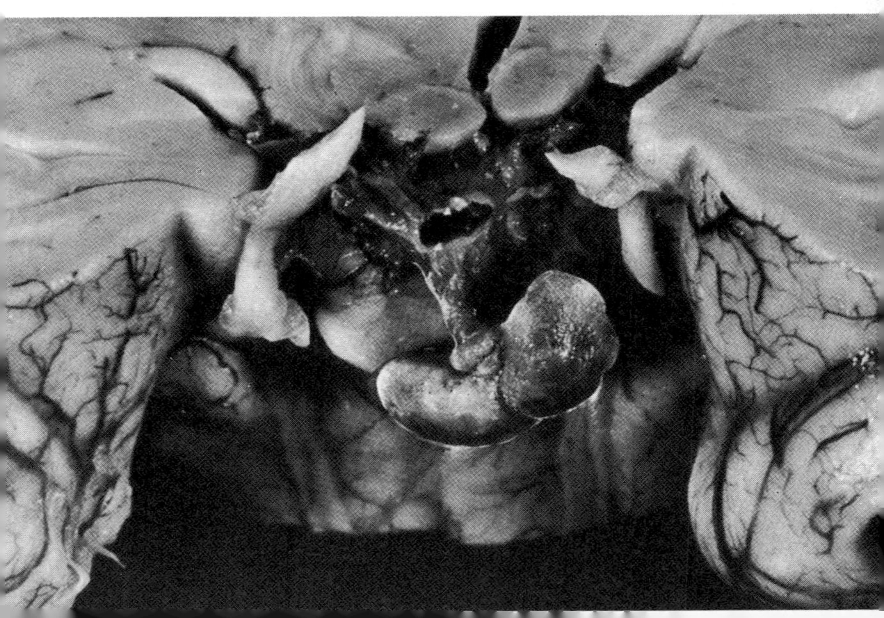

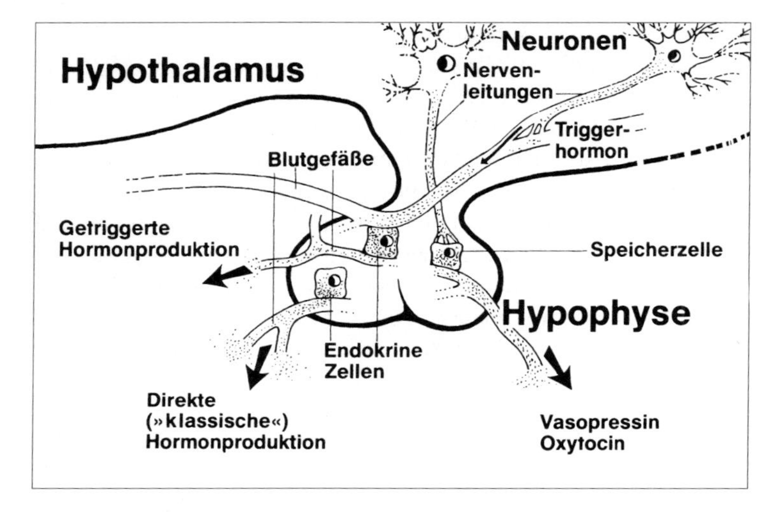

Nerven- und Blutgefäßverbindungen zwischen Hypothalamus und Hypophyse. Drei Arten von Hormonproduktion im Zwischenhirn:

- direkt in der Nervenzelle, Weiterleitung über eine Speicherzelle;
- direkt in einer Drüsenzelle (»klassische« Hormonproduktion);
- indirekt in einer Drüsenzelle, angeregt durch ein Auslösehormon aus einer Nervenzelle (Triggerhormon).

Im Kleinhirn mit seinem wunderschön gezeichneten sogenannten Lebensbaum sind alle gewollten und automatischen Muskelbewegungen koordiniert. Nachrichten aus den Sinnesorganen und Befehle von der Großhirnrinde an die Muskeln laufen daher über dieses Kleinhirn, werden dort einander zugeordnet und das Ergebnis an die Muskulatur weitergeleitet. Nur so ist es möglich, dass wir ein Instrument wie einen Bleistift in die Hand nehmen und in feinstgesteuerten Bewegungen über ein Blatt Papier führen können, um unsere Gedanken festzuhalten.

In einem bestimmten Gebiet des Zwischenhirns, dem sogenannten Thalamus, werden alle ankommenden Sinneswahrnehmungen mit Gefühlen wie Freude, Angst, Lust oder Schmerz ausgestattet. Von hier aus werden Lachen und Weinen dirigiert – alles Vorgänge, die auch großen Einfluss darauf ausüben, wie stark wir damit verbundene Sinneswahrnehmungen behalten. Denn hier werden alle einlaufenden Informationen aus den verschiedenen Bezirken des Großhirns mit früheren Erfahrungen verglichen, gewertet und dann in andere Bezirke weitergegeben.

In dem unteren Teil des Thalamus, dem sogenannten Hypothalamus, entstehen Gefühle wie Hunger und Durst. Der Hypothalamus hält die Körpertemperatur konstant, sorgt dafür, dass die Hormondrüsen richtig zusammenarbeiten, und passt so die Reaktionen unseres Körpers dem an, was die Außenwelt von ihm fordert. Das macht er vor allem mit der als kleines Zipfelchen anhängenden Hypophyse. Sie regelt das Körperwachstum, steuert fast den gesamten Hormonhaushalt und damit auch unser sexuelles Verhalten. Von hier aus werden die Sexualorgane, die Schilddrüse, die Verdauungsorgane stimuliert. Von hier wird ein Teil der Stressreaktionen gesteuert, werden ihre Auswirkungen empfangen und wieder an die grauen Gehirnzellen zurückgegeben, alles in Wechselwirkung mit Wahrnehmungen, Gedanken und Erinnerungen. Ausgelöste Gefühle werden gleichzeitig wieder als neue Wahrnehmungen gespeichert und mit anderen Informationen assoziiert, so dass in dem gewaltigen Wechselspiel zwischen Nervenleitungen, Hormonausschüttungen, Erregung und Hemmung von Erinnerungen, Meldung und Rückmeldung sich Regelkreis auf Regelkreis überlagert und bei den unendlich vielen Schaltmöglichkeiten komplizierte Rückkoppelungseffekte auftreten, die schon aus der einfachen Informationsübertragung an den synaptischen Schaltern (siehe die Abbildungen auf S. 34/35) ein äußerst komplexes Informationssystem machen, dessen Gesetze man in den siebziger Jahren zu erkennen begann.[4] Kybernetische Gesetze, für die eine linear-kausale Logik allein nicht ausreicht.[5]

Ebenso winzig und kugelförmig wie die Hypophyse ist die Zirbeldrüse, auch Epiphyse genannt. Sie bestimmt in gewissem Sinn unseren Lebensrhythmus, reagiert auf den Lichtwechsel von Tag und Nacht mit der Synthese von Hormonen und wurde in alten Zeiten für den Sitz der Seele gehalten.[6]

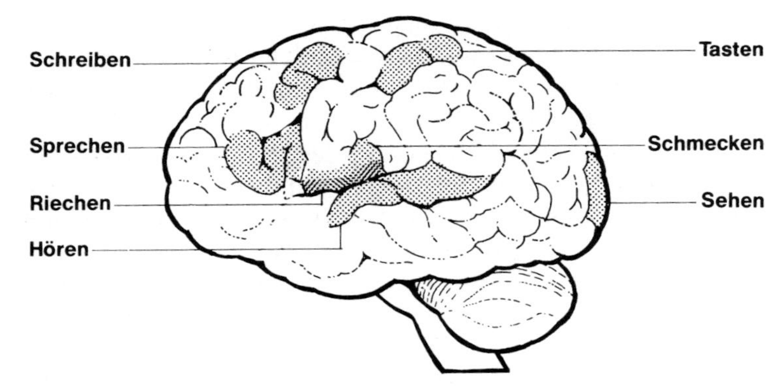

Wie jetzt auch am lebenden Gehirn durch Sichtbarmachung der jeweils aktiven Bereiche mit neueren Verfahren (PET, MEG)[24] überzeugend bestätigt werden konnte, werden bei Benutzung der verschiedenen »Eingangskanäle« unterschiedliche Wahrnehmungsfelder im Gehirn beschäftigt. Von dort werden die Wahrnehmungen zu den über die ganze Großhirnrinde verteilten Assoziationsfeldern weitergeleitet, wo sie dann verarbeitet und erinnert werden. Die Erinnerung ist also nicht wie die Wahrnehmungsfelder lokalisiert. Wenn ein bestimmtes Wahrnehmungsfeld (etwa für das Sehen) ausfällt, ist damit auch die Aufnahme durch den betreffenden Eingangskanal gestört, nicht jedoch die Erinnerung an beispielsweise früher Gesehenes.

Wo denken wir was?

Alle eben beschriebenen Vorgänge sind nun auch mit der Großhirnrinde und dadurch mit unserem Denken und Bewusstsein in Verbindung, also mit dem Teil unseres Gehirns, auf den es uns hier ankommt.

Schneiden wir eine Hälfte des Gehirns der Länge nach durch, dann sehen wir sehr deutlich die aus einer Fläche von etwa einem halben Quadratmeter zusammengeschobenen Lappen der grauen Gehirnrinde. Sie ist für den Menschen das wichtigste Organ im Kampf ums Dasein und daher auch bei ihm – im Gegensatz zum Tier – besonders stark ausgeprägt. Es ist der Teil, in dem sich

Denken und Erkennen, Erinnerung, Kombination, Lernen und Vergessen abspielen. In der Draufsicht haben wir zwei spiegelbildliche Hälften vor uns, die durch einen tiefen Einschnitt voneinander getrennt scheinen. In Wirklichkeit sind sie aber nicht völlig getrennt, sondern durch eine Brücke aus Nervenfasern, dem sogenannten »Balken« *(corpus callosum)*, miteinander verbunden. Auf diese Weise ist unser Großhirn – übrigens auch das Kleinhirn und viele Teile des Stammhirns – in Wirklichkeit zweifach angelegt. Eine äußerliche Symmetrie, die sich jedoch teilweise auch an unserem übrigen Körper zeigt. So haben wir beispielsweise zwei Augen, zwei Ohren, zwei Arme, zwei Beine und zwei Nieren. Entsprechend haben wir im Gehirn zwei »motorische« Zentren, mit denen wir alle unsere Bewegungen steuern, wie etwa kauen, anfassen oder gehen, und zwei »sensorische« Zentren, in denen wir die Berührungsreize der Muskulatur und die Stellungsreize aus den Gelenken wahrnehmen. Weiter besitzen wir zwei Sehzentren und zwei Hörzentren. Dabei sind gewisse Körperregionen der linken und rechten Seite den entsprechenden Gehirnbezirken kreuzweise zugeordnet.[7]

Diese Symmetrie wird aber nicht konsequent durchgehalten. Unser Großhirn entwickelt mit zunehmendem Alter eine eindeutige Arbeitsteilung zwischen den beiden Hirnhälften. So liegt zum Beispiel bei 90 bis 95 Prozent aller unserer Artgenossen das »aktive« Sprachzentrum in der linken Hemisphäre, während das »passive«, welches gesprochene Worte aufnimmt, rechts lokalisiert ist. Interessant ist auch, dass im rechten Hörzentrum Geräusche und Musik besser verarbeitet werden können als im linken und dafür im linken wieder sprachliche Äußerungen besser als im rechten.[8]

Noch ein Beispiel für diese Asymmetrie: Im Hinterkopf, sowohl in der linken als auch in der rechten Hemisphäre, liegen die Hirnrindenbezirke, in denen uns über spezielle Nervenleitungen die Informationen, die wir über unsere Augen aufnehmen, bewusst gemacht werden. Trotz der symmetrischen Anordnung dieses Sehzentrums kann man auch hier eine funktionale Asymmetrie feststellen: Der linke Rindenbezirk ist vor allem für Schriftbilder (Wörter und Buchstaben) der zuständige Eingangskanal, der rechte mehr derjenige für Figuren und Formen.

Die unterschiedlichen Aktivitäten der beiden Hirnhälften

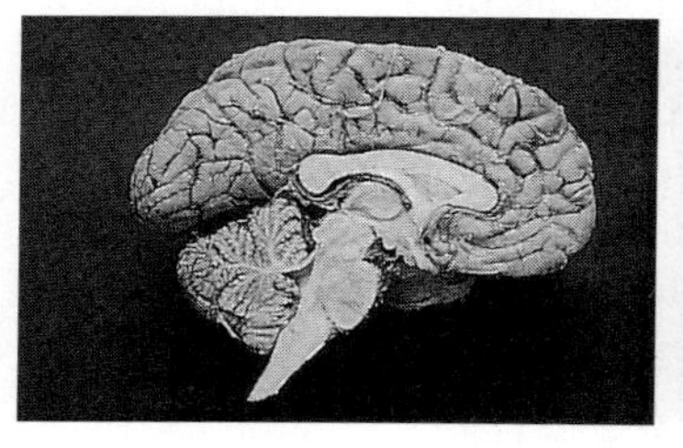

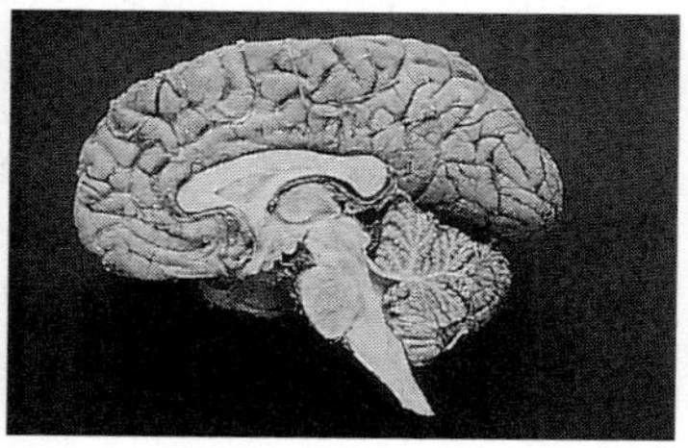

Linke Hälfte

Rationales Denken, analytisches Denken, Logik von Ursache und Wirkung, deduktive Schlussfolgerungen, Arbeiten mit Zahlen, Begriffen und Quantitäten. Administratives, kontrolliertes, sequentielles Vorgehen. Bedarf nach Ordnung und Struktur. Liebe zum Detail. Vertikales Denken.

Rechte Hälfte

Einsatz von Phantasie und Intuition. Ganzheitliches Denken, das auf Details verzichtet. Akausales Denken, das Widersprüchlichkeit toleriert. Analogien und Mustererkennung. Entwirft Konzepte. Bezieht Gefühle mit ein. Unklare Beschreibung. Fuzzyness. Laterales Denken.[8]

Die Gehirnforschung hat längst erkannt, dass diese Lokalisation der Eingangskanäle nicht bedeutet, dass nun all das dort zunächst Wahrgenommene auch dort und nur dort gedächtnishaft gespeichert ist. Die ankommenden Impulse werden lediglich über jene Bezirke aufgenommen und weitergeleitet. Durch vielfache Verknüpfungen werden sie dann über das ganze Gehirn verstreut gespeichert.

Lange nicht alle Bereiche des Großhirns sind schon so klar umrissen wie die Steuerbereiche für Sprechen, Bewegen und die Eingangskanäle für Fühlen, Hören und Sehen. Vielleicht gerade deshalb, weil sie eben gar nicht eindeutig zuzuordnen sind. Das Gleiche gilt für die sogenannten Assoziationsfelder, in denen einzelne Gedanken und Informationen miteinander verknüpft und kombiniert werden, und erst recht für solche mehrdimensionale Ebenen der Gehirntätigkeit, wo geplant, nachgedacht, erkannt, entworfen, verworfen und entschieden wird.

Weit über die beschriebenen Assoziationsfelder im Gehirn hinaus gehen die Thesen des britischen Biochemikers Sheldrake, der von morphogenetischen, also gestaltbildenden Feldern spricht, die sozusagen »außerräumlich« und unabhängig von Materie und Energie in einer reinen Informationswelt existieren und die die gesamte belebte wie unbelebte Schöpfung prägen und steuern und dabei über zeitliche und räumliche Entfernungen wirksam sind. Nach Sheldrake erzeugen alle Ordnungen und Organismen, seien es Moleküle oder Zellen, bei ihrem Auftauchen ein morphogenetisches Feld in dieser immateriellen Informationswelt, das ab dann alle nachfolgenden Individuen der gleichen Gattung prägt. Durch morphogenetische Resonanz können daher die Verhaltensweisen von anderen Angehörigen der betreffenden Gattung aus diesem morphogenetischen Feld entnommen werden. Die Anregung zu dieser These bezog Sheldrake unter anderem daraus, dass zum Beispiel die Synthese organischer Stoffe in der Tat umso schneller gelingt, je häufiger zuvor schon entsprechende Versuche glückten – ganz gleich, an welchem Ort der Welt –, oder dass untrainierte Ratten in New York City schneller durch ein Labyrinth finden, wenn Artgenossen in Neu-Delhi vorher in einem analogen Experiment erfolgreich waren – ohne dass zwischen beiden eine Verbindung bestand.[9]

Information ist allerdings eine ganz besondere Entität des Seins. Sie ist weder Materie noch ist sie Energie, beide dienen lediglich als Träger von Information. Wenn ich Materie oder Energie weitergebe, dann besitze ich nachher die entsprechende Menge an Materie oder Energie weniger. Gebe ich aber Information weiter, dann habe ich sie nachher immer noch. Ja, ich kann sie beliebig vervielfältigen, ohne weitere Information aufnehmen zu müssen. Warum sollte dieses eigenartige Wesen »Information« also nicht auch einen eigenen Aufenthaltsort besitzen, der weder Raum noch Zeit benötigt, sich über beide hinwegsetzt?

Was sehen wir nun, wenn wir immer tiefer ins Innere unserer eigenen Informationsverarbeitung, in dieses geheimnisvolle Gewebe eindringen, bis zu den kleinsten Bausteinen dieses komplizierten Instruments? Werden wir in den einzelnen Gehirnzellen Gedanken aufspüren, einzelne Erinnerungen entdecken oder gar unser »Ich« finden? Und wenn, dann wo? So unglaublich das klingt, dieser auf Faustgröße zusammengefaltete Lappen besteht aus fünfzehn Milliarden Zellen. Das bedeutet bereits in einem kleinen, stecknadelkopfgroßen Stück viele hunderttausend kleinster Schaltzentralen mit praktisch unendlich vielen Kombinationsmöglichkeiten, also ein Speicherwerk und Rechenwerk, Eingabe, Ausgabe und Programmierer in einem.[10]

Was Wunder, dass die Gehirnzellen Vorbild für eine neue Computergeneration sind: für die sogenannten »neuronalen Netze«. Ein hochaktueller Zweig der Bionik, der die Arbeitsweise des menschlichen Gehirns nachahmt, um komplexe Probleme zu lösen. Erste neuronale Netze werden bereits für Automatisierungsaufgaben und die Prozesssteuerung in der Industrie eingesetzt.[11]

Eine Mikrowelt mit eigenen Gesetzen

Dringen wir also tiefer in diese Mikrowelt ein und beobachten einzelne Gehirnzellen, ihre Verbindungen und Verdrahtungen sowie deren Ausläufer in die anderen Gehirnbereiche: Um bei der großen Dichte übereinandergepackter Zellen überhaupt etwas zu sehen, werden Ultra-Dünnschnitte aus bestimmten Gehirnpartien angefertigt. Dazu werden diese zuvor in Paraffin eingebettet, für die mikroskopische Untersuchung in Form dünner Filme auf den Objektträger gebracht und beispielsweise mit Silbersalzen ange-

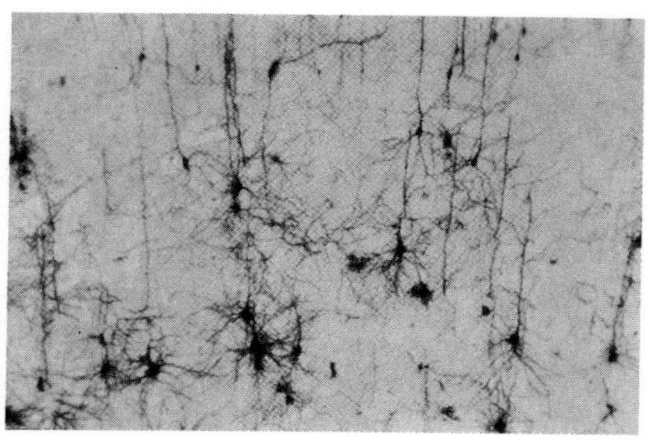

Gehirnzellen in 100facher Vergrößerung (Silberanfärbung).

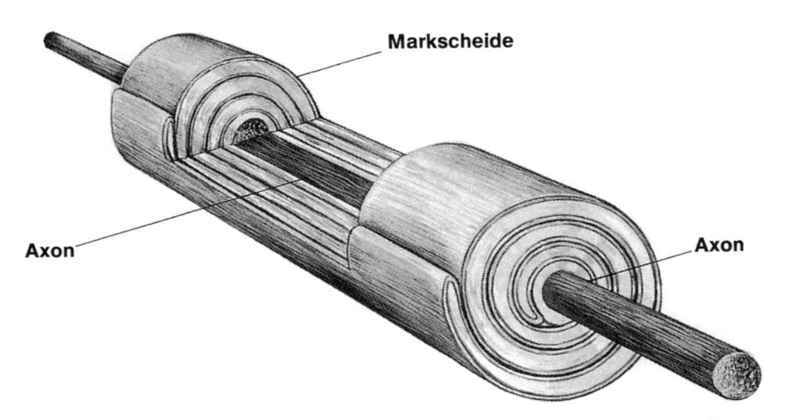

Die wie ein elektrisches Kabel isolierten Nervenfasern (Axone) sind von einer um das Axon gewickelten Hülle aus hellem Myelin (Markscheide) umgeben. Wenn diese Isolierschicht zerstört ist, so erfolgen regelrechte Kurzschlüsse. Beispiele: epileptische Anfälle, Delirium tremens beim Alkoholiker.

färbt: Ein winziger Ausschnitt aus dem unendlich großen Netz wird sichtbar.

Fünfzehn Milliarden Zellen also, Nervenzellen (oder Neuronen), die untereinander mit der noch einmal etwa zehntausendfachen Zahl von Querverbindungen zu einem komplizierten Netz verfasert sind, das man erst bei stärkster mikroskopischer Vergrößerung erkennt. Fünfzehn Milliarden Neuronen, die darüber hinaus – das soll jetzt schon vorausgeschickt sein – ganz abgesehen von diesem Fasernetz auch noch über einen unbekannten Code miteinander in einer Art Resonanz stehen. Die Fasern selbst sind übrigens in einer Isolierschicht eingebettet, die sich von der grauen Masse, von den eigentlichen Neuronen, durch ihre weiße Farbe abhebt. Die weiße Gehirnmasse besteht aus den mit weißen Zellen umhüllten Fasern, die die verschiedenen Regionen der grauen Masse miteinander sowie mit dem Rückenmark und beispielsweise unseren Organen verbinden (sh. Abb. oben).

Wie so oft, haben wir auch hier wieder ein typisch technisches Prinzip – die Isolierung von elektrischen Leitungen – in der Natur vorgezeichnet. Denn diese weiße Schicht verhindert Kurzschlüsse

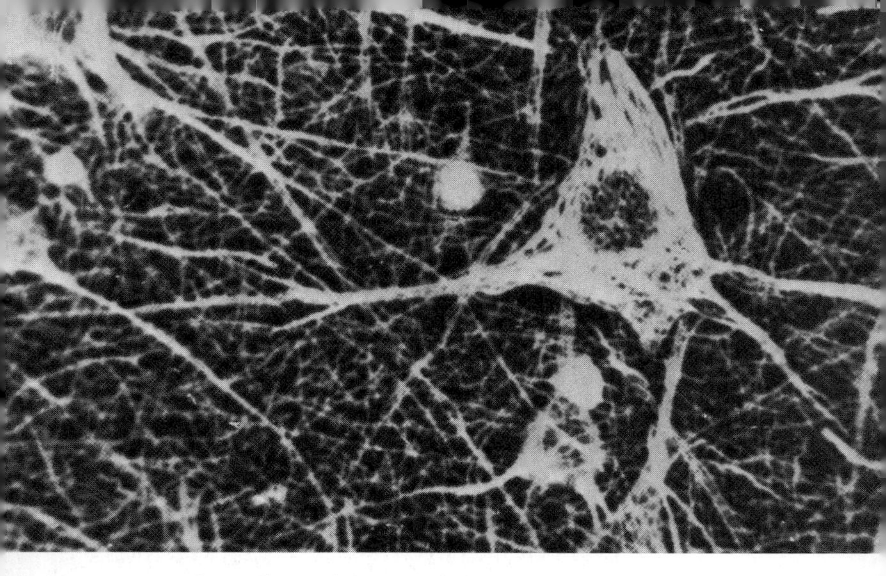

Graue Gehirnzellen und ihre »Verdrahtungen« in etwa 1000facher Vergrößerung (Silberanfärbung).

zwischen den Neuronenfasern. Solche Kurzschlüsse gibt es tatsächlich; dazu gehören zum Beispiel epileptische Anfälle. Wie bei allen Analogien aus Biologie und Technik, muss man aber auch bei diesem Vergleich eine Einschränkung machen. Eine Nervenfaser ist – anders als ein Draht – nicht nur Leiter, sondern vor allem selbst reizbar und reaktionsfähig und somit gleichzeitig »Stromgenerator« und »Verstärker«.

Gehen wir auf eine Vergrößerung von 1 : 10 000. Das dazugehörige Gehirn hätte in diesem Maßstab schon die Größe eines Bergrückens von etwa 1000 Meter Höhe. Nähern wir uns dann noch weiter einer einzelnen Gehirnzelle, einem Neuron, und verfolgen wir seine Ausläufer, die Verzweigungen und Axone, so entdecken wir überall weitere Kontaktstellen zu anderen Neuronen, die oft von weit her mit dieser einen Zelle in Verbindung stehen. Alle diese Fasern eines einzigen Gehirns zusammengenommen ergeben, so wie sie sind (nicht etwa in vergrößertem Maßstab), eine Strecke von 500 000 Kilometer Länge – weiter als die Entfernung von der Erde zum Mond. Eine einzige Gehirnzelle

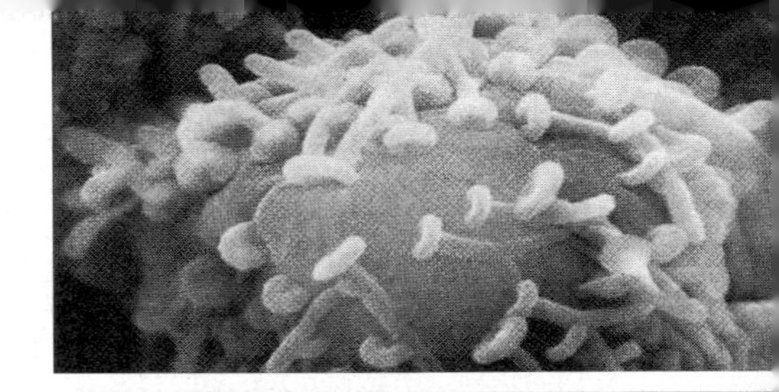

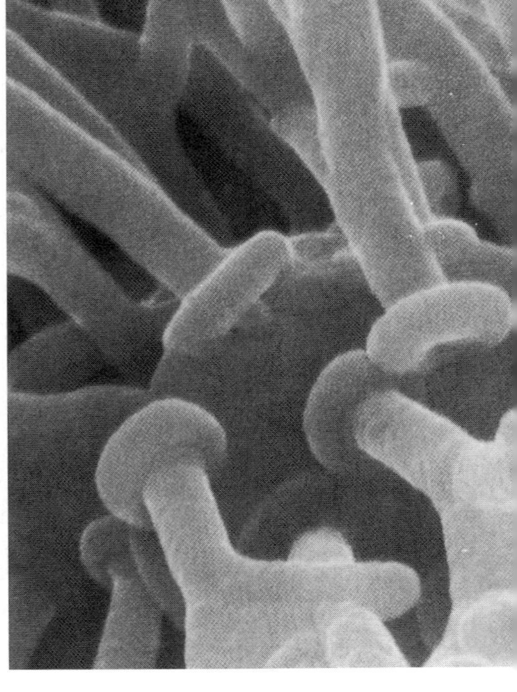

Zellkörper einer Nervenzelle mit einer Vielzahl anhaftender Synapsen. Als knopfartige »Schalter« am Ende der Fasern anderer Nervenzellen übertragen sie – durch einen noch geheimnisvollen Code gezielt gesteuert – deren Impulse auf diesen Zellkörper. Die sensationellen Elektronenrasteraufnahmen stammen von E. R. Lewis.[12]

kann so über 1000 Faserleitungen empfangen, von denen jedoch nur ein kleiner Teil fest verschmolzen, sozusagen verlötet ist. Wie die »richtigen« Kontaktstellen von unseren Gedanken gefunden werden, ist noch nicht vollkommen geklärt.

Jedenfalls wird in den Zellkörpern der Neuronen ein Eiweiß (ein Protein- oder Peptidmolekül) gebildet, das dann das Axon entlangwandert (was nicht mit der *elektrischen* »Reizleitung« zu verwech-

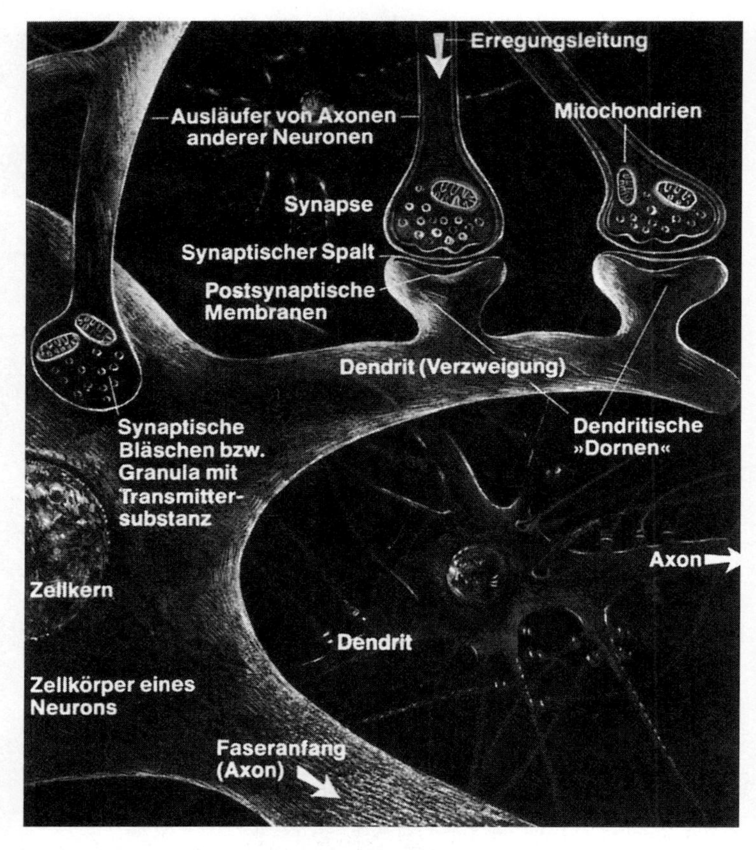

Über Synapsen miteinander verknüpfte Gehirnzellen
Über die Zellkörper und ihre Verzweigungen werden die Impulse empfangen, über die Nervenfasern (Axone) mit ihren Ausläufern und den knopfartigen Synapsen werden die Impulse weitergegeben. (Die Synapsen sind in diesem Maßstab gegenüber den Zellkörpern in ihrer Größe stark übertrieben.)

seln ist). Proteine und Peptide bestehen aus verknäuelten Aminosäureketten. Ein Peptid ist lediglich ein kleines Protein aus einigen bis hundert Aminosäuren. Ein solches Eiweißmolekül bestimmt dann, mit welchen anderen Neuronen die Verbindung hergestellt wird. Man nennt diese Eiweißmoleküle daher auch »Erkennungs-

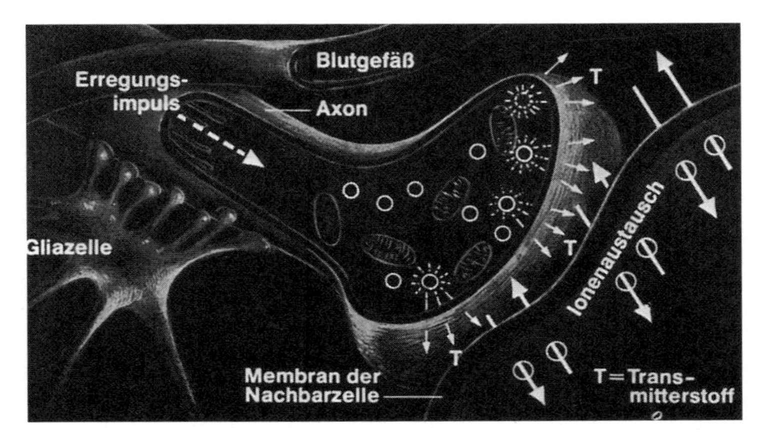

Wie Synapsen funktionieren: Eine über das Axon ankommende Erregung lässt die synaptischen Bläschen zur Membran wandern und bringt sie zum Platzen. Der in den Spalt zwischen Synapse und Nachbarzelle ausgeschüttete Transmitterstoff (T) macht die Membran der Nachbarzelle für bestimmte Ionen (zum Beispiel Kalium, Natrium und Chlor) durchlässiger. Dadurch werden Ionenverschiebungen und somit auch elektrische Impulse in der Nachbarzelle ausgelöst. »Fördernde« Transmitterstoffe (wie Acetylcholin) bewirken beispielsweise Natrium-Einstrom und Kalium-Ausstrom, »hemmende« Transmitterstoffe (zum Beispiel Noradrenalin) dagegen die umgekehrte Ionenwanderung.[13]

moleküle«. Fast alle der gegenwärtig durch Experimente gewonnenen Erkenntnisse über die Entwicklung des Gehirns und das Lernen selbst stimmen mit diesem Modell überein.

Zurück zu den Kontaktstellen. Die meisten von ihnen sind, wie gesagt, nicht fest verlötet, sondern entsprechen kleinen Schaltern, die erst auf bestimmte Signale den Kontakt herstellen oder unterbrechen. Die Signale selbst werden wahrscheinlich über einen bestimmten Code mit den in den knöpfchenartigen Schaltern abgelagerten chemischen Substanzen ausgelöst. Solche Schalter, man nennt sie Synapsen, erahnte schon Ende des letzten Jahrhunderts der Elektrophysiologe Sherrington. Er hatte bei der Erregungsübertragung eine Impulsverzögerung von einer tausendstel Sekunde gefunden, die er durch solche dazwischenliegende Schalter erklärte. Man stelle sich die Genauigkeit vor, mit der Sherrington trotz der damals noch groben Messinstrumente arbeitete. Erst viel später, als man das Elektronenmikroskop erfunden hatte, konnte man die Synapsen erstmals auch sehen. Es waren winzig kleine Köpfchen, die sich als Endungen von verzweigten Nervenfasern herausstellten.

Bei höheren Wirbeltieren, und somit auch beim Menschen, liegt zwischen den Endköpfchen der Nervenfasern und der Membran des anliegenden Neurons ein Spalt, der unvorstellbar schmal ist, nicht breiter als etwa der hunderttausendste Teil eines Millimeters (100–200 Angström). Trotzdem reicht dieser Spalt aus, die miteinander in Kontakt stehenden Fasern voneinander zu trennen, solange der Schalter auf »Aus« steht. Wird auf »An« geschaltet, so wird der Spalt durch chemische Überträgersubstanzen, sogenannte Transmitter, überbrückt. Die Übertragung geschieht außerdem – zumindest bei diesen Synapsen – wie bei einem Ventil nur in einer Richtung, nämlich von der Synapse zur angrenzenden Nervenzelle. Durch sehr aufwändige Experimente haben Mikroneurologen herausgefunden, dass es erregende und hemmende Synapsen gibt, die man allerdings morphologisch noch nicht eindeutig auseinanderhalten kann.[14]

Welche Rolle spielen nun die Synapsen? Wir kennen im Wesentlichen zwei Aufgaben. Erstens übernehmen sie die Signalübermittlung, zweitens einen Teil der Informationsspeicherung des Gedächtnisses. Denn auch in ihnen sind Erkennungsmoleküle abgelagert, die darüber entscheiden, ob die Synapse auf »An« schaltet oder nicht. Wenn die auf Abruf miteinander in Verbindung stehenden Neuronen den Abfrageimpuls weiterleiten sollen, dann müssen also die Synapsen für eine Überbrückung sorgen, wie gesagt, sie müssen »feuern«. Und über dieses »Feuern« hat man bereits einige präzise Vorstellungen. Wenn wir die Bilder der Synapsen auf S. 34 und 35 betrachten, dann sehen wir dort eine ganze Reihe kleiner Bläschen. Biochemiker haben diese genauer unter die Lupe genommen und herausgefunden, dass in ihnen die Transmitterstoffe gespeichert sind. Man war überrascht, aus welch einfachen und seit langem bekannten Molekülen sie bestehen: Acetylcholin, Noradrenalin, bestimmte Aminosäuren und andere.

Läuft nun eine elektrische Erregung durch das Axon bis in die Synapsen, dann platzen die Bläschen und geben die Transmittersubstanz frei. Sie wandert in den Spalt und erhöht in der gegenüberliegenden Wand der Nervenzelle oder einer ihrer Verzweigungen die Durchlässigkeit für bestimmte Ionen. Die Transmitterstoffe der erregten Synapsen bewirken so zum Beispiel den Einstrom von Natrium-Ionen und den Ausstrom von Kalium-Ionen. So entsteht zwischen der Synapse und der angrenzenden Nervenzelle ein Strom, der sich dort als elektrochemischer Impuls fortpflanzt. Der Kontakt wird geschlossen und die Information kann weiterlaufen. Bei hemmenden Synapsen ist es umgekehrt. Ihre Transmitterstoffe bewirken Ionenwanderungen in der entgegengesetzten Richtung, wodurch ein laufender Impuls gestoppt wird. In jedem Fall werden sofort wieder neue Bläschen aufgebaut, um für ein nächstes »Feuern« bereit zu sein. Ein ständiger Nachschub von Transmittersubstanz ist also erforderlich.

Etwa fünfhundert Billionen solcher Schaltstellen oder Synapsen sorgen nun dafür, dass wir gezielt denken und uns erinnern können und dass wir zum Beispiel nicht gleichzeitig sämtliche Erinnerungen unseres Lebens gegenwärtig haben, was einem chaotischen Rauschen, ja einem augenblicklichen Zusammenbruch der Gehirnfunktionen gleichkäme, sondern dass wir durch wenige »passende« Gedankenverbindungen immer nur ganz bestimmte Erinnerungen abrufen.

Steigen wir nun wieder aus der Tiefe unserer Mikrowelt zurück an die Oberfläche. Bisher kam es uns vor allem darauf an, ein Gefühl dafür zu wecken, wie vielschichtig, wie faszinierend und auch wie rätselhaft die Gehirnvorgänge sind, die unser Denken begleiten. Dies geschah nicht zuletzt aus der Sorge heraus, dass vielleicht die Erklärungen für die jetzt folgenden Abschnitte über Lernen, Behalten, Vergessen als endgültig hingenommen werden. Das sind sie natürlich keineswegs, sondern erste plausible Erklärungen, die mit unserem heutigen biologischen Wissen in Einklang stehen. Denken wir also immer daran, dass es die ersten Ansätze sind, solchen Phänomenen auf die Spur zu kommen, und dass wir jetzt erst bruchstückartig ihre Prinzipien beschreiben können. Das allerdings ist schon recht aufschlussreich und kann uns, wie man sehen wird, eine Menge zu denken geben.

Wenn wir nun die ersten Antworten auf unsere Fragen nach

dem Denken, Lernen und Vergessen – also nach dem, was in unserem Gehirn abläuft, wenn wir Fußball spielen, Auto fahren, eine Prüfungsfrage beantworten oder wenn wir plötzlich eine Erkenntnis haben – finden wollen, dann müssen wir bis zum Säuglingsgehirn zurückgehen. Dort spielen sich nämlich in den ersten Wochen nach der Geburt Ereignisse ab, werden Weichen gestellt, die auf das ganze spätere Leben einen Einfluss haben.

Erste Lebenseindrücke – unterschätzte Vorprogrammierung

Bis zur Geburt ist ein großer Teil des menschlichen Gehirns bereits ausgebildet. Die meisten restlichen Zellen und ihre festen Verknüpfungen entstehen in der kurzen Periode der ersten Wochen und Monate nach der Geburt. Damit ist dann – bis auf bestimmte, sich vor allem in der Pubertät noch einmal stark verzweigende Neuronenbereiche – das eigentliche Gehirnwachstum abgeschlossen. Dieser gegenüber den anderen Organen erstaunlich frühe Stopp jeder Zellteilung ist aber die einzige Garantie dafür, dass Lebewesen überhaupt lernen können. Denn wenn sich die Zellen unseres Gehirns genauso ständig vermehren würden wie etwa die Zellen unserer Muskulatur oder unserer Haut, dann würden in der gleichen Zeit auch entsprechend viele Zellen absterben, und mit ihnen ginge die gesamte darin gespeicherte Information für immer verloren, denn bei der Zellteilung wird zwar die in der Desoxyribonukleinsäure (DNA) gespeicherte Erbinformation, nicht aber das neu Hinzugelernte als Information weitergegeben. Natürlich können wir uns an diese früheste Zeit nicht mehr erinnern. Doch diese frühen Informationen durch unser erstes Tasten, Riechen, Schmecken, Fühlen sind ganz ähnlich wie die Erbinformationen (und ebenfalls im Unterbewusstsein oder Unbewussten) fest gespeichert, ja fester sogar als die meisten späteren bewussten Erinnerungen. So arbeitet jeder von uns noch mit genau denselben grauen Zellen, die er schon als Säugling entwickelt hatte.

Damit das Gehirn aber überhaupt damit beginnen konnte, das erste Wort, den ersten Eindruck der äußeren Welt zu speichern, zu behalten, irgendwo im Gehirn einzuordnen und wiederzufinden, musste zunächst einmal ein Grundgerüst, ein Netz aus fest verbundenen Fasern, gebildet werden, in dem sich die späteren Informationen befestigen. Ein Teil dieser Verknüpfungen unserer Neuronen ist schon vor der Geburt festgelegt, durch die Gene, durch die Erbmasse verankert. Dies hat den Vorteil, dass in der genetisch vorgegebenen Grundverschaltung bereits ein erhebliches »Wissen« über die Welt vorliegt, unter anderem die angeborenen Verhaltensmuster, in das der individuelle Teil des werdenden Gehirns hineingeboren wird. Der restliche Teil wird dann in den kommenden Monaten vollendet, in denen sich die Gehirnzellen noch teilen und vermehren und in denen sie mit ihren faserartigen Fortsätzen gegenseitig Kontakt knüpfen. Und hier passiert etwas Einzigartiges, was wir im übrigen Körper des Menschen nicht kennen: Die Zellen wachsen je nach der vorhandenen Umwelt anders! Es ist dies die einzige Zeit, in der sich äußere Einflüsse, wie die Wahrnehmung durch das Auge, die Nase, den Geschmack, Hören und Fühlen, in der Ausbildung des Gehirns direkt niederschlagen können, das heißt in anatomischen Veränderungen, in festen Verknüpfungen zwischen wachsenden Zellen.

Woher weiß man das? Der amerikanische Jesuitenpater Conel hat in jahrzehntelanger Registrierarbeit gleiche Bezirke der grauen Gehirnrinde in verschiedenen Zeitabständen nach der Geburt genau untersucht und in seinem berühmten historischen Atlas gezeigt, dass ab dem dritten Monat die Zahl der Gehirnzellen praktisch nicht mehr zunimmt und auch die Verdrahtungen nicht mehr wesentlich dichter werden. Durch Conel wurde somit erstmalig publik, dass die ersten Lebensmonate einen entscheidenden Einfluss auf die Ausbildung des Gehirns haben. Spätere Untersuchungen zeigten dann, wie sich verschiedene Einflüsse aus der Umwelt direkt in der anatomischen Struktur einprägen können.[15]

Durch diese, aus dem Gesamtsystem heraus erfolgte, »kybernetische Gestaltung« unseres Denkapparates entsteht ein inneres Abbild der Welt, in der sich das Kind später zurechtfinden muss. So findet zum einen die jeweilige Umwelt in unserem Gehirn auto-

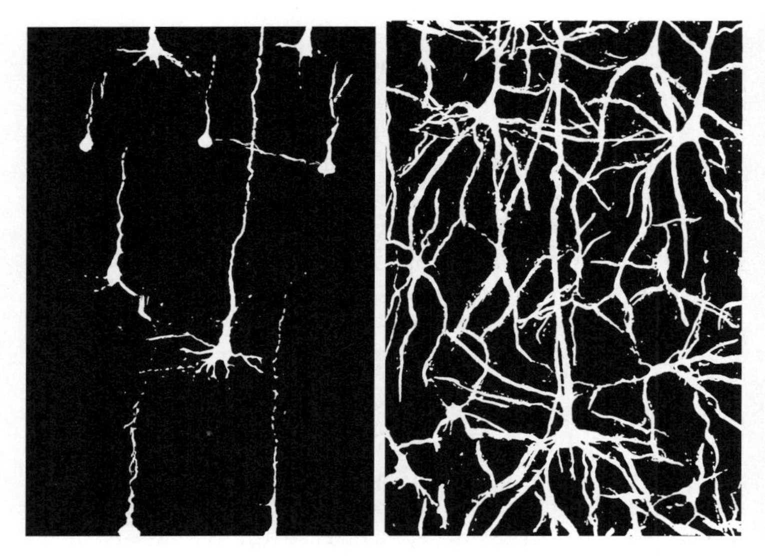

Schnitt durch eine Partie der menschlichen Großhirnrinde zum Zeitpunkt der Geburt (links), daneben im Alter von drei Monaten, von fünfzehn Monaten und von drei Jahren. Man erkennt deutlich, dass sich die entscheidenden Veränderungen im Gehirn innerhalb der ersten drei Lebensmonate abspielen (nach Conel).

matisch Assoziationsmöglichkeiten – und zwar in Mustern und nicht etwa in Begriffslisten – so, wie es der holographischen Speicherung in den neuronalen Engrammen entspricht. Und zum andern erkennt unser Gehirn sich auf diese Weise selbst in dieser Umwelt wieder. Es entstehen Vertrautheit und Verständnis zwischen Organismus und Umwelt – wichtige Grundbedingungen des Lernens, des Sichzurechtfindens in dieser Welt.

Die ersten Hinweise darüber, *wie* äußere Einflüsse die Gehirnzellen dazu anregen, ihre Fortsätze unterschiedlich auswachsen zu lassen und sich unter Tausenden von Partnerzellen ganz bestimmte zur Verknüpfung auszusuchen, kamen von Tierexperimenten. So stellte man fest, dass bei Ratten während der ersten zwei Wochen nach der Geburt jede Nervenzelle im Sehzentrum ihres Gehirns etwa vierzehn Kontakte mit anderen Nervenzellen besitzt. Sobald

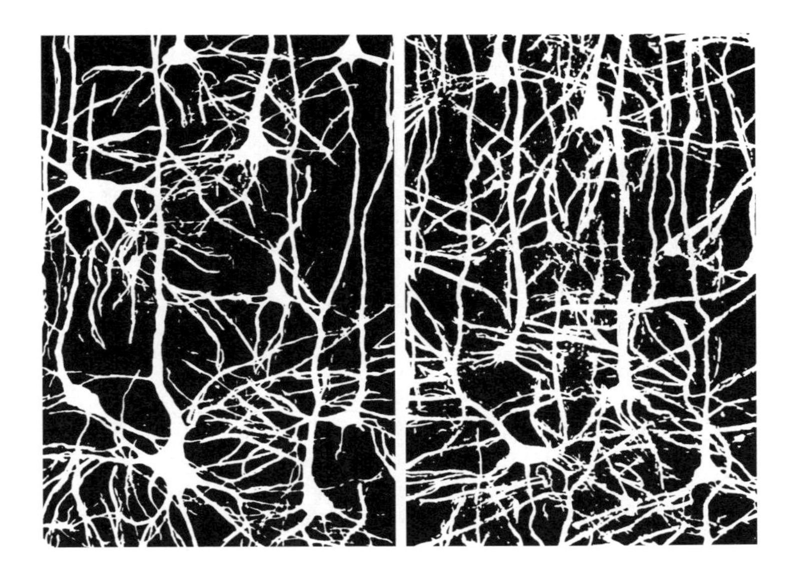

die Ratten jedoch die Augen öffnen – sie werden ja blind geboren –, kommt es zu einer explosionsartigen Entwicklung. Die Zahl der Kontakte steigt innerhalb weiterer zwei Wochen auf 8000 pro Zelle an. Wenn man jedoch die Ratten weiterhin blind hält, indem man ihnen die Augen verbindet, so bleibt die Zahl der Kontakte so niedrig wie am Anfang. Ja, öffnete man sie ihnen einige Monate später, dann war der Verlust nicht mehr nachzuholen, die Ratten blieben blind. Ähnliche Fälle lebenslanger Sehstörungen sind auch beim Menschen bekannt, wenn Säuglinge aus irgendwelchen Gründen in der ersten Lebenszeit keine visuellen Eindrücke empfangen konnten.[16]

Ein weiteres Beispiel: Bietet man Kätzchen in den ersten sechs Wochen ihres Lebens die Umwelt nur durch alle zwei Sekunden erfolgende Lichtblitze an, also eine Welt von Standbildern ohne jede Bewegung, dann werden die Neuronen des die visuellen Wahrnehmungen verarbeitenden Gehirnabschnittes so verdrahtet, dass die Tiere für das ganze spätere Leben kein dynamisches Sehvermögen haben, das heißt auch in der realen Umwelt nicht mehr in der Lage sind, Bewegungen zu erfassen. Auch Kätzchen, die in

Äußere Einflüsse der ersten Lebenswochen bestimmen, wie das Gehirn später arbeiten wird. Junge Katzen wurden die ersten sechs Wochen ihres Lebens ringsherum ausschließlich von waagerechten Linien umgeben. Eine andere Katzengruppe wurde zwischen senkrechten Linien aufgezogen. Das Ergebnis: Die Katzen waren im späteren Leben »blind« gegenüber Wahrnehmungen der jeweils umgekehrten Richtung. Die »waagerechten Tiere« fingen in einer Umgebung mit senkrechten Linien an zu torkeln und verloren völlig die Orientierung. Genauso erging es den »senkrechten Katzen« in einer waagerechten Umgebung.

den ersten Lebenswochen entweder nur horizontale oder nur vertikale Linien zu sehen bekamen, waren danach »blind« gegenüber Wahrnehmungen in der umgekehrten Richtung (siehe die obige Abbildung). Nur die Informationsart, die das Tier im früheren Leben erfahren hatte, konnte später bearbeitet werden.[17]

Erstaunlich ist nun, dass auch die späteren *hormonellen* Reaktionen schon durch die ersten Gefühlseindrücke sehr früh festgelegt werden. An Ratten zeigte man, dass eine gewisse Stresserfahrung in den ersten Lebenswochen insofern Weichen für das weitere Verhalten stellte, als die Tiere im späteren Leben mit Stresssituationen besser fertig wurden. Ganz ähnlich, wie der frühe Entzug oder die frühe Zuführung von Sexualhormonen das spätere Sexualleben stark bestimmen, indem sich ganz bestimmte »Verdrahtungen« zwischen den Gehirnpartien entwickeln.[18]

Die Hirnrinde wird demnach so verdrahtet, dass sie möglichst gut mit derjenigen Umwelt zurechtkommt, die in den ersten Lebenswochen wahrgenommen wird. Das Gleiche gilt auch für chemische Einflüsse und damit für die Nahrung und die eingeatmete Luft. Zu viel Sauerstoff etwa (wie er zum Beispiel bei Frühgeburten im Sauerstoffzelt auftreten könnte) verlangsamt die Teilungsrate der gerade zu dieser Zeit besonders stark wachsenden Gehirnzellen und führt zu kleineren Gehirnen (im Rattenexperiment zu einer um sieben Prozent verminderten Zahl von Gehirnzellen). Ein Siebenmonatskind muss ja noch etwa zwei Drittel der endgültigen Zahl seiner Gehirnzellen, das heißt noch mehrere Milliarden, aufbauen. Ähnlich führte Unterernährung – ebenfalls im Rattenversuch – zu einer um vierzig Prozent verringerten Verzweigung der Neuronenfasern, was natürlich – auch bei Kindern – später nie mehr zu beheben ist.[19]

Die »Passivität« eines Säuglings täuscht also darüber hinweg, dass sich gerade in den ersten Wochen auch im geistigen Bereich sehr viel tut, nämlich die irreversible Formung eines durch die Sinneseindrücke hervorgerufenen ersten inneren Abbildes der Umwelt, die sich zusammen mit den letzten anatomischen Veränderungen in einem von Mensch zu Mensch unterschiedlichen Grundmuster im Gehirn verankert. Später eintreffende Informationen der Außenwelt werden außer in bestimmten Phasen wie der Pubertät kaum noch neu verdrahtet, sondern entlang dieses Netzes über mehrere Stufen in stofflich gespeicherte kodifizierte Erinnerungen übergeführt. Wir werden später noch genauer darauf eingehen. In der Computer-Fachsprache würden wir die nachträgliche Speicherung und Programmierung als »Software« bezeichnen, die anatomische Verdrahtung während der Embryonalzeit und der ersten Lebensmonate dagegen als das erste Grundgerüst der »Hardware«.

So unterschiedlich die ersten Wahrnehmungen jedes Säuglings in seinem kleinen Lebenskreis sind, so unterschiedlich sind auch dessen Auswirkungen auf das sich jetzt bildende Grundmuster des kindlichen Gehirns – gerade in dem allerfrühesten Stadium, wenn das Kind noch nichts bewusst erfasst. Dazu gehören Lichtmuster, Raumgeräusche, viel Weiß, Geruch von frischer Wäsche, Bohnerwachs, Stäbe, rechte Winkel, Dinge, die sich bewegen, Kunstlicht, die Stimme der Mutter.

Grundmuster und individuelles Lernen

Um herauszubekommen, welche Wahrnehmungsmuster bei unseren Kindern vorherrschen, haben wir eine Fragebogenaktion unter Münchner Müttern gestartet. Dabei wurden sie gefragt, wie lange ihr Säugling in den ersten drei Lebensmonaten täglich körperliche Nähe oder direkten Hautkontakt mit der Mutter hatte; ob und wie lange der Säugling gestillt wurde; wie lange er sich täglich bei den Erwachsenen aufhielt (schlafend oder wach); wie lange pro Tag mit dem Säugling gespielt wurde; mit wie vielen Personen er wöchentlich in näheren Kontakt kam; wie oft der Säugling bewegt und herumgetragen wurde; wie lange er sich täglich im Freien aufhielt; welchen Geräuschen er hauptsächlich ausgesetzt war; ob der Säugling auf einen typischen »Leitgeruch« oder ein bestimmtes »Leitgeräusch« besonders ansprach; wie lange er sich mit einem bestimmten Gegenstand beschäftigte; ob seine Umgebung aus einfachen, geraden Linien oder aus vielfältigen Formen bestand.

Für den »Durchschnittssäugling« ergab sich folgendes Bild: Er hatte in den ersten drei Monaten mehr als eine Stunde täglich Hautkontakt mit seiner Mutter, wurde etwa zwei bis drei Monate gestillt, lag die meiste Zeit in einem anderen Raum als die Erwachsenen. Es wurde länger als eine Stunde mit ihm gesprochen und länger als eine halbe Stunde pro Tag gespielt. Die meisten Säuglinge hatten mit zwei bis vier Personen Kontakt und wurden häufig herumgetragen. 92 Prozent von ihnen wurden länger als eine Stunde pro Tag ins Freie gebracht. An Geräuschen nahmen sie hauptsächlich Stimmen auf. 84 Prozent der Säuglinge hatten einen bestimmten Leitgeruch. 66 Prozent der Säuglinge spielten länger als eine halbe Stunde mit irgendwelchen Gegenständen. Alles offenbar nicht sehr verwunderlich.

Schauen wir uns jedoch die einzelnen Prozentzahlen von Säugling zu Säugling an, so sind die Streuungen zwischen den Extremwerten ganz beträchtlich. Kaum eine Kombination entspricht dann noch dem »Durchschnittssäugling«, und man ist erstaunt, wie unterschiedlich die Umwelt gerade in den ersten Lebenstagen gestaltet ist – selbst wenn wie hier die Eltern aus vergleichbarem Milieu, ähnlichen Einkommensklassen, dem gleichen Stadtteil (hier: München-Pasing) kommen und etwa zum gleichen Jahrgang gehören. So hatten 35 Prozent aller späteren Schüler in ihren ersten drei Monaten eine halbe Stunde Hautkontakt mit der Mutter – 65 Prozent dagegen mehrere Stunden. 46 Prozent hielten sich im selben Raum auf wie die Erwachsenen – 54 Prozent dagegen in einem anderen Raum. Die eine Hälfte der Säuglinge wurde oft oder sehr oft bewegt und herumgetragen – die andere Hälfte selten oder nie. Als vordringliches Geräusch wurden von 52 Prozent der Mütter menschliche Stimmen genannt, von 29 Prozent technische Geräusche (zum Beispiel Waschmaschine, Küchenatmosphäre), von 12 Prozent Musik – und nur bei 7 Prozent waren diese Geräusche mehr oder weniger gleichmäßig verteilt. So unterschiedlich sind also sogar innerhalb einer kleinen Gruppe aus demselben Kulturkreis die Eindrücke, die auf den Säugling wirken und unter denen sich die Grundstruktur seines Gehirns formt.

Solche Wahrnehmungsmuster sind also von Familie zu Familie, von Sozialstatus zu Sozialstatus, von Volk zu Volk und erst recht von Kultur zu Kultur sehr verschieden. Bei afrikanischen Eingeborenen sind es weiche braune Haut, Wärme, Luft, runde Formen, Natur, Geruch von Boden, Blätter, Holz, durch Blätter flirrende Sonne, Summen, Kreischen, Vogelstimmen, Bewegungen, Schaukeln, Schweißgeruch und immer wieder weiche Haut, den ganzen Tag und die ganze Nacht. So sind die Eindrücke von Kindern, die

So unterschiedlich, wie die Umgebung und die Sinneseindrücke dieser Babys sind, so verschieden bilden sich auch deren Grundmuster im Gehirn aus.

auf dem Rücken der Mutter alle Bewegungen mitbekommen, vorwiegend tastender, fühlender Natur. Das Kind macht die Hantierungen der Mutter körperlich, das heißt tuend mit, während in unserem Kulturkreis die Kinder diese Dinge nicht mehr mittun, sondern lediglich optisch und akustisch unter dem Sprechen der Mutter, meist getrennt von ihrem Körper, miterleben. Ebenso verschieden wird deshalb auch das Grundgerüst, die »Hardware« der Neuronenverknüpfungen, sein. Nicht zuletzt deshalb könnte sich vielleicht das abstrakte wissenschaftliche Denken gerade in unserem Kulturkreis entwickelt haben und bei anderen Völkern mit oft noch viel differenzierteren Kulturen – man denke an Indien oder an die alten afrikanischen Hochkulturen – dafür eine andere, von der unseren völlig verschiedene Auffassung von Lebensqualität.

Aber nicht nur die Eindrücke unserer fünf Sinne legen in dieser Zeit von Kind zu Kind unterschiedliche Muster für seine spätere Denk- und Auffassungsweise fest. Mindestens ebenso entscheidend und eingreifend ist natürlich die Nahrung. Amerikanische Forscher haben an einer großen Zahl von Kindern in hungernden Ländern über längere Zeit untersucht, wie sich eine chronische Unterernährung auf die geistige Entwicklung auswirkt. Kinder, die ständig zu wenig zu essen hatten, wiesen einen wesentlich geringeren Intelligenzgrad auf als Kinder der gleichen Bevölkerungsgruppe, die täglich satt wurden. Andererseits dürften Überfütterung und übertriebene Eiweißmengen – gemessen an der Muttermilch – ebenso abträglich sein. Falsche Ernährung kann also genauso schädlich sein wie Unterernährung. Genauso natürlich Medikamente, Giftstoffe, Nikotin, Tablettenkonsum der stillenden Mutter und zum Beispiel auch die oft so unbedenklich gebotenen hohen Dosen von Vitamin D.[20] Und last not least viele Umweltgifte, wie etwa bleihaltige Abgase, die bis zur Einführung bleifreien Benzins, vor allem von Kindern aufgenommen, nachweislich bleibende Lerndefizite verursacht haben.[21]

Bevor wir hier generelle Regeln ableiten können, bevor wir überhaupt sagen können, welche Einflüsse, welche erste Umgebung für diese Zeit nach der Geburt nun die »bestmögliche« ist, müssten ausgiebige Erhebungen und Vergleiche, etwa mit dem späteren Lernen, angestellt werden. Der beste Weg scheint zurzeit zu sein, möglichst alle unnatürlichen Einflüsse fernzuhalten. Es ist eben doch wichtig, ob eine Mutter dem Baby die Brust gibt oder nicht und welche Atmosphäre den Säugling umgibt, einfach weil sein Gehirn alles aufnimmt und speichert, und zwar in gewisser Weise tiefer, wenn auch undeutlicher als je im späteren Leben. Damit werden auch von dieser rein biologischen Seite aus die neueren Beobachtungen der Psychologen bestätigt, sozusagen mit einer naturwissenschaftlichen Grundlage versehen.[22]

Ebenso wird sich aber wohl auch eine nervöse Atmosphäre mitteilen, wenn zum Beispiel krampfhaft versucht wird, ein »optimales« Umfeld zu erzeugen. Hier wirkt dann eine entspannte Gesamthaltung gewiss günstiger als jedes Dogma. In dieser ersten Lebensphase, in der sich feste Neuronenbahnen zu einem Grundmuster von Assoziationen ausbilden, wo man ein Baby aber oft noch als stumpfsinnig einstuft, dürften jedenfalls Liebe und Wärme in einer unverkrampften Atmosphäre mindestens ebenso wichtig sein wie in späteren Altersstufen.

Was heißt das? Wir sahen ja eben, dass sehr bald ein Skelett von verschmolzenen, man könnte sagen »verlöteten« Verdrahtungen zwischen den Gehirnzellen entsteht, ein Grundmuster von Beziehungen und Assoziationen – sozusagen die »Hardware« unseres biologischen Computers –, an dem sich später dann alles andere, was der Mensch erlebt, aufhängt und einordnet und auch gegebenenfalls willentlich wieder abgerufen und erinnert wird. Der Mensch versucht immer mehr Wahrnehmungen und Informationen irgendwie in dieses Gerüst der ersten Lebensmonate einzugliedern und daran die subtileren, weicheren Folgegerüste aufzubauen. Diese entstehen nun nicht mehr durch Wachstum weiterer Zellen und feste Verdrahtungen zwischen den Zellen, sondern sie sind eher mit diffusen Mustern zu vergleichen, die durch Ablagerung unterschiedlicher Moleküle festgehalten und – unter Ausbildung weiterer Synapsen – zugleich kodifiziert werden. Und das gelingt auch jedem irgendwie auf seine Weise. Wir werden im zweiten Teil des Buches noch näher darauf eingehen. Trotz aller noch offenen Probleme wollen wir nun schon einmal fragen, wie sich diese von unserer ersten Umgebung im Säuglingsalter mehr oder minder durch Zufall geprägten Unterschiede im Grundmuster unserer Denkvorgänge später auswirken. Für die eigentliche Intelligenz – also für die innere Fähigkeit des Einzelnen zum Kombinieren, Erkennen von Zusammenhängen und auch zur Gedächtnisleistung an sich – ist daher die Art der verschiedenen Grundmuster von geringerer Bedeutung. Ausschlaggebend wird sie erst in der

Kommunikation mit der Außenwelt, mit anderen Menschen, mit den Dingen, mit denen man sich beschäftigt, kurz: in der Wechselwirkung mit *anderen* Grundmustern.

Das spielt nun bereits in die so bekannte Tatsache hinein, dass der eine gesehene Dinge besser behält, also ein gutes visuelles Gedächtnis hat, der andere eher durch Zuhören lernt und der dritte vielleicht erst durch Tun, durch Anfassen. Jedenfalls scheinen solche Vorlieben eng verbunden zu sein mit dem Wechselspiel der Großhirnrinde mit dem Stammhirn und seinen psychischen Regelzentren, das heißt also auch mit Sympathie und Antipathie, die man ja nicht nur gegenüber bestimmten Personen, sondern auch beispielsweise gegenüber bestimmten Tierarten, bestimmten Beschäftigungen, bestimmten Spielen, gegenüber Farben und Tönen hat.

Gerade die unterschiedlichen Auffassungen von Lebensqualität in den verschiedenen Kulturen und Sozialschichten könnten durchaus mit diesen Unterschieden im Grundgerüst, in den anatomischen Verknüpfungen unserer Gehirnzellen zusammenhängen. Denn an den ersten Verdrahtungen unseres Gehirns hängen sich alle späteren Eindrücke auf. Die ersten Verknüpfungen dienen dabei als Wegweiser für die folgenden Bahnen, Kontaktstellen und weiteren Verknüpfungen. Damit wir die Wechselwirkungen dieser ersten Eindrücke mit dem späteren Verhalten, mit späteren Meinungen, Vorlieben, Anschauungen besser verstehen können, die ja bis in das Verhältnis zum Partner, zum Beruf, zur Politik hineinstrahlen, und um auch wiederum das Gehirn deutlich als eine Schaltstelle zu erfassen, die voll in den Gesamtorganismus integriert ist, will ich versuchen, diese Abläufe im Gehirn wieder mit einigen konkreten Beispielen zu verbinden.

Wichtig für die Verständigung zweier Menschen, also für die Kommunikation zwischen dem eigenen und dem fremden Muster, ist ihre Resonanz, das heißt, dass beide Muster gleiche Schwingungen aufweisen. Das können sie aber nur, wenn sie in ihrer Struktur ähnlich sind. So entsteht aus naturwissenschaftlicher Perspektive die Frage, ob nicht vielleicht ein Schüler dann gut lernt, wenn sein in frühester Kindheit im Gehirn vorgeprägtes Assoziationsmuster mit dem Abfragemuster, dem Erklärungsmuster seines Lehrers gewisse Ähnlichkeiten aufweist – eine Übereinstimmung mit der Methode, die dieser Lehrer im Unterricht anwendet –, und ob er umgekehrt immer dann nicht begreift, wenn die Erklärungsweise eines Lehrers seinem Muster nicht entspricht, nicht auf der gleichen Wellenlänge liegt.

Ein Beispiel: Michael hat Schwierigkeiten mit der griechischen Grammatik. Er versteht den Lehrer nicht, und der Lehrer seinerseits versteht nicht ganz, warum ihm das solche Schwierigkeiten macht. Der Lehrer weiß, wie es in den anderen Fächern steht. Er weiß es vom Englischlehrer, vom Lateinlehrer, vom Geschichtslehrer. Alle loben Michael und sind sehr zufrieden mit ihm.

Ist Michael nun in den anderen Fächern begabter als in Griechisch, ist er faul? Gibt er sich keine Mühe? Wohl keins von alledem. In Geschichte und Latein scheint vielmehr sein Denkmuster mit dem Abfragemuster des Lehrers übereinzustimmen. Die Antworten kommen prompt, ebenso in Erdkunde. Von diesen Lehrern wird er als intelligent eingestuft. In Biologie ist es wieder ähnlich wie in Griechisch. Die Gedankenverbindungen stellen sich nicht automatisch ein. Im letzten Jahr war er in Biologie gut – bei einem anderen Lehrer. Und ein Mitschüler, der sich heute über seine »Dummheit« mokiert, war damals derjenige, der nicht mitkam. Damals war es vielleicht *dessen* Denkmuster, das mit dem Abfragemuster des früheren Lehrers nicht übereinstimmte.

Lernerfolg und gute Schulleistung liegen also nicht nur in der absoluten Intelligenz des Einzelnen (der Fähigkeit zu behalten, zu kombinieren, Zusammenhänge zu erkennen), sondern oft an der *relativen* Übereinstimmung zweier Muster, an der Möglichkeit oder Unmöglichkeit einer Resonanz. Ein Kind lernt immer von einem »Partner«, sei es von dem Lehrer, von dem Schulbuch, von den Mitschülern. Und es lernt dann gut, wenn es in diesem Partner sich selbst wiedererkennt, das heißt, wenn sein eigenes Assoziationsmuster mit dem des Partners in Einklang steht. In dieser Hinsicht sind – wie wir noch sehen werden – manche Schulbücher für ein wahrscheinlich überhaupt nicht existierendes Grundmuster angefertigt. Sie versagen bei allen Schülern.

Selbst der gleiche Wissensstoff, der gleiche Informationsinhalt, kann deshalb ganz unabhängig von seinem Schwierigkeitsgrad je nach der Art des Denkmusters, in dem er angeboten wird, einmal sehr schwer und einmal sehr leicht erfasst werden. Auch hierfür ein Beispiel: (vergl. die Abbildungen auf der folgenden Seite).

Nehmen wir an, vier Schüler lernen auf die ihnen zusagende Weise den gleichen Stoff, zum Beispiel das physikalische Gesetz Druck gleich Kraft durch Fläche. Der *eine* sucht das Verstehen in der Kommunikation, durch Hören und Sprechen, also auditiv: Ein anderer Schüler erklärt ihm die Gesetzmäßigkeit in der Umgangssprache, einer Sprache, die beiden vertraut ist. Missverständnisse werden durch Argument und Gegenargument ausgeräumt, einfache Beispiele und Zeichnungen werden selbst gefunden. Der *zweite* lernt das Gesetz durch das Auge, durch Beobachtung und Experiment, also optisch, visuell. Jeder weiß aus Erfahrung, dass ein spitzer Nagel schneller in die Wand eindringt als ein stumpfer. Doch warum? Weil der Druck durch die minimale Aufsatzfläche der Nagelspitze ungemein erhöht wird. Der *dritte* erfährt das Gesetz durch Anfassen und Fühlen, also haptisch: Er nimmt zwei Bleistifte, den einen mit der Spitze nach oben, den anderen umgekehrt. Druck des Daumens auf die flache Schnittfläche. Keine Reaktion. Den gleichen Druck auf die Spitze. Es schmerzt. Warum? Weil die Spitze auf Grund ihrer sehr kleinen Fläche den Druck stark erhöht, und zwar *spürbar* erhöht. Der *vierte* lernt anhand abstrakter Formeln, also rein durch den Intellekt: $p = F/A$ (Druck gleich Kraft durch gedrückte Fläche).

Der Inhalt der Erklärung ist in allen vier Fällen der gleiche: Große Fläche, kleiner Druck; kleine Fläche, großer Druck. Nur jeweils über einen anderen Wahrnehmungskanal. Was aber nun, wenn in einer Klasse zum Beispiel nur nach der vierten Methode gearbeitet wird? Die Schüler, deren Denkmuster den Einstieg in das Thema nach einer der anderen Methoden verlangt, vielleicht nach einer, die hier gar nicht genannt ist, gelten dann als schwach in Physik, in Biologie oder in irgendeinem anderen Fach, obwohl ihre sogenannte Schwäche mit dem Fach überhaupt nichts zu tun hat.

Je mehr Arten der Erklärung angeboten werden, je mehr Kanäle der Wahrnehmung benutzt werden (wie es bei einem multimedialen Unterricht der Fall wäre), desto fester wird das Wissen gespeichert, desto vielfältiger wird es verankert und auch verstanden,

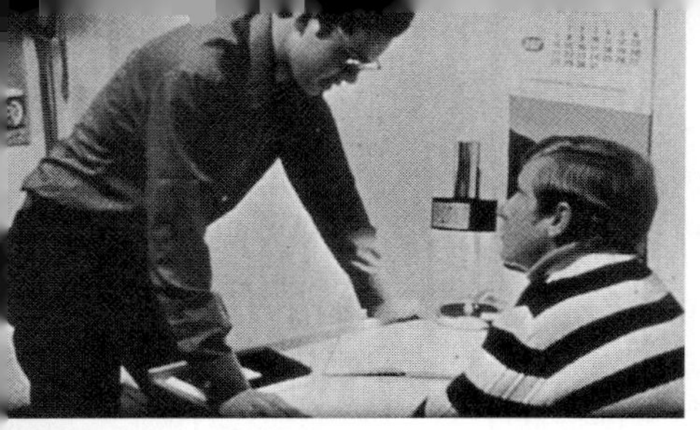

Vier Eingangskanäle für den gleichen Lerninhalt:

Der eine lässt sich das Gesetz: Druck gleich Kraft durch Fläche von einem Mitschüler anschaulich erläutern.

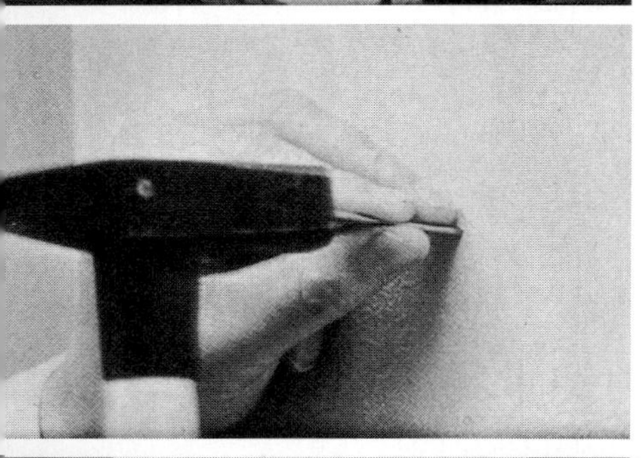

Ein zweiter braucht die praktische Anwendung, das Tun.

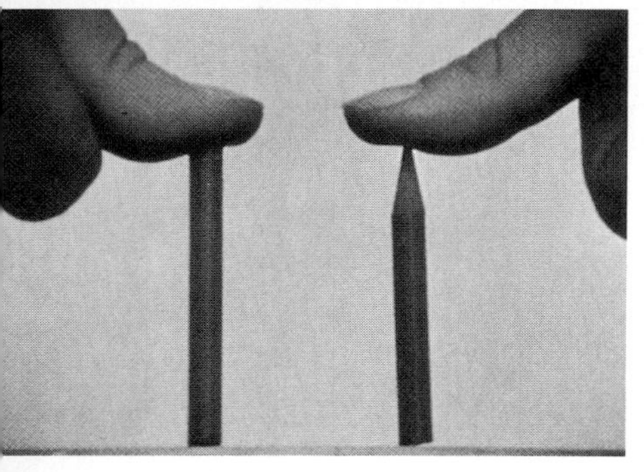

Ein dritter erfasst das Gesetz haptisch: durch Anfassen, durch Fühlen …

$$p = \frac{F}{A}$$

$$1\,\mathrm{bar} = \frac{10^6\,\mathrm{dyn}}{\mathrm{cm}^2}$$

und ein vierter erfasst den Inhalt am ehesten abstrakt-verbal, aus der Formel – selbst wenn sie wie hier mit einer Fülle von Abkürzungen und »Einheiten« vollgespickt ist. Auf diesen Lerntyp ist der meiste Unterricht zugeschnitten. Ein »verbaler« Schüler von geringer Intelligenz bringt es daher in der Schule oft weiter als zum Beispiel ein hochintelligenter »haptischer« Typ.

desto mehr Schüler werden den Wissensstoff begreifen und ihn später auch wieder erinnern.

Wenn man das so betrachtet, dann erhalten unsere allgemein üblichen Vorstellungen – wie zum Beispiel: Jemand ist klüger oder dümmer, besser oder schlechter veranlagt – eine ganz neue Bedeutung. »Besser« oder »schlechter« bezieht sich jetzt auf einmal nicht mehr so sehr auf das Denkmuster an sich, sondern vielmehr auf die Übereinstimmung, auf das Zusammenspiel *zwischen* zwei verschiedenen Denkmustern, auf deren Kommunikation. Und das hat einen besonders großen Einfluss darauf, ob wir etwas behalten oder nicht, ob wir uns daran erinnern können, wenn wir es gerade brauchen. Also: Etwas mehr Toleranz, ehe wir jemanden als dumm bezeichnen!

Alles bisher Gesagte berührt nun speziell die Dinge, die in uns einmal durch Vererbung und zum anderen durch die früheste Kindheit vorprogrammiert sind und die als Grundmuster, sozusagen als »Hardware«, auch später immer wieder durchscheinen werden. Wie steht es aber nun mit all den Denk- und Lernvorgängen, die *nach* dieser ersten Lebenszeit kommen? Wie steht es mit der »Software« unseres biologischen Computers, mit den Wahrnehmungen, die den anatomischen Bau unseres Gehirns nicht mehr verändern? Wie steht es mit den Informationen, den Lernprozessen und Erlebnissen, die sich zwar im Laufe des Lebens an dem in frühester Kindheit geprägten Grundmuster orientieren, die sich daran aber doch immer in der ihnen eigenen Weise »aufhängen« und »einordnen« müssen?

Gerade hier zeigen nun neueste Untersuchungen, dass sich mit etwa elf Jahren in bestimmten Gehirnbereichen noch einmal ganze Büschel von weiteren Verzweigungen ausbilden, die zu den bekannten Verhaltensirritationen pubertierender Jugendlicher führen. Ein Wachstum, das dort weniger die Zahl der Gehirnzellen als die Größe der Zellkörper und die Verzweigungen ihrer Ausläufer betrifft. Dabei wird das bestehende Grundmuster des Kindes erstmals mit bestimmten Funktionen, wie etwa dem Setzen von Zielen und Prioritäten und der bewussten Steuerung von Impulsen, assoziiert – Eigenschaften, in denen sich die Heranwachsenden daher neu zurechtfinden müssen.

Update-Schwierigkeiten mit der Pubertät

Während das Wachstum der Gehirnverdrahtungen mit dem lauffähigen Alter eines Kindes bisher als abgeschlossen galt, scheint dies nach neueren Untersuchungen amerikanischer Neurologen nicht für alle Gehirnbereiche der Fall zu sein.[23] Zumindest in der Pubertät kommt es in einem Teil der vorderen Hirnrinde über den Augen (Präfrontaler Cortex) und des Schläfenlappens noch einmal zu einer auffallenden Vermehrung der von den dortigen Neuronen ausgehenden Fasern, während andere Teile abgestoßen werden. Vorgänge, die man erst seit kurzem mit neuen Aufnahmetechniken am lebenden Gehirn beobachten kann.

Wenn auch die Gesamtzahl der Neuronen wohl nicht mehr zunimmt, so entstehen doch in der »Hardware« dieser lokalen Gehirnbereiche – wahrscheinlich ausgelöst durch hormonelle Veränderungen – eine Fülle neuer Verdrahtungen, sogenannte dendritische Verzweigungen, vergleichbar mit dem Aufrüsten eines Computerchips mit neuen Anschlüssen. Nach Untersuchungen der Neurologen zeigen moderne Abbildungstechniken am lebenden Gehirn, dass hier in wenigen Monaten regelrechte Büschel von Dendriten in das Neuronengewebe sprießen, wobei sich eine Vielzahl neuer Verknüpfungen und vorher nicht möglicher Synapsenanschlüsse bilden.[24]

Offenbar erzeugt die dadurch entstehende Verwirrung im Kopf ähnliche Schwierigkeiten bei der Abstimmung mit den neuen Assoziationsfeldern, wie sie etwa im Computer bei der Konfrontation einer einprogrammierten Betriebssoftware mit einem neuen Update oder nach Einfügung eines zusätzlichen Chips auftreten können. Adaptationsfehler, wie sie bekanntlich schon bei Verwendung eines neuen Treibers auftreten, etwa für die Druckerfunktion, wo dann sinnlose Buchstabenfolgen oder verzerrte Grafiken auftauchen und die Sache erst nach erneuter Anpassung wieder in den Griff zu bekommen ist.

Während so im Gehirn von pubertierenden Jugendlichen plötzlich ganz neue Pfade und Muster entstehen und einige bisher funktionierende Assoziationen außer Kraft treten oder durch andere ersetzt werden – sozusagen die bisherige »Betriebssoftware« nicht mehr ausreicht –, stehen die Eltern der Pubertierenden meist hilflos vor diesem Phänomen. In einem amerikanischen Bericht heißt es dazu: »Fast über Nacht mutiert ein süßes, liebevolles, gehorsames Kind zu einem finsteren Monster, anfällig für Rücksichtslosigkeit und unerklärliche Stimmungsschwankungen. Damit ist nicht etwa eine Filmszene aus dem *Exorzist* gemeint, es ist die Pubertät.«[25] In der Tat ist der neustrukturierte Gehirnbereich zuständig für die sogenannten »ausführenden Funktionen«, etwa die Festsetzung bestimmter Ziele und Prioritäten, das Planen und Organisieren sowie das Impulsmanagement. Eigenschaften, die in der Pubertät oft noch fehlen.

Die jüngsten Erkenntnisse der Gehirnforschung führen also zu einem grundlegend neuen Verständnis des Verhaltens Jugendlicher: Da demnach ihre Gehirne noch nicht fertig ausgebildet sind, können Jugendliche weder mit sozialem Druck noch mit instinktmäßigen Trieben und anderen Formen des Stress so umgehen, wie Erwachsene es tun. Dies mag vielleicht nicht vollständig, aber zumindest teilweise erklären, warum Jugendliche in dieser Phase oft zu einem unleidlichen oder rücksichtslosen Verhalten tendieren. Erst nach der Pubertät, wenn ein effizientes Netzwerk von Verschaltungen zu den Assoziationsfeldern jener »ausführenden Funktionen« entstanden ist, laufen die Reaktionen nach Ansicht der Forscher wieder in kontrollierten Gehirnbahnen.

Selbst in Tierversuchen wurde dieser Mechanismus festgestellt: Jugendliche Ratten und Goldhamster durchlaufen nach etwa 25 Tagen, wenn sie aus dem Nest geworfen werden, eine Art von Pubertät, in der sich ihr Verhalten abrupt ändert. Auch hier zeigte sich, dass in dieser Zeit gewisse Verdrahtungen im Gehirn noch einmal – ähnlich wie nach der Geburt – mit der Umwelt in prägender Wechselwirkung stehen.[26] Beim Menschen beginnen solche Reorganisationen mit etwa elf Jahren. Und zwar in Gehirnbereichen, die mit seinem Sozialverhalten und der Kontrolle von Impulsen assoziiert sind. Da das Gehirn des Jugendlichen in dieser Periode also noch einmal erneut Einwirkungen aus der Umwelt anatomisch aufnimmt und sie ähnlich wie in den ersten Lebensmonaten benutzt, um das spätere, für ihn »normale« Verhalten festzulegen, führen die während dieser Zeit empfangenen Einflüsse zu weit tiefgreifenderen Folgen als in anderen Altersstufen. Selbst geringe Einwirkungen (Alkohol, Drogen, Rauchen, Sekten) können daher bleibende Schäden – auch was die spätere Abhängigkeit betrifft – hinterlassen. Wegen des in dieser Zeit neu strukturierten Risikomanagements sind – wie alle Statistiken bestätigen – auch die unmittelbaren Gefahren (Unfälle, Kriminalität, Opfer von Verbrechen) größer als in den übrigen Lebensphasen.[27]

Interessant ist, dass während dieser Umstrukturierung im Gehirn sich nicht nur neue Fähigkeiten ausbilden, sondern ab der Pubertät, also im Alter zwischen 10 und 12 Jahren, andere Gehirnleistungen, die bis dahin gut funktionierten, scharf abfallen. So die Fähigkeit, eine zweite und dritte Sprache zu lernen und sie ohne Akzent zu sprechen. Das Gleiche gilt für artistische Fertigkeiten oder das Beherrschen eines Musikinstruments. In der Tat erfolgt in dieser Zeit eine gründliche Reorganisation des Gehirns: Während die graue Masse sich einerseits in eng lokalisierten Bereichen in weniger als einem Jahr verdoppeln kann, ist dieser Vorgang in anderen Bereichen von einem drastischen Verlust zellulärer »Hardware« begleitet. Man kann sagen, dass sich das Gehirn – ohne sein Gesamtvolumen zu verändern – in dieser Zeit durch eine interne Um-Verdrahtung neu organisiert.

Damit scheint klar zu sein, dass es neuronale Veränderungen im Gehirn sind, die für die pubertären Erscheinungen verantwortlich zeichnen, und nicht die Wirkung »stürmischer« Hormone. Diese mögen zwar als Induktoren das lokalisierte Wachstum der Verzweigungen der Gehirnzellen in Gang gesetzt haben, sind aber wohl nicht selber die Verursacher der auffallenden Stimmungsschwankungen.[28]

II Geist braucht Materie
»Software« – Elemente des Gedächtnisses

Einführung

Was von den Tag für Tag auf uns einströmenden Eindrücken vergessen wir, was behalten wir? Welchen Einflüssen unterliegt die Fähigkeit zu kombinieren, im richtigen Moment die richtigen Einfälle zu haben, sich zu erinnern und Zusammenhänge zu erkennen? Jeder weiß, dass er manche Dinge nur für wenige Sekunden behält, ein andermal speichert er sie gerade lang genug, um eine Prüfung zu bestehen, und vieles geht ihm das ganze Leben nicht mehr aus dem Kopf. Warum ist das so? Starke Gefühle, persönliche Wünsche und Vorlieben spielen mit. Natürlich auch besonders erhebende Momente, bedeutsame Situationen. Oder aber sehr unangenehme Geschehnisse, Dinge, die uns persönlich treffen und uns, aus welchem Grund auch immer, unter die Haut gehen. Ein Beispiel (S. 58): Monika sitzt ruhig am Tisch, sie malt mit Wasserfarben, die Mutter sitzt ihr gegenüber, sie näht. Monika möchte den Farbpinsel auswaschen, kommt ungeschickt an das Glas, das Glas fällt um, die Farbbrühe läuft über das Tischtuch auf den Boden, der Teppich ist verschmutzt. Monika erschrickt, die Mutter erschrickt. Die Mutter fährt auf, schreit, gibt Monika eine Ohrfeige, schreit weiter: »Himmeldonnerwetter, jetzt langt's mir aber mit deiner ewigen Ungeschicklichkeit« – das Kind erstarrt und fällt weinend in sich zusammen. Das Malen – vielleicht ein wichtiges Ausdrucksmittel des Kindes – ist von nun an mit Angst verbunden, ist ihm verleidet. Solche Erlebnisse prägen sich ein. Manchmal für das ganze Leben.

Doch selbst wenn ein Vorgang, wie hier, mit starken Erlebnissen verknüpft ist und sich somit für lange Zeit einprägt, muss auch eine solche Langzeitspeicherung von Informationen und Eindrücken zunächst einmal die Stufen eines Ultrakurzzeit- und eines Kurzzeit-Gedächtnisses durchlaufen, ehe die Erinnerung permanent ge-

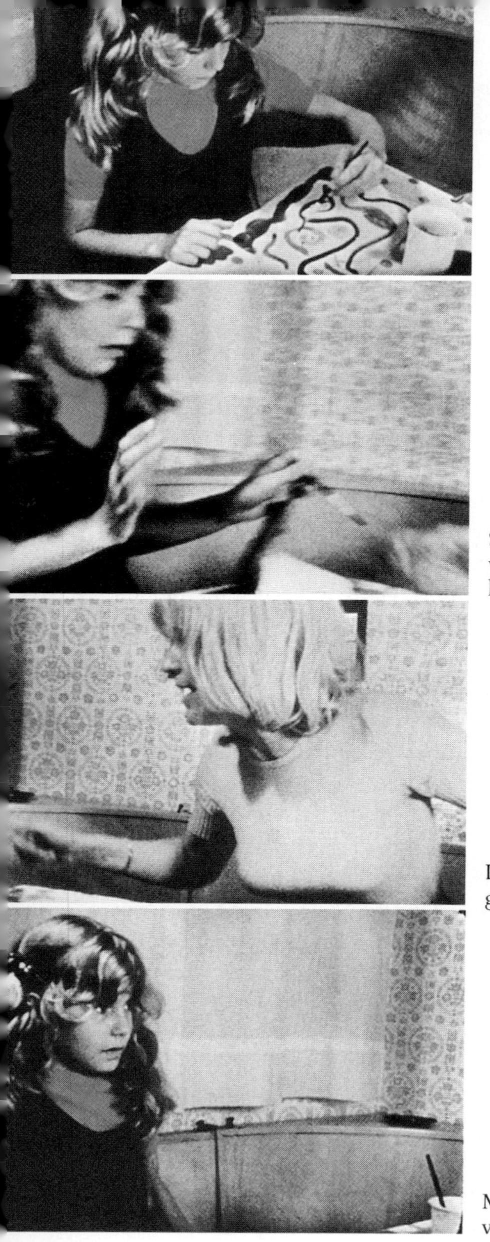

Kleine Erlebnisse, die sich manchmal für das ganze Leben einprägen:

Monika malt – vertieft in ihre Vorstellungen.

Sie will den Pinsel waschen und wirft dabei den Becher mit Farbbrühe um.

Die Mutter fährt sie wütend an und gibt ihr eine Ohrfeige.

Monika erstarrt. Das Malen ist ihr verleidet.

speichert ist. Darüber, was sich nun tatsächlich bei diesen verschiedenen Stufen des Lernvorgangs in unserem Gehirn abspielt, hat man inzwischen einiges erfahren.

Ultrakurzzeit-Gedächtnis – erster Filter für Wahrnehmungen

Der Physiklehrer beginnt zwischen den Bänken entlangzuwandern. »Also, jetzt noch mal zum Auftrieb. Wenn wir einen Holzwürfel vollständig in Wasser tauchen, dann spürt ihr ja eine Kraft nach oben wirken. Wenn ihr den Würfel loslasst, dann springt er von alleine hoch ...« Philipp hört aufmerksam zu. Was der Lehrer da sagt, leuchtet ein. Er beginnt darüber nachzudenken, wird jedoch wieder aus seinen Gedanken herausgerissen. »... Nicht wahr, da ist also eine Kraft wirksam, die größer ist als das Gewicht des Würfels. Und zwar genauso groß wie die des verdrängten Wassers ...« Philipp wird unsicher. Wie war das noch mal? ... Kraft wirksam ... größer als das Gewicht ... »... In der Physik sagt man: Die Auftriebskraft kommt durch den Unterschied des Gewichtsdrucks an der Ober- und Unterseite des Körpers zustande. Das heißt, das Wichtige dabei ist eben, dass diese Auftriebskraft und das Gewicht der verdrängten Flüssigkeit den gleichen Betrag haben ...« Philipp ist nun völlig verwirrt. Die Stimme des Lehrers rauscht an ihm vorbei. »... In anderen Worten: Die Auftriebskraft entsteht also durch die Differenz des oberen und unteren Gewichtsdrucks eines eingetauchten Körpers, wobei ihre Größe mit dem Betrag des Gewichts der verdrängten Flüssigkeit identisch ist.«

Philipp schaut seinen Nachbarn ratlos an. Der hat schon längst abgeschaltet und malt Männchen. 42 Sekunden Definition des Auftriebs in vier verschiedenen Varianten. Wenn auch die ersten Worte des Lehrers noch ankamen, der Rest ging in Verwirrung unter. Dabei meinte der Physiklehrer es nur gut. Er tat das, was heute noch in vielen didaktischen Lehrbüchern steht – einen Stoffinhalt den Kindern in verschiedenen Variationen anbieten, nach

Fußballfoul. Ein Gegenspieler ist vor dem Ball in den Mann hineingelaufen.

Man kümmert sich zunächst um etwaige Verletzungen.

Nach ein paar Minuten wird der Spieler gefragt: Was ist genau passiert? Von welcher Seite lief welcher Gegenspieler auf Sie zu? Er kann keine Antwort geben. Sein Gedächtnis ist wie leergefegt.

Hätte man den Fußballspieler schon jetzt, innerhalb dieser ersten zwanzig Sekunden nach dem Foul befragt, hätte er den Vorfall exakt beschreiben können!

dem Schema: Blablabla, also: blablabla, das heißt: blablabla, und zwar: blablabla, mit anderen Worten: blablabla. Nun, man sollte meinen, dass dies ja auch mit unseren Kenntnissen über die verschiedenen Lerntypen und Denkgrundmuster übereinstimmt. Das tut es auch! Doch nur dann, wenn genügend Zeit dazwischen liegt und nicht alles auf einmal auf den Lernenden einstürmt. Denn hier macht uns der biologische Mechanismus der Informationsspeicherung in unserem Gehirn einen Strich durch die Rechnung, genauer: unser Ultrakurzzeit-Gedächtnis (UZG).[29]

Ein zweites Beispiel: Gehirnforscher der Universität von Kalifornien studierten die Gedächtnisleistung beim rauen amerikanischen Football, einer Art Rugby, in dem weit mehr körperliche Attacken und Fouls üblich sind als beim europäischen Fußball. Gerade diese gefoulten Spieler entpuppten sich als ausgezeichnete Versuchskaninchen. Während des Spiels ist ihr gesamter Lernprozess auf Sofortreaktion eingestellt. Ankommende Impulse müssen augenblicklich verarbeitet, dann wieder vergessen werden. Die Forscher entdeckten nun, dass Spieler, die einige Minuten nach dem Foul darüber eine Aussage machen wollten, sich in keinem Fall mehr erinnern konnten, was eigentlich genau mit ihnen geschehen war. Nicht einmal, von wem und an welcher Stelle sie gefoult worden waren. Fragte man sie jedoch sofort nach dem Foul, und zwar noch innerhalb der ersten zwanzig Sekunden, so konnten sie ohne Mühe eine exakte Darstellung des Vorfalls geben. Die Ereignisse kreisten zu dieser Zeit noch im UZG. Der Versuch ging aber noch weiter und brachte ein erstaunliches Ergebnis. Während nämlich normalerweise Schmerz und Schock des Fouls den Übergang in die nächste Speicherstufe blockieren, waren diese sofort befragten Spieler auch später in der Lage, den Hergang zu schildern. Die kreisenden Impulse waren bewusst abgerufen worden und nun für längere Zeit greifbar.[30] Solche Situationen haben die Wissenschaftler in zahlreichen Versuchen durchgetestet. Sie kamen immer wieder zu demselben Ergebnis: Unser Gedächtnis kann, wenn es auf Sofort-handlung eingestellt ist (beispielsweise Fußball spielen, Auto fahren), nur das für längere Zeit behalten, was *vor* dem Abklingen des Ultrakurzzeit-Gedächtnisses, innerhalb von etwa zwanzig Sekunden, bewusst abgerufen wird.

Wir lernen daraus, dass mangelndes Interesse, fehlende Assoziationsmöglichkeit oder, wie hier, störende Zusatzwahrnehmungen (Schmerz) die elektrisch kreisenden Erstinformationen ohne festere Speicherung abklingen lassen. Als unser Physiklehrer in dem obigen Beispiel seine Erklärungen vom Auftrieb das zweite und dritte Mal innerhalb weniger Sekunden – jedes Mal in einer anderen Form – wiederholte, tat er nichts anderes, als die bereits kreisenden Impulse mit erneuten, diesmal gerade wegen ihrer Ähnlichkeit störenden Informationen zu verscheuchen, zu löschen. Man spricht hier von Interferenz.[108] Das, was jedoch zum Lernen und Behalten nötig wäre, nämlich eine innere Resonanz der bereits bekannten Gedächtnisinhalte – je nach dem individuellen »Grundmuster« des einzelnen Schülers –, konnte gar nicht zustande kommen. Es bleibt keine Zeit, die im Gehirn kreisenden Informationen des Lehrers abzurufen und an bekannten Gedankeninhalten, jeder auf seine Weise, zu verankern. Das Resultat war die von Philipp empfundene Verwirrung.

Ein drittes Beispiel: Wir telefonieren. Der Anschluss ist besetzt. Die Nummer, die wir nur flüchtig aus dem Telefonbuch aufgenommen haben, ist vergessen. Wir müssen sie erneut suchen. Worüber wir uns ärgern, ist wieder unser Ultrakurzzeit-Gedächtnis. Was hat es damit auf sich? Warum können wir nicht alles gleich fest behalten? Nun, als erste Stufe in dem mehrstufigen Speichervorgang unseres Gedächtnisses ist das Ganze eine äußerst sinnvolle Einrichtung – wenn wir einmal näher dahinterschauen.

So wird eine ankommende Information nicht einfach entweder behalten oder vergessen, sondern sie verweilt in drei unterschiedlich langen Speicherstufen. Alle durch die Sinneswahrnehmungen, durch das Auge, das Ohr oder die Haut ankommenden Impulse kreisen zunächst einmal in Form elektrischer Ströme und Schwingungen in unserem Gehirn, wo sie nach zehn bis zwanzig Sekunden wieder abklingen. Wenn keine Aufmerksamkeit vorhanden ist oder wenn sich diese Informationen nicht an bereits bekannten Gedankenverbindungen aufhängen lassen, dann gehen diese Wahrnehmungen an uns vorbei wie Straßengeräusche oder wie die Laute einer fremden Sprache. Sie werden sozusagen als »uninteressant für die weitere Speicherung« beim Pförtner (dem UZG) abgewim-

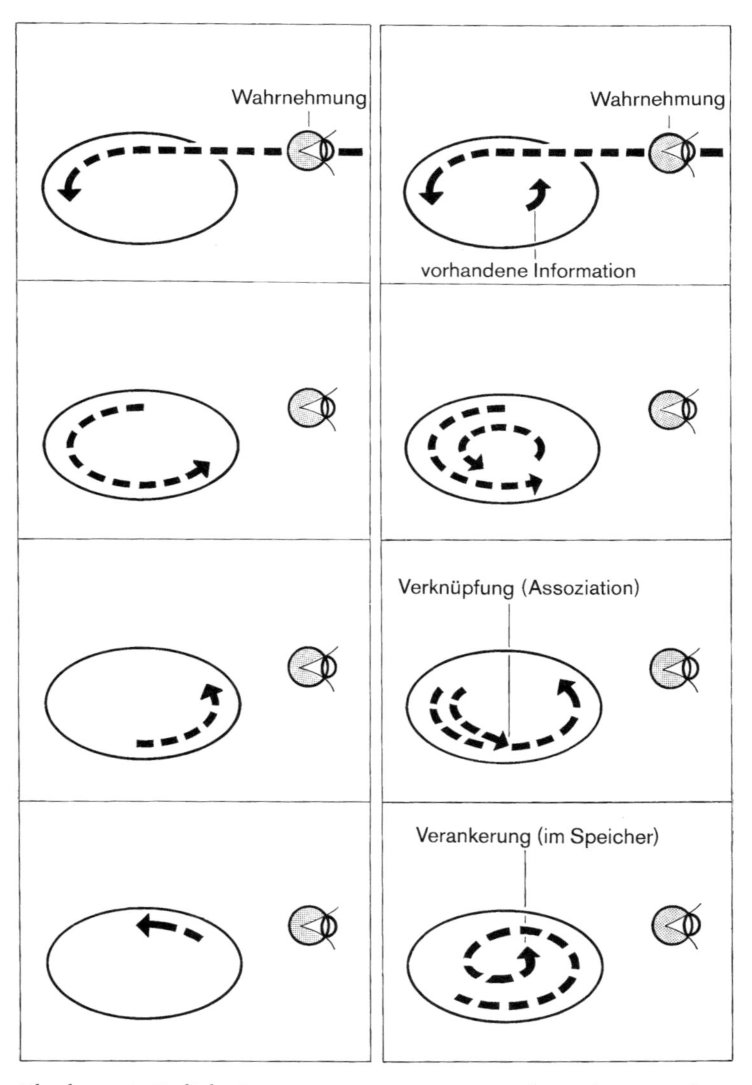

Ultrakurzzeit-Gedächtnis – erster Filter für Wahrnehmungen. Ankommende Wahrnehmungen klingen nach wenigen Sekunden ab,

... wenn sie nicht mit bereits vorhandenen, im Gehirn kreisenden Gedanken verknüpft (assoziiert) werden.

melt – was nicht heißt, dass sie nicht andererseits für bestimmte Sofortreaktionen äußerst wichtig sein mögen. Denken wir nur an unsere Reaktion beim Radfahren: ein hupendes Auto, die rote Ampel, das Einbiegen in die richtige Straße. Hier lösen Wahrnehmungen, obgleich sie aus dem Ultrakurzzeit-Gedächtnis nicht abgerufen werden und somit nur wenige Sekunden in unserem Gehirn verweilen, oft lebenswichtige Reaktionen aus. Und doch sind einige Minuten später die einzelnen Vorkommnisse längst vergessen. Würden wir über solche Wahrnehmungen echt nachdenken, so erginge es uns wie in der ersten Fahrstunde. Der langsame Denkprozess würde Sofortreaktionen unmöglich machen. Diese Wahrnehmungen *müssen* also schnell vergessen werden, wenn die Reaktionen richtig ablaufen sollen. Da aber auch diese immer vom Gehirn gesteuert werden müssen, hat sich die Natur dafür eine Abkürzung ausgedacht. Wie geschieht das? Bevor wir Bewegungen automatisch ausführen können, müssen sie in der Großrinde als Programme fest verankert sein. Bis das so weit ist, laufen die entsprechenden Impulse immer wieder über die gleichen Bahnen zum Großhirn. Erst nach einer längeren Einübungszeit werden sie automatisiert und gewinnen dann an Exaktheit, werden fließend und sicher. Das Großhirn wird entlastet.[31]

Was nun solche Automatismen leisten, erleben wir nicht nur täglich im Straßenverkehr. Was für das Autofahren gilt, gilt gleichermaßen auch für viele andere Bewegungen, zum Beispiel das Gehen, das Schreiben, das Violine- oder Klavierspielen. Wir sind hier sozusagen zwei Personen in einer. Bewusst setzen wir uns in einer bestimmten Richtung in Bewegung, bewusst notieren wir uns etwas, bewusst, das heißt mit Willen, nehmen wir eine Gitarre und spielen ein bestimmtes Stück. Während wir aber dann gehen, schreiben und Gitarre spielen, laufen diese Bewegungen automatisch ab. Wie gut sie ablaufen und wie reichhaltig sie sind, hängt ganz von dem ab, was und wie wir gelernt haben. Während also beim normalen Denkvorgang die durch Auge und Ohr ankommenden Impulse in der Hirnrinde *verarbeitet* werden und eine bewusste Reaktion ergeben, werden hier die Wahrnehmungen direkt an die motorischen Nerven weitergeleitet. Sie werden unmittelbar in die Bewegungen unserer Muskeln umgesetzt, ohne unser Denken in den grauen Hirnzellen zu belasten. Dass das möglich ist, sehen wir schon daran, dass wir uns während des Autofahrens zum Beispiel unterhalten können. Im Gegensatz zur Unterhaltung wird die Information aus dem Straßenverkehr direkt von der Sinneswahrnehmung an die ausführenden Nerven, die Effektoren, geleitet – eine Reflexion in der Hirnrinde findet nicht statt. Ohne die Existenz des Ultrakurzzeit-Gedächtnisses und ohne diese Abkürzung wäre also die Beherrschung von Verkehrssituationen und das Autofahren, wie wir es betreiben (mit Unterhaltung, Beobachtung von Ampeln und Fußgängern und gleichzeitigem Schalten und Lenken) gar nicht möglich.[32]

Diese erste Stufe der Reaktionsweise auf dem Weg in unser Gedächtnis können wir ganz gut mit dem kurzen Nachleuchten eines Bildes auf einer phosphoreszierenden Platte vergleichen. In der Tat zirkulieren auch die zunächst ins Gehirn gelangenden Eindrücke praktisch wie in einem geschlossenen Stromkreis, der rasch wieder abklingt. So kurz die Verweilzeit in unserem Gedächtnis auch ist, sobald wir die Informationen innerhalb dieser paar Sekunden abrufen, sobald wir sie irgendwelchen bereits gespeicherten Gedächtnisinhalten zuordnen und eine Resonanz mit schon vorhandener Erinnerung erzeugen, können wir auch die neuen Eindrücke vor dem Verlöschen retten (siehe Abbildung auf S. 63).

Im Tierexperiment erhielt man weitere Aufschlüsse über diese Vorgänge. Eine Ratte lernt zum Beispiel sehr leicht, einem elektrischen Schlag auszuweichen. Die Erinnerung an das Erlernte kann man nun durch eine ganz leichte Gehirnreizung wieder auslöschen. Aber nur dann, wenn das innerhalb von zwanzig bis dreißig Sekunden erfolgt: ein Hinweis auf die elektrische – nicht stoffliche – Natur des Ultrakurzzeit-Gedächtnisses! Sonst könnte man nicht diesen Übergang vom Ultrakurzzeit-Gedächtnis ins Kurzzeit-Gedächtnis durch eine so leichte Störung stoppen.

Wartet man nun bei der Ratte mit einem Eingriff bis mehrere Minuten nach dem Lernvorgang, wenn also die Erinnerung bereits über das Ultrakurzzeit-Gedächtnis hinaus ist, dann muss schon ein Elektroschock herhalten, um sie auszulöschen. Denn hier muss ja bereits der Übergang von dem inzwischen gebildeten, viel festeren Kurzzeit-Gedächtnis in das dauerhafte Langzeit-Gedächtnis unterbunden werden. Einige Stunden oder Tage nach dem Lernvorgang schließlich wird auch durch einen Elektroschock das einmal Erlernte nicht mehr vergessen, das heißt, bis zu dieser Zeit ist die Erinnerung offenbar in das Langzeit-Gedächtnis übergegangen und dort für immer gespeichert.[33]

Wir haben die erste dieser drei Phasen, die auch in anderen Tierversuchen belegt werden konnten, mit dem Nachleuchten eines Bildes auf einer phosphoreszierenden Platte verglichen. Die zweite Phase, das Kurzzeit-Gedächtnis, ist nun nichts anderes, als wenn wir dieses Aufleuchten fotografieren, auf einen Film bannen, also stofflich verankern würden. Erfolgt das nicht, so ist die Erinnerung genau wie in den gezeigten Fällen unwiederbringlich verloren. Der Übergang vom Ultrakurzzeit- zum Kurzzeit-Gedächtnis entspricht also einem Filter – und hat damit eine äußerst wichtige Funktion. Dieser Filter schützt uns – wenn auch nicht vollständig – vor einer zu starken Belastung mit Informationen und erleichtert uns dadurch die Orientierung. Ähnlich wie wir nun durch Fotografieren eines Momentbildes dieses festhalten können, wenn wir dies wollen, können wir durch willentliches Heranholen von Assoziationen auch momentane Eindrücke speicherbar, das heißt erinnerbar machen. Wir alle kennen den Begriff der »Eselsbrücke«, die zum Beispiel diese Aufgabe erfüllt. Das geschieht aber auch oft unwillentlich durch bereits vorhandene Interessen, Motivationen oder Assoziationen, ohne dass wir etwas dagegen tun können. So behalten wir manche völlig unwichtigen Details über Jahre hindurch nur, weil vielleicht zufällig haargenau passende Assoziationsmuster vorlagen.

Wir sahen, dass nun auch diese erste feste Speicherung zunächst einmal nicht von ständiger Dauer zu sein scheint. Denn selbst Ereignisse, die wegen ihrer Wichtigkeit oder wegen besonderer Aufmerksamkeit – oder weil sie eine große Bedeutung für uns haben – bereits bewusst aufgenommen wurden, können noch einmal vergessen werden. Starke Eindrücke, die mit Sicherheit über das Ultrakurzzeit-Gedächtnis, über die rein elektrische Phase der Ionenströme hinausgehen, können also noch einmal völlig gelöscht werden. Das ist so lange möglich, wie sie noch nicht in die Langzeit-Speicherung übergegangen sind.

Immer wieder ist das der Fall bei Verkehrsunfällen, die beim Fahrer zu einem Schockerlebnis führen. In solchen Fällen den Tatbestand zu ermitteln, ist dann für die Gerichte wie für den vernehmenden Polizisten eine problematische Aufgabe. Der Fahrer soll der Polizei erklären, wie es zu dem Unfall gekommen sei. Er denkt nach, aber er kann sich einfach nicht mehr daran erinnern. Selbst die Frage, von welcher Seite ihm der Fußgänger ins Fahrzeug gelaufen sei, hilft ihm nicht weiter. Er weiß nur noch, welche Richtung er selbst von zu Hause eingeschlagen hat und dass er über den »Mittleren Ring« gekommen ist. So oft er sich dann noch weiter bemüht, die folgenden Ereignisse ins Gedächtnis zu rufen – ab einer bestimmten Stelle im Verkehr, weit weg noch vom Unfallort, verschwimmt die Erinnerung.[34]

Solche Phänomene, die auf zwei getrennte Schritte bei der Fixierung unserer Erinnerung hinweisen, sind besonders durch die Gedächtnislücken nach Unfallschocks bekannt geworden, durch die sogenannte retrograde Amnesie. Denn hier haben wir immerhin eine Ereignisfolge, welche sich mit Sicherheit schon über das Ultrakurzzeit-Gedächtnis hinaus in die Gehirnzellen eingeprägt haben musste – und dann doch wieder vergessen wurde. Was sich nun tatsächlich dabei im Gehirn abspielt und was wir aus solchen Beobachtungen und Forschungen, die die dabei ablaufenden Gehirnvorgänge untersuchen, lernen können, das sind Fragen, denen wir im Folgenden auf den Grund gehen wollen.

Kurzzeit-Gedächtnis – zweiter Filter für Wahrnehmungen

Schauen wir uns das Geschehen bei einem solchen Unfall näher an. Ein Fußgänger wurde angefahren. Die Funkstreife ist eingetroffen. Bremsspuren und Abstände werden vermessen. Der Fahrer, leicht an der Hand verletzt, wird noch an Ort und Stelle vernommen. Er steht offensichtlich unter Schockeinwirkung, weiß überhaupt nicht, was los war. Der Polizist: »... Aber Sie müssen doch wissen,

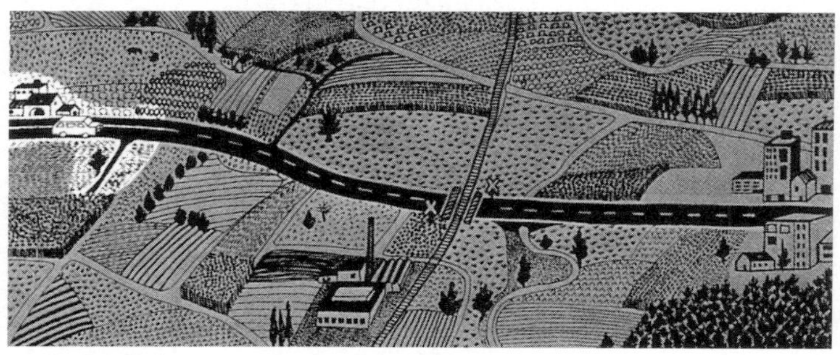

Die helle Fläche entspricht dem, was der Fahrer gerade vom Ultrakurz- ins Kurzzeit-Gedächtnis aufnimmt.

Das inzwischen im Langzeit-Gedächtnis Gespeicherte ist im Bild mittelgrau hervorgehoben. Der zeitliche Unterschied beträgt etwa zwanzig Minuten.

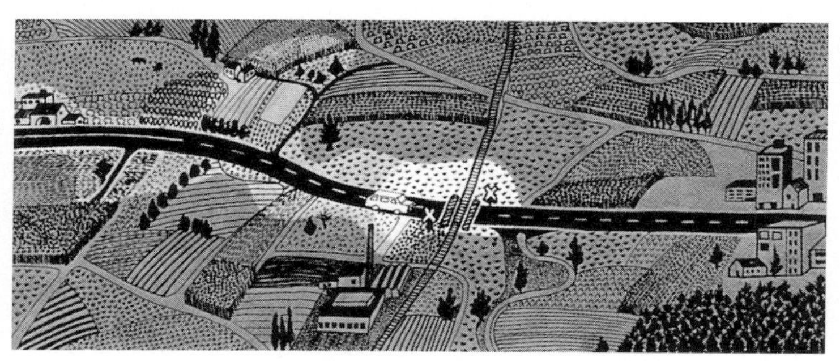

An der Bahnschranke, wo der Fahrer warten muss, holt das Langzeit-Gedächtnis auf.

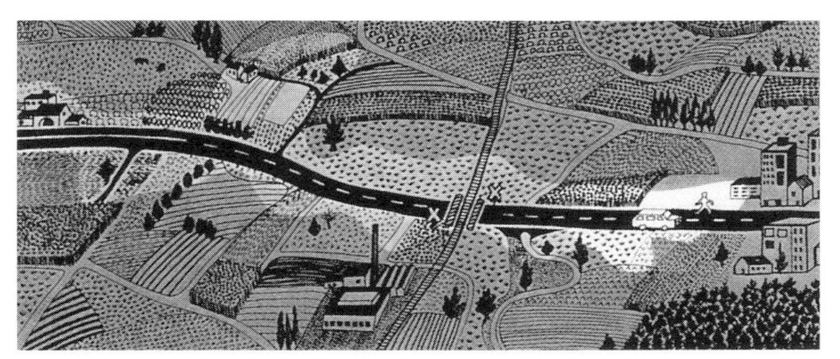

Weiter geht's in die Ortseinfahrt. Ein Fußgänger läuft ins Fahrzeug.

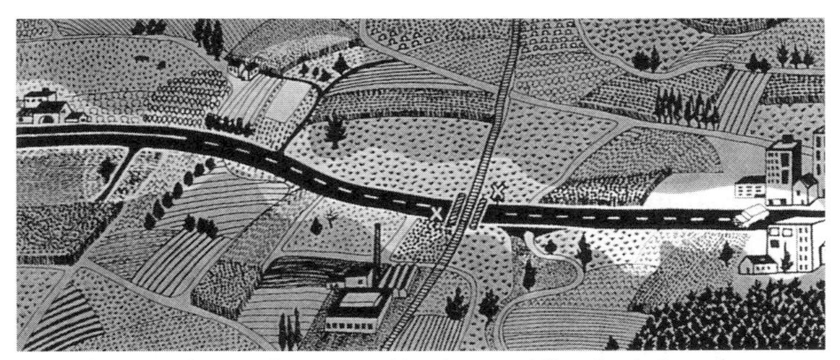

Der Fahrer weicht aus, das Auto schleudert. Unfall. Schock des Fahrers. Der Übergang vom Kurz- ins Langzeit-Gedächtnis wird blockiert.

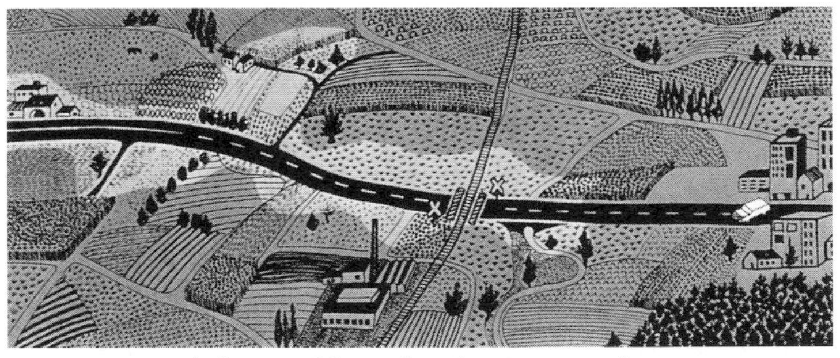

Das Kurzzeit-Gedächtnis verblasst, ohne dass es seine Information weitergeben kann. Übrig bleibt nur, was bereits vor dem Unfall ins Langzeit-Gedächtnis gelangt war (mittelgraue Fläche).

von welcher Seite Ihnen der Fußgänger ins Fahrzeug gelaufen ist?« Der Fahrer: »Ich kann mich beim besten Willen nicht mehr erinnern – ich weiß nur noch, wie ich von zu Hause fortgefahren bin, aber alles, was danach kam, ist weg« – faule Ausrede oder echte Gedächtnislücke?

Betrachten wir die Bildfolge auf S. 68 und 69. Sie rekonstruiert das Ganze im Modell. Allerdings mit dem großen Unterschied, dass wir das, was der Fahrer von der Landschaft im Gedächtnis aufgenommen hat, sichtbar machen wollen. Was sich vor und neben dem Fahrer deutlich aus der Landschaft abhebt, sind diejenigen Eindrücke, die gerade im Kurzzeit-Gedächtnis aufgenommen wurden. In zeitlichem Abstand, im Bild mittelgrau hervorgehoben, folgt die Langzeit-Speicherung. Hier im Modell freilich stark verkürzt, denn in Wirklichkeit beträgt der zeitliche Unterschied ungefähr zwanzig Minuten. An einer Bahnschranke beispielsweise – der Fahrer muss hier lange warten – holt das Langzeit-Gedächtnis vorübergehend auf.

Der helle Raum würde also immer diejenigen Eindrücke umfassen, die erst im Kurzzeit-Gedächtnis verankert sind. Im Laufe der längeren Fahrt gehen diese dann nach und nach, soweit sie überhaupt bewusst aufgenommen werden, in die Langzeit-Speicherung über – in einem etwa im Zwanzig-Minuten-Abstand hinterherziehenden Erinnerungsfilm. Springen wir jetzt in die Nähe des Unfallgeschehens. Der Fahrer hat den Ortsrand erreicht, die Straße ist dichter befahren, ein Fußgänger tritt unverhofft auf die Fahrbahn. Der Fahrer reißt den Wagen herum, das Auto kommt ins Schleudern, streift den Fußgänger, die Bremsen quietschen, der Wagen knallt gegen eine Hauswand. Krachen, dann Stille.

Wenn nun der Schreck oder Schock so stark ist, dass er den normalen Übergang vom Kurzzeit- ins Langzeit-Gedächtnis unterbricht, so dass die Langzeitspeicherung blockiert ist – und das ist nach Polizeiberichten besonders dann der Fall, wenn ein Fahrer einen anderen Menschen angefahren oder in den Unfall einbezogen hat –, dann wird all das verlöschen, was auf unserem Panorama noch im gedanklichen »Negativ« erscheint. Es sind all die Informationen, die noch nicht bleibend eingeprägt sind und nach etwa zwanzig Minuten zusammen mit dem Kurzzeit-Gedächtnis verblassen: retrograde Amnesie, rückwirkendes Vergessen. Erhalten bleiben nur die weiter (also länger als zwanzig Minuten) zurückliegenden Wahrnehmungen, die bis zum Unfall schon im Langzeit-Gedächtnis gespeichert waren. All dies sind Vorgänge in unserem Gehirn, die jedem von uns, wenn auch nicht so schlagartig wie hier, im Prinzip täglich begegnen. Gerade solche Abläufe sind nun durch neuere Forschungen über das, was bei der Gedächtnisspeicherung in unseren Gehirnzellen tatsächlich vor sich geht, auf einmal erklärbar geworden. Doch erst musste noch eine Reihe althergebrachter Vorstellungen über Bord geworfen werden.

Bis in die fünfziger Jahre hinein war man überzeugt, dass so etwas Subtiles wie das Gedächtnis höchstens durch elektrische Impulse gespeichert werden kann, also durch Schwingungen, die im Gehirn ein komplexes Netz auf festgelegten Bahnen durchlaufen. Die deutlichen Verdrahtungen der Nervenfasern zwischen den Neuronen schienen diese Ansicht ebenso zu bestätigen wie die im Elektroenzephalogramm messbaren Impulse, die jeden Denkvorgang begleiten. Inzwischen zeigten aber immer mehr Experimente, dass das längere Festhalten nicht mit dauernd kreisenden Ionenströmen, sondern mit einem Eingravieren vergleichbar sein musste. Wir sagen ja auch: »Man prägt sich etwas ein« – das scheint viel eher dem wirklichen Vorgang zu entsprechen. Auch das aus dem Griechischen übernommene Wort »Charakter« (das entsprechende griechische Zeitwort bedeutet hier »einkerben«) trifft in seiner ursprünglichen Bedeutung die Sache sehr genau.

Die Speicherung *beginnt* zwar mit kreisenden Gehirnströmen – das ist das Ultrakurzzeit-Gedächtnis, sie wird aber allein durch die Existenz solcher Gehirnströme oder Schwingungskreise in keinem Fall länger als einige Sekunden aufrechterhalten. Denn wenn das so wäre, dann müssten beispielsweise Elektroschocks, die alle Ströme durcheinander bringen, oder auch Tiefkühlung, also Einfrieren des Gehirns, wobei die elektrischen Schwingungen auf Null zusammenfallen, oder auch das Zerschneiden von Nervenfasern und damit von Stromnetzen die Erinnerung für immer auslöschen. Das ist aber durchaus nicht der Fall.[35]

Längst ist einwandfrei bewiesen, dass eine einmal fest gespeicherte Erinnerung auch nach solchen Eingriffen voll erhalten bleibt. Alle drei Schritte, die wir oben genannt haben, also Aufnahme ins Ultrakurzzeit-Gedächtnis → Kurzzeit-Speicherung → Langzeit-Speicherung, konnten im Tierversuch getrennt voneinander festgestellt werden. So lässt sich, wie wir schon sahen, die Wirkung von äußeren Wahrnehmungen in Form des nur wenige Sekunden anhaltenden Ultrakurzzeit-Gedächtnisses beispielsweise an Gehirnstrombildern bei Ratten, die eine Aufgabe lernen sollen, direkt beobachten. Das Ultrakurzzeit-Gedächtnis ist durch leichte Reize jederzeit voll löschbar. Die gesamte Information, die in etwa achtzehn Sekunden aufgenommen wurde, ist damit verschwunden. Das Lernprogramm der Ratte muss wieder ganz von vorne beginnen. Den zweiten Schritt, das etwa zwanzig Minuten dauernde Kurzzeit-Gedächtnis, kann man nicht nur im Gegensatz zum Langzeit-Gedächtnis durch einen starken Schock (denken wir auch an unseren Autounfall) löschen, sondern interessanterweise auch dadurch als getrennten Schritt nachweisen, dass man in den Stoffwechsel des Tieres eingreift und die Eiweiß-Synthese, zum Beispiel bei Goldfischen, durch chemische Mittel stoppt. Die *augenblickliche* Lernfähigkeit der Tiere, also die Ultrakurz- und Kurzzeit-Erinnerung, wird dadurch nicht vermindert, aber das Erlernte wird nach spätestens einer Stunde wieder vergessen. Es gelangt nicht mehr ins Langzeit-Gedächtnis. Offenbar ist dieses also an die Synthese von Eiweißstoffen gebunden. Stoppt man die Eiweiß-Synthese erst später – dann, wenn die Erinnerung bereits im Langzeit-Gedächtnis vorliegt –, dann kann sie durch diesen Eingriff nicht mehr gelöscht werden.[36] Wir werden auf dieses Problem später noch genauer eingehen.

Nach diesen Versuchen blieb eigentlich nur noch die Möglichkeit, dass das Gedächtnis entweder ein rein geistiges Element ist, also einer materiellen Untersuchung überhaupt nicht zugänglich, oder aber dass die Erinnerung nach der Aufnahme der elektrischen Wahrnehmungsimpulse, also anschließend an das Ultrakurzzeit-Gedächtnis durch Kodifizierung und Verarbeitung einzelner Moleküle, über das ganze Gehirn verteilt ist. Eine solche stoffliche Speicherung für etwas Geistiges greift tief in die ideologisch fixierten Anschauungen über die *conditio humana,* die geistige Besonderheit des Menschen, ein. Sie ist daher zwar ungeheuer revolutionär, aber deshalb doch lange nicht unwahrscheinlich, vor allem nicht mehr seit den großen Entdeckungen der letzten Jahre über den genetischen Code und über die faszinierenden Vorgänge bei seiner Entzifferung – Vorgänge, die uns in vielem an das Lernen, Vergessen und Erinnern denken lassen.[37]

Gedächtnis auch in Körperzellen

Unser Körper besteht aus mehr als hundert Milliarden Zellen. So unglaublich das klingen mag, jede dieser Zellen hat in ihrem Kern ebenfalls eine Art Gedächtnis: Es ist die in unseren Genen gespeicherte Erbinformation. Ein Reservoir von Befehlen, Programmen und Erinnerungen in jeder Zelle, das die zahlreichen Lebensvorgänge in unserem Körper steuert. Wenn wir dieses Gedächtnis erkennen wollten, müssten wir in weit kleinere Dimensionen hinabsteigen, als dies selbst durch Elektronenmikroskopie möglich ist. Unsere Abbildung auf S. 74 zeigt etwa den dreihunderttausendsten Teil eines Millimeters. Der dazugehörige Mensch hätte in diesem Maßstab eine Größe, dass er unseren Erdball wie einen Globus oder den Mond wie eine große Apfelsine in der Hand halten könnte. Dieses Mikrogedächtnis ist in den Nukleinsäuren unserer Zellkerne wie die Buchstaben und Worte einer großen und doch winzig kleinen Bibliothek fest gespeichert – einer Bibliothek, von der unsere Abbildung gerade etwa einen Satz zeigt. Von dort können die so niedergeschriebenen Befehle und Programme auch je nach Bedarf von jeder einzelnen Zelle abgerufen, also erinnert werden. So, wie wir das im Großen im Gehirn mit unseren Gedanken machen.

Vor einigen Jahren entdeckten amerikanische Forscher sogenannte Gedächtnismoleküle. Ratten wurden darauf dressiert, im Gegensatz zu ihrem natürlichen Verhalten dunkle Räume zu meiden. Nachdem die Ratten diese »Dunkelangst« gelernt hatten, wurden sie getötet. Aus ihren Gehirnen wurde ein Extrakt hergestellt und undressierten Ratten eingespritzt, Tieren, die ganz normal dunkle

Im Kern jeder unserer Körperzellen liegt dicht gepackt das, was ein ganzes Leben lang die Funktionen unseres Körpers steuert und von Generation zu Generation weitergereicht wird: das Erbmaterial mit dem genetischen Code. Ein Informationsreservoir unvorstellbaren Ausmaßes, das auf unzähligen solcher Doppelspiralen aus Desoxyribonukleinsäure (DNA) gespeichert ist. In jeder DNA werden nur vier verschiedene chemische Bausteine benutzt, die jedoch zu Tausenden in Form einer Wendeltreppe angeordnet sind – wie die Buchstaben oder besser Hieroglyphen eines fortlaufenden Textes. Jeweils drei solcher Hieroglyphen ergeben ein Codewort, von denen es demnach $4^3 = 64$ verschiedene gibt.

Räume hellen Räumen vorzogen. Nach der Einspritzung verhielten sich auch diese Ratten genauso, als wären sie selbst und nicht ihre toten Vorgänger dressiert worden. Diese Entdeckung hatte zunächst großes Aufsehen erregt, denn man glaubte, den Gedankenmolekülen ganz nah auf der Spur zu sein. Und tatsächlich wurde aus dem Gehirn ein eiweißähnliches Molekül isoliert, dem man die spezielle Information: »Meide die Dunkelheit!« zuschrieb. Sein Name: Scotophobin. Die Versuche, vor allem aus dem Arbeitskreis von G. Ungar in Houston/Texas, waren von Anfang an sehr umstritten. Denn die Ergebnisse konnten an anderen Laboratorien nie mit Erfolg wiederholt und somit bestätigt werden. Selbst wenn sie aber richtig wären, so wäre die Erklärung einer direkten Gedächtnisübertragung durch spezielle Moleküle zu primitiv, ja sie entspräche gar nicht dem äußerst komplexen Vorgang der Informationskodifizierung im Gehirn.[38] Die Ergebnisse sind auch weitaus einfacher erklärbar. Denn die bei den Spenderratten durch den Lernvorgang erzielte Verhaltensänderung (Angst vor dem Dunkeln) könnte auch mit Chemikalien, zum Beispiel durch eine Stoffwechseländerung, erzeugt werden, ohne dass es sich um spezielle Gedächtnismoleküle handeln muss. So scheint in der Tat auch kein Gedächtnisinhalt, sondern eine Stoffwechseländerung übertragen worden zu sein, die im behandelten Tier entsprechende Reaktionen hervorrief. Die Übertragung einer bestimmten geistigen Fähigkeit durch Injektion von Hirnextrakten und die chemische Aufklärung des »Gedächtnisstoffs«, etwa als »Dunkelangst-Peptid«, wird, so sensationell die ersten Ergebnisse schienen, daher inzwischen auch kaum noch untersucht – und vor allem nicht in dieser Form gedeutet, wenngleich es auch sicher ist, dass solche Eiweiße beim Lernvorgang gebildet werden. Nur eben nicht als ganzer Informationsinhalt, sondern als Codemolekül, als Bruchstück wie bei einem aus vielen Einzeltönen und deren Schwingungen entstehenden Musikstück. So ist also doch prinzipiell etwas Wahres an der Geschichte.[39]

Schon lange nämlich vermuteten die Molekularbiologen, dass in den Gehirnzellen auch die flüchtigen Eindrücke eines Lebens auf ähnliche Art wie die Jahrmillionen alte Erbinformation gespeichert und verarbeitet werden, und tatsächlich weist eine Fülle von Experimenten darauf hin, dass auch beim Lernvorgang im Inneren der Gehirnzellen von bestimmten Seiten unserer »Lebensbibliothek«, das heißt von bestimmten Abschnitten der DNA, jener spiraligen Nukleinsäure, Abdrucke gebildet werden. Dies geschieht, indem sich bestimmte Moleküle wie die Buchstaben aus einem Setzkasten aus dem betreffenden DNA-Abschnitt anordnen und sich mit Hilfe eines Enzyms zu einer Kette, einer neuen »Druckzeile« aneinander reihen (vgl. S. 79 eine elektronenmikroskopische Aufnahme während dieses Vorganges: eine »Transkription« im Original).

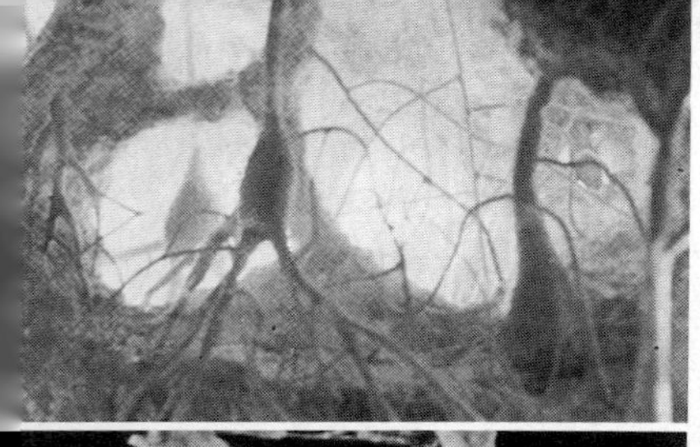

Links ein Modell der Nervenzellen; fünfzehn Milliarden solcher Bausteine bilden unser Gehirn.
Die folgenden Trickaufnahmen an einem Molekülmodell zeigen den biochemischen Vorgang, der im Kern der Nervenzellen abläuft, wenn wir uns etwas merken.

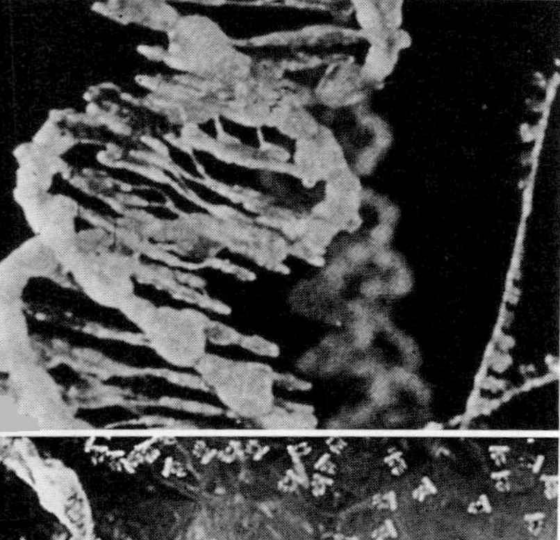

Im Kern jeder Nervenzelle lagern die Gen-Pakete von DNA-Doppelspiralen (achtzehnmillionenfach vergrößert).

Bei einem Lernvorgang faltet sich die Spirale, angeregt durch Wahrnehmungsimpulse, an bestimmten Stellen auseinander.

Diese Stellen der DNA dienen als Matrize, an der sich Abdrucke (RNA) bilden – einer hinter dem anderen. Damit ist die Information im Kurzzeit-Gedächtnis.

Der erste RNA-Abdruck löst sich von der Matrize. Inzwischen rollen schon die nächsten darauf ab – wie auf einer Rotationspresse.

Die Abdrucke wandern aus dem Zellkern zu einem von vielen hunderttausend Ribosomen (rechts), winzigen »Knüpfmaschinen« im Zellplasma.

Hier schaffen Transportstoffe Aminosäuremoleküle heran und ordnen sie auf dem RNA-Streifen seinem Code entsprechend an. Die Information ist auf dem Weg ins Langzeit-Gedächtnis.

Beim Durchgang durch das Ribosom werden die aufgereihten Aminosäuremoleküle zu einem langen Proteinmolekül verknüpft. Die neuen Proteinketten trennen sich nach der Wanderung durch das Ribosom von ihrer RNA-Matrize …

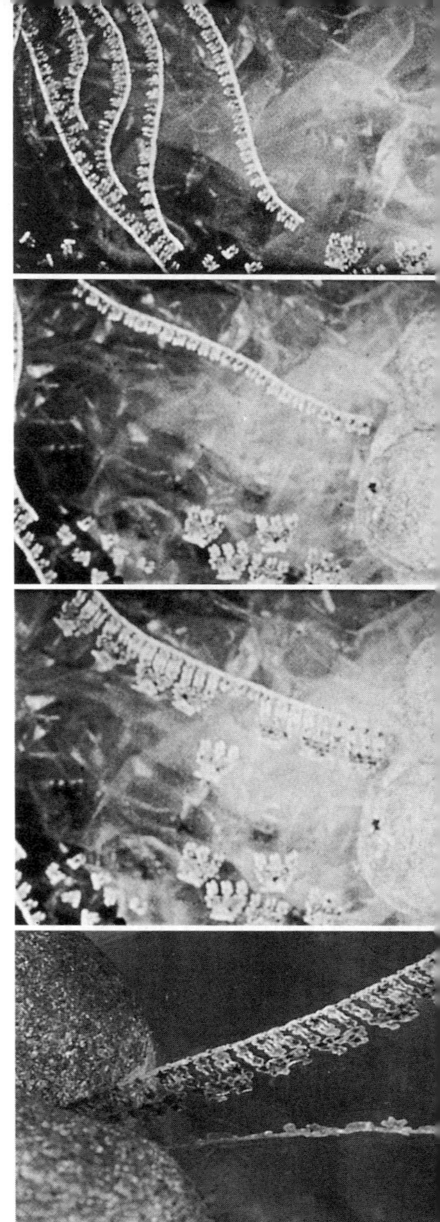

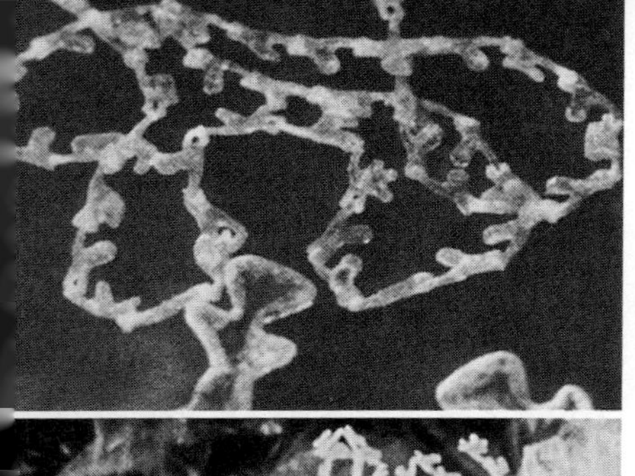

und falten sich zu einem Knäuel zusammen. So werden sie als ruhende Informationsspeicher eingelagert, wobei sie die Zellmembran und damit auch die spätere Impulsweitergabe verändern.

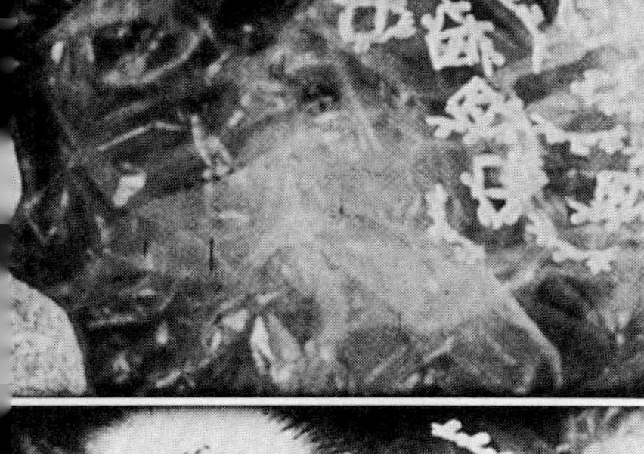

Der ursprüngliche Wahrnehmungsimpuls ist so im Langzeit-Gedächtnis verankert – aus Information ist Materie geworden, von der dann später ...

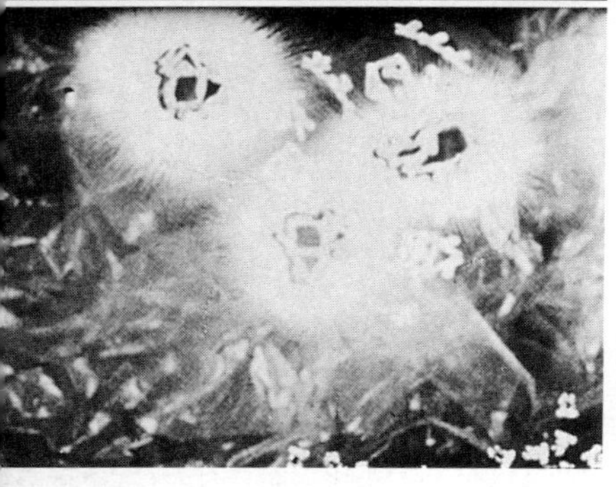

bei einem Erinnerungsvorgang die gespeicherte Information durch Aktivierung der Zelle wieder abgerufen werden kann. Dies allerdings im Zusammenspiel vieler über das Gehirn verteilter Neuronen, die sich zu einer Art Informationsmuster verknüpfen.

So entstehen ständig in allen lebenden Zellen von bestimmten Genabschnitten im Zellkern »negative« Abdrucke, die sich bald ablösen und weiter in die Zelle wandern. Diese »Negative« bestehen aus Ribonukleinsäure, die man abgekürzt RNA nennt und die wie der Lochstreifen eines Computerprogramms das jeweilige Arbeitsprogramm in der normalen Zelle weiterleitet. Dazu ordnen sich an einer solchen RNA-Matrize zunächst verschiedene Aminosäuremoleküle in der vorgeschriebenen Reihenfolge an. Sie werden anschließend in einer kleinen Knüpfmaschine regelrecht aneinander geknotet. Beim Durchgang durch diese brötchenförmigen Knüpfmaschinen, denen man den Namen »Ribosomen« gegeben hat, entstehen so aus den Aminosäuren lange Proteinketten, während die RNA-Matrize wieder zerfällt. In der auf S. 80 wiedergegebenen elektronenmikroskopischen Aufnahme sehen wir echte Ribosomen. Viele tausend solcher Knüpfmaschinen liegen wie auf Perlenketten aufgereiht im Inneren einer Zelle nebeneinander und produzieren wie am Fließband Proteine. Den Ablauf des gesamten Vorgangs zeigten die Trickaufnahmen an einem »biologischen« Molekül-Modell S. 76 bis 78. Wie gesagt, geschieht dies auch beim Lernen in unseren grauen Gehirnzellen.[40]

Soweit wäre also mit dem Lernen ein stofflicher Vorgang verknüpft, wie er ständig in jeder unserer Körperzellen stattfindet.

Hier eine der ersten sensationellen Originalaufnahmen »arbeitender« Genfäden (aus der Biology Division des US-Atomzentrums Oakridge). Ringsherum die sich dicht hintereinander bildenden RNA-Abdrucke in etwa zwanzigtausendfacher elektronenmikroskopischer Vergrößerung.

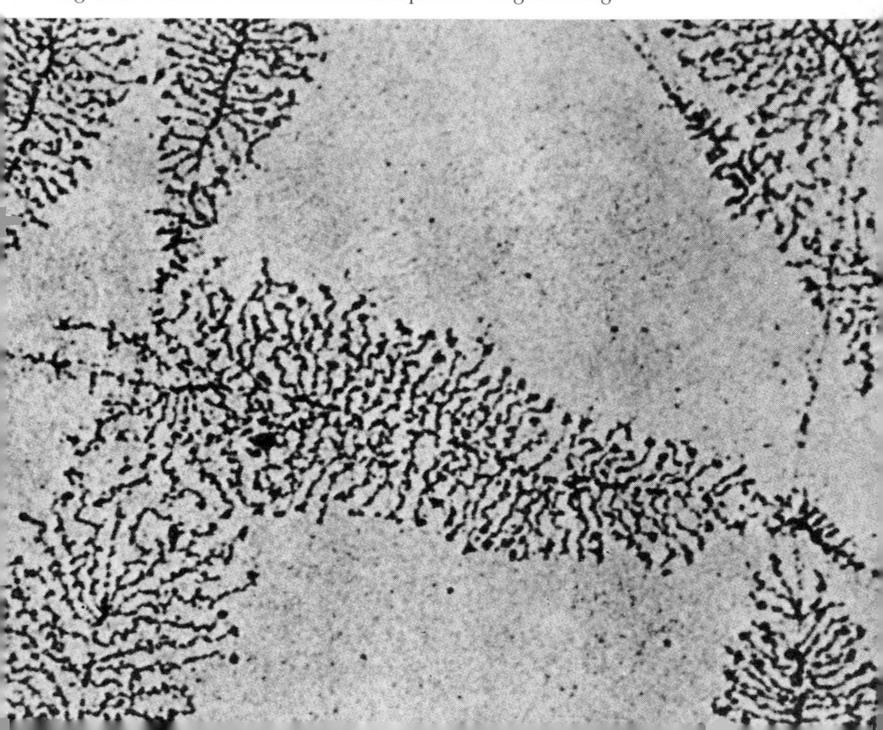

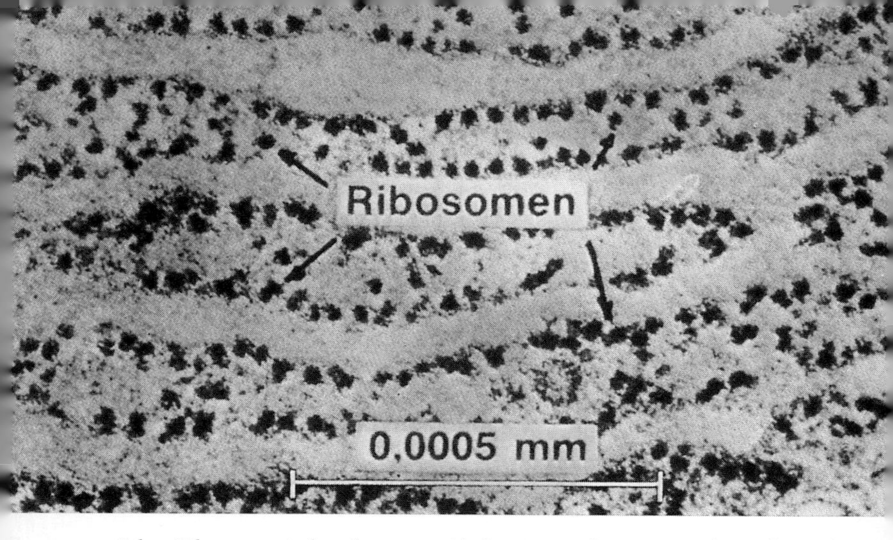

Echte Ribosomen in hunderttausendfacher Vergrößerung. In jeder Zelle sind Tausende von ihnen wie an Perlenschnüren aufgereiht – jedes eine winzige Proteinfabrik.

Man könnte meinen, dass dann auch jede Körperzelle eigentlich eine Gehirnzelle sein könnte, dass wir also theoretisch mit unserem kleinen Finger denken können müssten. Das ist auch gar nicht so abwegig. Denn letzten Endes sind wir alle aus einer einzigen Zelle hervorgegangen, und die ersten Zellteilungen waren durchaus identische Verdoppelungen. Erst später kommt es zur Aufteilung in Aufgabenbereiche, ohne dass sich jedoch die Verteilung der Gene ändert. So kommt es also, dass auch zwischen einer normalen Körperzelle und einer Gehirnzelle am Ende doch zwei wichtige Unterschiede bestehen, die für das Kodifizieren und das Speichern unserer täglichen Erinnerungen ausschlaggebend sind. Es beginnt schon damit, dass eine Gehirnzelle ihre Anregung zur RNA-Herstellung nicht durch Wirkstoffe aus ihrer unmittelbaren Umgebung, sondern über die ihr zugehenden Wahrnehmungsimpulse von weit entfernten Zellen und – über die Sinnesorgane – sogar von der Außenwelt empfängt. Damit streckt sie aber ihre Fühler viel weiter als jede andere Körperzelle aus, ja weit über den Organismus hinaus. Wir können daher annehmen, dass – anders als in einer normalen Körperzelle – bestimmte Wahrnehmungssignale in der Lage sind, eine Gehirnzelle dazu anzuregen, RNA zu bilden und die Erinnerung an ein solches Signal stofflich zu verankern. Somit sind auch ihre Arbeitsprogramme sicher ganz anders als die einer normalen Zelle.

Und damit kommen wir zum zweiten großen Unterschied: Jede Zelle, auch die Gehirnzelle, stellt zwar zunächst mit Hilfe dieser RNA, die genau wie eine Druckmatrize wirkt, entsprechend aufgebaute Proteine her. Diese Proteine tun bei normalen Zellen dann die eigentliche »Arbeit« und wandeln die kodifizierten Befehle in Tätigkeiten um, das heißt, sie kurbeln als Enzyme eine Fülle von Stoffwechselreaktionen an, Molekül für Molekül. Da sich jedoch eine Gehirnzelle nicht mehr teilt, nicht mehr wächst und sich auch nur an wenigen Stoffwechselreaktionen beteiligt, macht sie nun mit diesen Proteinen etwas ganz anderes: Diese werden wie Erkennungsmarken an bestimmten Stellen des Neurons und seiner Fortsätze eingelagert – gegebenenfalls sogar bis in die Synapsen hinein, wodurch sie außerdem die Zellmembran so verändern, dass ankommenden Signalen eine Orientierung ermöglicht wird.[41]

Natürlich erfolgt diese Langzeitspeicherung nicht auf einen Schlag, sondern, wie man inzwischen weiß, durch einen schrittweisen Aufbau von zunächst kurzen peptidartigen Eiweißstoffen und deren allmählicher Polymerisation zu Proteinen. Je öfter ein Impuls über die betreffende Synapse erfolgt, desto niedriger wird dadurch die Energieschwelle zum Übergang auf die Empfängerzelle. Ein Vorgang, den jeder auch von seiner unangenehmen Seite kennt: Man sucht einen Namen, der einem gerade nicht einfällt, z. B. »Tarantella«. Es war irgendwas mit »T«: »Tanta ...«? »Tora ...«? Jemand will einem helfen und sagt »Tortellini« – und in dem Moment ist es ganz aus. Nun haben die Synapsen das Muster für »Tortellini« gefunden, und so, wie sich ein abfließendes Wasser im Sand seinen Weg sucht und diesen, einmal gefunden, nicht mehr verlässt, ziehen die Suchimpulse die nun entstandene Bahnung vor. Erst nach einer Denkpause, einem längeren Abschalten des Suchprozesses, haben unsere Gehirnbahnen wieder eine Chance, den Weg zu »Tarantella« zu finden.

Ähnlich wie kein einzelnes Genom eine bestimmte Funktion speichert und diese sich erst im Zusammenspiel mit den übrigen

Genen bildet, sind es natürlich auch nie einzelne Gehirnzellen, die einen Gedanken speichern, sondern immer ein Muster von vielen, gleichzeitig aktivierten Neuronen, das dann wieder mit ähnlichen Mustern in anderen Gehirnbereichen in Resonanz tritt. Nach der Theorie von Sheldrake vielleicht sogar mit Informationsmustern in einer eigenen Informationswelt. In jedem Fall werden die Proteine der so verbundenen Gehirnzellen zu Erkennungsmolekülen, die durch gezielte Signale und über eingeprägte Bahnen in der Zellmembran »gefunden« werden können und dann auch »ihre« Gehirnzelle aktivieren, selbst Signale auszusenden.[42] So werden schließlich all jene Zellen gezielt abrufbar. Die Basis für ein Denken und Erinnern wäre geschaffen.[43]

Gleichzeitig hätten wir eine der plausibelsten Erklärungen für das Wesen der Kurzzeit- und Langzeit-Speicherung gefunden: Vor dem Abklingen des Ultrakurzzeit-Gedächtnisses würde dessen Information von der Kurzzeit-Speicherung übernommen. Diese ist mit der Herstellung einer RNA-Matrize verknüpft, was etwa zwanzig Minuten dauert. Die Matrize würde dann wieder zerfallen, so wie eine Druckvorlage, die wieder eingeschmolzen wird. Bis dahin muss sie also ihre Information zur Langzeit-Speicherung durch Bildung bestimmter Proteine weitergegeben haben. Das Langzeit-Gedächtnis selbst wäre dann an die feste Einlagerung von Proteinen gebunden, die sich an der jeweiligen RNA-Matrize gebildet haben. Unser Unfallschock, um noch einmal auf das vorige Beispiel zurückzukommen, würde danach nichts anderes bewirkt haben als eine Unterbrechung des Speichervorgangs nach dem zweiten Schritt, also nach der Bildung von RNA – vielleicht durch eine Hemmung der Proteinsynthese. Die gebildete RNA-Matrize hat dadurch ihre Information an kein Protein weitergeben können. So beginnt sie nach einiger Zeit zu zerfallen und nimmt damit die Erinnerung, die bis etwa zwanzig Minuten zurückreicht, unwiderruflich in die Vergessenheit mit.

Mehrere Forschergruppen suchten nach einer Möglichkeit, dies zu beweisen. Wenn es beispielsweise gelänge, bei lernenden Tieren das Langzeit-Gedächtnis durch künstliche Blockierung der Proteinsynthese auszuschalten, ohne das Kurzzeit-Gedächtnis zu beeinflussen, dann hätte man damit die beiden Schritte auch im Experiment getrennt erfasst und ihre Existenz bewiesen. An der Universität Göteborg ließ man Ratten seiltanzen. Zunächst fielen die Tiere immer wieder vom Seil. Sie wurden in einem »Sprungnetz« aufgefangen. Bei einer Gruppe Ratten belohnte man jedes Mal diejenigen mit Futter, die jeweils am längsten oben geblieben waren. Die andere Gruppe wurde unabhängig davon gefüttert. Es zeigten sich nun dreierlei hochinteressante Dinge: Erstens lernten die Tiere nur Seiltanzen, wenn sie belohnt wurden. Zweitens fanden die Forscher in den Gehirnen der Ratten, die ihre »Nummer« konnten, vermehrt RNA (ungefähr zwölf Prozent mehr), und drittens hatte sich bei eben diesen die Basensequenz der RNA, also die Aufeinanderfolge der Einzelbausteine, verändert. Es wurden offenbar andere Partien von der Urmatrize der Gene abgelesen.[44]

Ein zweites Beispiel: An der Universität Michigan wurden zunächst Plattwürmer (Planarien), später Goldfische mit Hilfe schwacher elektrischer Schocks darauf trainiert, Licht mit Gefahr gleichzusetzen und entgegen ihrem sonstigen Verhalten vor einer Lichtquelle immer in den jeweils dunkleren Teil ihres Aquariums zu flüchten. Einem Teil der Fische wurden kurz vor oder sofort nach dem Lernvorgang chemische Substanzen (zum Beispiel das Antibiotikum Puromycin) eingegeben, die die Bildung von Proteinen hemmen. Der Erfolg war verblüffend.

Die Tiere lernten zwar genauso *schnell* wie die nicht behandelten Tiere. Ihr Kurzzeit-Gedächtnis war demnach intakt. Aber im Gegensatz zu den Kontrollgruppen vergaßen sie das Erlernte in kurzer Zeit, während sich die unbehandelten Fische, wie man an ihrem Verhalten sah, noch viele Tage später an das Erlernte erinnern konnten. Wurde der Hemmstoff jedoch erst eine Stunde nach dem Lernvorgang injiziert, dann konnte er das Langzeit-Gedächtnis nicht mehr beeinflussen. Die Tiere lernten und erinnerten sich wie normal. Die Proteine hatten sich also in dieser Zeit bereits an der RNA-Matrize gebildet, die Erinnerung an das Gelernte war nach einer Stunde schon fest gespeichert und blieb erhalten. Wenngleich in diesem speziellen Fall (bei Puromycin) der Übergang ins Langzeit-Gedächtnis nur »eingefroren« zu sein scheint und beispielsweise durch hohe Kochsalzzugaben wieder deblockiert werden kann, so zeigte das Experiment doch unzweifelhaft die Mehrstufigkeit des Speichervorganges. Versuche mit Ratten und Mäusen haben diese ersten Fischversuche dann später im Prinzip bestätigt.[45]

Das Umgekehrte erreichte man mit Tieren, denen Substanzen gespritzt wurden, die die RNA-Synthese fördern. Die damit behandelten Tiere lernten weit schneller und besser als die unbehandelten Vergleichstiere. Ganz vorsichtige Versuche bei älteren Menschen – man gab auch ihnen Substanzen, die die RNA-Synthese anregen – haben ebenfalls ein positives Ergebnis gebracht. Ihr Erinnerungsvermögen, besonders an optische Darstellungen, war erheblich stärker als bei Menschen, denen diese Substanzen nicht gegeben wurden. Unerwartet war die Entdeckung – und sie sollte uns daher zu großer Vorsicht mahnen –, dass mit einer Steigerung der Merkfähigkeit und des Gedächtnisses ein ganz anderer, äußerst wichtiger Bereich unserer Gehirntätigkeit geschädigt wurde: das Vergessen und Abschalten nicht benötigter Informationen – was sowohl das Lernen und Denken belasten, als auch zu psychischen Störungen führen kann (siehe auch S. 92 ff.).

Langzeit-Gedächtnis – Erinnerung fest verankert

Damit wir uns den gesamten dreistufigen Speichervorgang etwas anschaulicher vorstellen können, wollen wir ihn noch einmal mit der Herstellung eines Fotos vergleichen. Während wir bereits das höchstens rund zwanzig Sekunden dauernde Ultrakurzzeit-Gedächtnis mit dem Nachleuchten eines Bildes auf einer phosphoreszierenden Platte verglichen haben, wäre die Kurzzeit-Speicherung mit dem Entwickeln des Negativs einer fotografischen Aufnahme gleichzusetzen. Nehmen wir solch ein Negativ aus dem Entwickler heraus, ohne es zu fixieren, und halten es ans Licht, so wird es sehr bald schwarz werden und schließlich nicht mehr zu erkennen sein. In ähnlicher Weise verblasst die Erinnerung, solange sie noch nicht in Form von Proteinen von der RNA-Matrize abkopiert und dauerhaft fixiert ist. Erst wenn wir in unserem fotografischen Beispiel das Negativ entwickeln und schließlich von dem noch unfixierten Film in einem zweiten Schritt schnell eine Kopie herstellen und diese Kopie im Fixierbad behandeln – das entspräche dann der Bildung und Ablagerung von Proteinen –, erst dann wäre das Foto, das ja auch nichts anderes als Erinnerung ist, vor dem Vergessen bewahrt.

Vieles, was uns im Hinblick auf das Gedächtnis alter Menschen bisher so eigenartig erschien, werden wir nun recht gut verstehen und erklären können. Beobachten wir dazu einmal das Verhalten einer alten Dame, die gerade neunzig Jahre alt geworden ist. Unser Kamerateam filmte sie an ihrem Geburtstag, wie sie aus ihren Erinnerungen plauderte. Sie war Kellnerin gewesen und erzählte Geschehnisse aus dem vorigen Jahrhundert so lebendig, als hätten sie sich gestern ereignet: »... da war ein Fürst, der hat mich immer gerufen. Und ich dann: Durchlaucht? – und ich mit meinem Tablett hab dann den Imbiss serviert, und dann habe ich gesagt: Durchlaucht wünschen noch etwas? – Dann ist auch oft ein Graf gekommen, zu dem habe ich gesagt: Erlaucht. Und bei den Prinzen: Hoheit ...«

Es scheint wirklich, als würden die damaligen Geschehnisse noch einmal wie ein Film vor ihrem inneren Auge ablaufen. Wenn sie aber all dies noch weiß, wieviel besser müsste sie dann noch wissen, was gestern geschehen war, wer sie kürzlich besucht hatte. »Können Sie sich noch daran erinnern, wer gestern hier war?« Unsere Jubilarin stockt, wird nervös: »Gestern? Warten Sie ... Ich kann mich jetzt gerade nicht erinnern.« Erst gestern – und die Erinnerung ist bereits verblasst! Wie verträgt sich das? Nun, was vor vielen Jahren passiert war, ist im Langzeit-Gedächtnis so fest verankert, dass es immer wieder abrufbar ist. Und das, was gestern war, ist offenbar nur bis ins Ultrakurzzeit- oder Kurzzeit-Gedächtnis gelangt – und damit heute längst wieder ausgelöscht –, unabhängig von der körperlichen Verfassung und der Intelligenz. Eine Folge der mit dem Alter nachlassenden Proteinsynthese, mit der die Wahrnehmungen ins Langzeit-Gedächtnis aufgenommen werden.[46]

Früher dachte man, dass mit zunehmendem Alter immer mehr Gehirnzellen absterben. Doch inzwischen weiß man, dass die Hirn-

Sie ist heute über 90 Jahre alt,

körperlich und geistig rüstig und weiß noch sehr viel aus ihrer Jugendzeit zu erzählen.

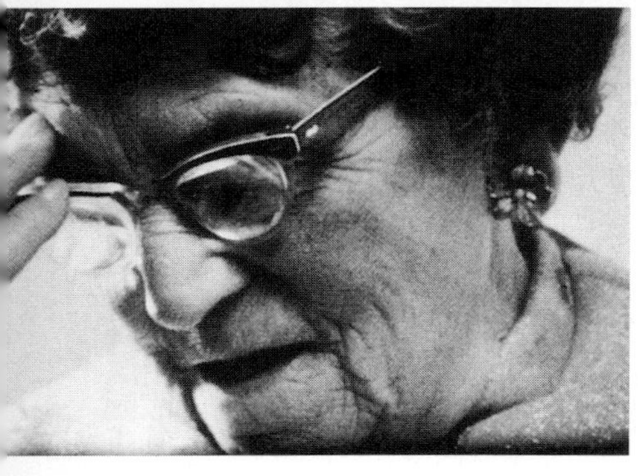

Aber was gestern war ..., hat sie vergessen. Ein Zeichen der im Alter nachlassenden Proteinsynthese.

rinde lediglich verdichtet wird, weil die Zellkörper kleiner werden, und sich die Zahl der Synapsen verringert. Sogenannte »kristallisierte« kognitive Leistungen können durch geistiges Training mit zunehmendem Alter sogar noch gesteigert werden, während Leistungen, die ein schnelles Reagieren auf eine Vielzahl von gleichzeitig eintreffenden Informationen verlangen (»flüssige« kognitive Leistungen), bereits ab dem 30. Lebensjahr abnehmen.[47]

Aus der unterschiedlichen Eigenart von Kurzzeit- und Langzeit-Gedächtnis erklärt sich auch, dass Vergessen und Vergessen nicht das Gleiche sind, dass es eigentlich zweierlei Arten von Vergessen gibt: das völlige, unwiderrufliche Vergessen, welches an das Ausklingen des Ultrakurzzeit-Gedächtnisses und an den Zerfall der RNA des Kurzzeit-Gedächtnisses geknüpft ist, an kurze Aufenthalte von Informationen und Lernvorgängen, die nie in die Langzeitspeicherung deponiert wurden – und dann das »Nicht-Wiederfinden« von im Grunde irgendwo gespeicherten, aber zugeschütteten oder durch blockierte Schalter abgeschnittenen Informationen. Das plötzliche »Vergessen« von vor kurzem noch gewussten Begriffen oder Namen durch *Interferenz* und ihre Blockierung durch falsch gelaufene Bahnung haben wir schon kennen gelernt. Aber auch jahrelang nicht abgerufene Informationsmuster können wieder ausgegraben, durch geeignete Bahnung reaktiviert werden. Wissenschaftler haben eine Gruppe von Erwachsenen detailliert nach Erlebnissen und Dingen aus ihrer Schulzeit gefragt und die Aussagen genau protokolliert. Dann haben sie die Leute mit deren Einverständnis hypnotisiert und noch einmal dieselben Fragen gestellt. Und siehe da, nun konnten sie einige Details viel genauer beschreiben, zum Beispiel konnten sie genau sagen, wie ihr Klassenzimmer ausgesehen hatte, wo das Pult stand, wo die Tafel, wo Bilder an der Wand hingen, was diese darstellten, wo welcher Schüler saß und wie er hieß. Das, was sie vorher scheinbar »vergessen« hatten, war plötzlich unter Hypnose wieder gegenwärtig. Die ursprünglichen Informationen waren also gar nicht verloren gegangen. Sie waren genau so vorhanden, wie sie vor Jahrzehnten gespeichert worden waren. Warum aber konnten normalerweise die Leute diese Informationen nicht abrufen?

Der Tiefenpsychologe würde sagen, dass der »bewusste Zugriff« gestört war. Da es jedoch keinen geistigen Ablauf im Menschen gibt, der nicht von körperlichen Vorgängen begleitet ist, reicht uns diese Erklärung nicht. Was passiert also hierbei biologisch? Im Falle der *Interferenz* lag die Störung jedenfalls an einer Fehlleitung der Impulse, die den Weg des kleinsten Widerstandes wählten. Sie sind von der gewünschten Bahn abgezweigt, weil durch das Dazwischenfunken einer anderen Information die zu überwindenden Energieschwellen auf dem falschen Weg auf einmal geringer waren als auf dem richtigen. Eine Erklärung für jene zweite Art des Vergessens könnte also ähnlich wie bei der *Interferenz* darin bestehen, dass sich in der Vernetzung zwischen den Gehirnzellen einige Bahnen besonders gut ausgeprägt haben. Die Impulse laufen also hier bevorzugt durch – und knüpfen schneller die so vorgebahnten Assoziationen. Ob diese bevorzugte Bahnung durch Erlebnisse oder besonders geschliffene Gedankengänge schon vorher erfolgt ist oder irgendwie später – der Effekt ist derselbe. Impulse, die vielleicht über die gleichen Zellen, aber über andere Verzweigungen laufen sollten, werden daher benachteiligt oder kommen – obgleich die Verbindung im Prinzip besteht und die Erinnerung gespeichert ist – gar nicht erst zustande.[48] Ebenso gut mag aber beim Langzeitvergessen auch weniger ein energetischer als ein chemischer Prozess beteiligt sein. Wie wir noch sehen werden, können durch bestimmte spätere, vor allem stressartige Erlebnisse ganze Gruppen von Synapsen, von jenen kleinen Schaltern zwischen den vernetzten Nervenfasern, blockiert werden, indem die Transmittertätigkeit gestört wird. Wir erinnern uns, dass die »Transmitter« Substanzen sind, die die Impulse von einer Nervenzelle zur anderen übertragen. Das geschieht freilich alles unbewusst, wir merken davon nichts. Bewusst wird uns nur, dass wir uns nicht mehr erinnern können. So unangenehm dieses Vergessen manchmal auch sein mag, so wichtig ist es für unser Leben. Es hat eine Art Schutzfunktion, indem es mithilft, unser psychisches Gleichgewicht aufrechtzuerhalten. Freilich beeinflussen diese nicht willentlich abrufbaren Informationen aus dem Unterbewusstsein heraus unser tägliches Verhalten, und die Psychotherapeutik hatte sich schon in den siebziger Jahren die Aufgabe gestellt, mit ihren Methoden – nur eine davon ist die Hypnose – in unserem auf diese Weise nicht bewusst zugänglichen Gedächtnis nach den Ursachen von Fehlverhalten zu forschen.[49]

Was bedeutet das nun speziell für unser Lernen? Bei Dingen, die wir selbst intensiv erleben, genügt ja oft eine einmalige Aufnahme zur permanenten Speicherung, das heißt, wir können uns ein

Leben lang daran erinnern. Beim Lernen dagegen, wo ein Stoff gewöhnlich nicht erlebt, sondern eben nur gehört oder gelesen wird, ist das freilich schwieriger. Erst wenn mehrere Synapsen aus möglichst vielen Gehirnbereichen gleichzeitig angeregt werden (wobei viel Natrium in die Zelle strömt, das Magnesium aus den Poren springt und Kalzium in die Zelle fließt), löst dies in der Zelle die Kaskade von Prozessen aus, die nötig ist, um den elektrischen Schwellenwert dauerhaft zu senken und die spätere Aktivierung dieser synaptischen Verbindung, also das Erinnern, zu erleichtern.[50] Die Erinnerung ebnet sich so gleichsam selbst die Bahnen, entlang derer sie später wieder wachgerufen wird (siehe dazu auch die Abbildung auf S. 104). Wie wir wissen, sollten wir alles zu Lernende, also jede neue Information, mehrfach wiederholt aufnehmen. Sie muss wiederholt über das Ultrakurzzeit-Gedächtnis angeboten werden. Offenbar muss dabei unser Gehirn die neue Information mit bereits vorhandenen Gedächtnisinhalten assoziieren. Diese »Langzeitverstärkung« *(long-term potentiation)* findet daher im *Hippocampus* oder Schläfenlappen statt, einem Teil des limbischen Systems. Denn nur dieses ist in der Lage, Vorstellungen und Bilder zusammenzubringen, um die vielen Wahrnehmungskanäle eines echten Erlebnisses, wie sehen, hören, fühlen, schmecken, riechen, anfassen und sich bewegen, wenigstens teilweise zu ersetzen. Das heißt, wir müssen solche Ein-Kanal-Informationen dann wenigstens innerlich zu Mehr-Kanal-Informationen machen – quasi zu einem *inneren* Erlebnis. Dabei erfolgt eine gezielte Strukturveränderung von Synapsenverbindungen, wodurch weitere neuronale Netze geknüpft werden. Und damit wird auch schon gleich der Weg für die spätere Wiederauffindung durch Assoziationen gebahnt: Je mehr passende Assoziationen, je mehr Möglichkeiten einer vielfältigen Zuordnung schon da sind, umso weniger muss der Stoff gepaukt werden, und umso besser ist er aus dem Langzeit-Gedächtnis – selbst auf eine ungewohnte Anfrage hin – abrufbar.

Der Flaschenhals der Informationsverarbeitung

Anders als unsere technischen Computer, die jede eingegebene Information verarbeiten und von sich aus keine Auswahl treffen, sondert das menschliche Gehirn beim Übergang von einer Gedächtnisstufe zur anderen große Mengen von Information wieder aus. Ein lebenswichtiger Reduktionsvorgang, ohne den wir jede Orientierung verlieren würden.

Wie gewaltig dieser Auslesevorgang jedoch ist und dass nur dadurch auch der Mensch selber und sein eigenes Entscheiden und Handeln ins Spiel kommen kann, ist kaum bekannt. In der Tat kommt der Regelkreis »Umwelt-Mensch-Umwelt« überhaupt nur dadurch zustande, dass nicht etwa möglichst *jede* aus der Umwelt eintreffende Information genutzt wird, sondern im Gegenteil nur ein Bruchteil von ihr.

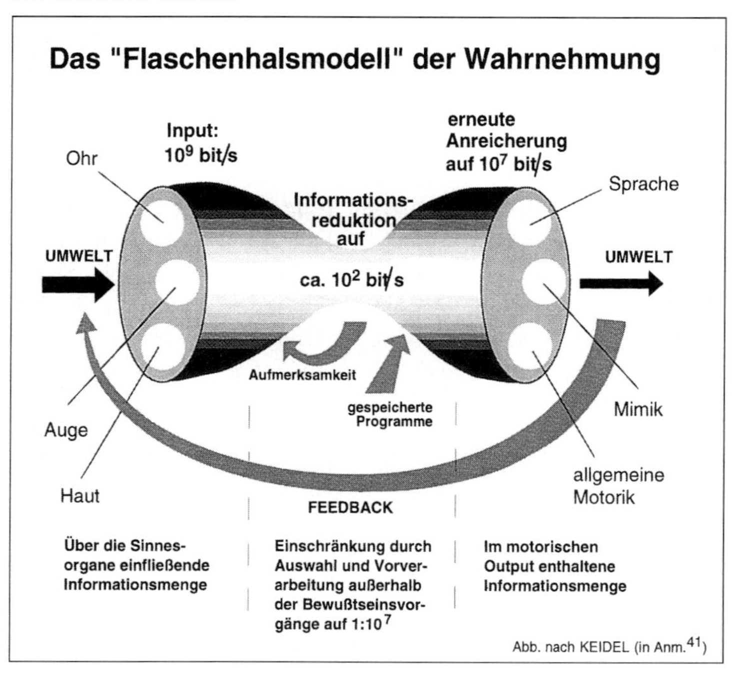

Abb. nach KEIDEL (in Anm.[41])

Die Skizze des Flaschenhalsmodells zeigt, dass von der gewaltigen, aus der Umwelt eintreffenden Informationsmenge von 10^9 bits pro Sekunde nur der zehnmillionste Teil, nämlich 10^2 bits, also etwa hundert Informationseinheiten pro Sekunde im Gehirn weiterverarbeitet werden. Diese kleine Auswahl tritt aber nun durch die unterschiedlichsten bewussten und unbewussten Denkprozesse mit der bereits im Gehirn vorhandenen Information, sozusagen mit dem Erfahrungsmaterial der grauen Zellen, in Resonanz, so dass sie über eine Vielzahl von Assoziationen wieder bis auf 10^7 bits pro Sekunde, also auf das Zehntausendfache angereichert wird.

Die ankommende »externe« Information wird also erst entkleidet und dann durch im Gehirn vorhandene Informationen unbewusst mit einem neuen Outfit versehen, sozusagen »personalisiert«. Eine Gehirnwäsche im umgekehrten Sinn: Nicht das Gehirn wird gewaschen, sondern es selbst wäscht den hindurchströmenden Informationsfluss. Die Information aus der Umwelt, auf diese Weise mit uns selbst vertraut gemacht, verlässt uns nun wieder in neuer Form und wirkt auf die Umwelt durch unser Denken und Handeln zurück. Der Kreis ist geschlossen, der Mensch als Nehmender und Gebender integriert.[51] Evolutionsgeschichtlich ist es recht interessant, dass die Zuweisung von »Wertigkeit«, also der Entscheid, was von der einströmenden Information aus der Außenwelt wichtig ist und was nicht, nicht von der Großhirnrinde vorgenommen wird, die ja die Außenwelt sehr detailliert, aber sozusagen »leidenschaftslos« analysiert, sondern von dem eng mit der Gefühlswelt verknüpften limbischen System.[52] Indem dieses weitaus ältere Organ und nicht der Cortex als Auswahlstelle im Flaschenhals fungiert, erfolgt die Valenzzuweisung der Information also nicht »objektiv«, sondern – und dies scheint für das Überleben des Individuums offenbar eine bessere Garantie abzugeben – auf die gefühlsmäßige Erfahrung des Einzelnen zugeschnitten. Und es ist auch nicht die Großhirnrinde und ihre logische Gedankenwelt, die während der Pubertät das Sprießen von Gehirnzellenfasern in neue Assoziationsfelder steuert, sondern wohl eher das subjektive Empfinden. Diese jeweils individuelle Auswahl garantiert dann in der Kommunikation der Menschen untereinander eine Vielfalt der Blickwinkel und damit eine reichhaltigere Erfassung der Realität.

III Biologische Kommunikation
Neuronen im Regelkreis

Einführung

Eigentlich haben wir jetzt alle Stufen der Gedächtnisspeicherung kennengelernt. Doch wissen wir damit auch schon, was das Gedächtnis wirklich ist? Wo es nun eigentlich sitzt? Was alles in uns dazugehört? Auf der einen Seite scheinen der ganze Körper und seine Erlebnisse daran beteiligt zu sein, auf der anderen Seite sahen wir, dass selbst schon einzelne Zellen und sogar einzelne Moleküle eine Art Gedächtnis haben, dass die Gene, aus denen die Chromosomen unserer Zellen bestehen, im Prinzip nichts anderes sind als das Gehirn einer Zelle. Doch gerade so, wie diese Gene im Kern jeder Zelle mit ihrer Umgebung in einem Wechselspiel stehen, in einer Art von Kommunikation, steht unser Gehirn ebenso mit dem ganzen übrigen Organismus in einem ständigen, sehr dynamischen, sehr lebendigen Wechselspiel. Unser Gehirn mit seinem Gedächtnis ist also beileibe kein isolierter Computer, wie das manchmal so den Anschein hat, sondern es beeinflusst den Körper und seine Umwelt und wird selbst wieder von beiden beeinflusst. Wie sehr es beeinflusst wird, das kann man durch Experimente mit psychogenen Chemikalien – zum Beispiel mit LSD und ähnlichen Drogen – deutlich machen.

Denkprozesse im Wechselspiel mit Drogen

Einer Gruppe von Personen wurde ein Text zu lesen gegeben, bei dem der obere Teil aller Buchstaben abgedeckt war (siehe Abbildung auf S. 93). Sie konnten nur das untere Viertel der Zeilen sehen. Das sieht aus wie arabische Schrift. Niemand kann das normaler-

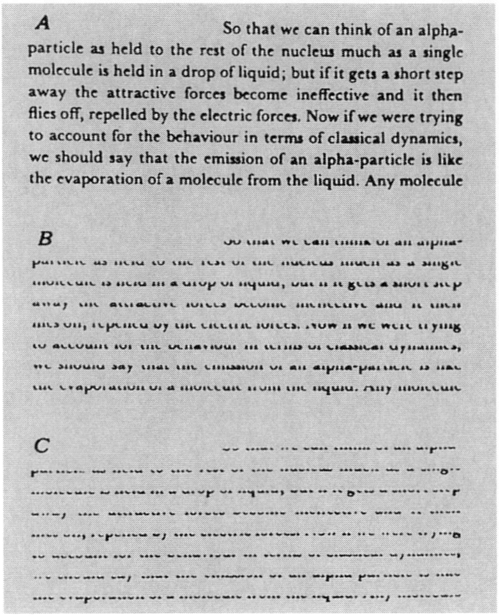

A

So that we can think of an alpha-particle as held to the rest of the nucleus much as a single molecule is held in a drop of liquid; but if it gets a short step away the attractive forces become ineffective and it then flies off, repelled by the electric forces. Now if we were trying to account for the behaviour in terms of classical dynamics, we should say that the emission of an alpha-particle is like the evaporation of a molecule from the liquid. Any molecule

B

C

Versuchspersonen wurde ein vorher nicht bekannter Text zu lesen gegeben, dessen Zeilen zur Hälfte bzw. zu Dreiviertel abgedeckt waren. Selbst der Letztere (c), den normale Kontrollpersonen in keinem Fall entziffern konnten, wurde auf Anhieb von Personen gelesen, deren Gehirnaktivität durch Verabfolgung von 15 mg Psilocybin (einer LSD-ähnlichen Droge) entsprechend verändert war.

weise lesen. Anderen Versuchspersonen gab man vorher fünfzehn Milligramm der Droge Psilocybin. Mit dem Einsetzen der Wirkung lasen diese den Text auf Anhieb. Offenbar hatte die Droge Kombinationsfähigkeiten, also geistige Möglichkeiten, freigelegt, die normalerweise nicht da sind. Blitzartig kombinierte und permutierte das Gehirn die in Frage kommenden Buchstaben und setzte sie mit allen möglichen Sinninhalten in Beziehung, bis sich der richtige Text aufbaute. Offenbar in Bruchteilen von Sekunden, als wäre im Gehirn ein kleiner Computer freigeworden, der diese Kombinationsleistung vollbringt.[53] Wir werden später noch sehen, dass diese »Leistung« mit einer Störung der Gehirnfunktion einhergeht. Aber solche Leistungen finden wir überraschenderweise auch in einem ganz anderen, sehr alltäglichen, wenn auch hochinteressanten Gebiet unserer Innenwelt: im Bereich der Träume.

Wodurch entstehen eigentlich Träume? Vermutlich dadurch, dass im Schlafzustand unser Urvorrat an Erinnerungen durch eine unkontrollierte (oder unterbewussten Reizen gehorchende) RNA-Synthese entlang den Genmatrizen regelrecht »abgeklappert« wird. Dieser Vorgang einer nächtlich wiederholten Kontrolle unserer genetischen Buchhaltung löst natürlich auch eine Menge von gedanklichen Assoziationen in der Hirnrinde aus – wir träumen.

Da während des Schlafes die Information offenbar nicht durch eine anschließende Proteinsynthese weiter fixiert wird, verlöschen die Traumbilder mit dem Zerfall der Nukleinsäure, das heißt nach zwanzig bis dreißig Minuten. Somit können wir uns auch nur an die letzten Minuten eines Traumes erinnern – es sei denn, wir werden in der Nacht zwischendurch kurz wach, und ein Teil der gerade ablaufenden Traumbilder wird dann fester verankert. An die Bruchstellen dieser Träume können wir uns dann auch noch am nächsten Morgen erinnern.

Fast nie aber können wir uns an Träume so gut erinnern, dass wir sie nach dem Erwachen auch sprachlich völlig treffend wiedergeben könnten. Für die Traumdeutung in der Psychotherapie wäre das aber besonders wichtig. Deshalb versucht man heute in der Traumforschung in zunehmendem Maße sogar psychogene Drogen wie etwa LSD, Mescalin oder Psilocybin einzusetzen, die den Menschen in traumähnliche Zustände versetzen können. Solche »Kunst-Träume« sollen echten Träumen inhaltlich und in ihrem Erscheinungsbild sehr ähnlich sein, vor allem den Träumen, die eine enge Beziehung zu den Urerfahrungen des Menschen (seinem »Archetyp«) haben: zur Geburt, zu Reifeerlebnissen, zu inneren Veränderungen, zum eigenen Körper, zu den sexuellen Beziehungen, zur Krankheit, zum Tod und so fort. Träume dieser Art wurden von C. G. Jung als »archetypische Träume« bezeichnet.

Nun, Träume lassen sich also auch mit Drogen erzeugen. Die Wirkung dieser Drogen mag darin liegen, dass sie starke seelische Widerstände aufheben. Vor allem solche, die normalerweise verhindern, dass verdrängte Vorgänge – durch eingefahrene Erinnerungsbahnen überlagert oder durch synaptische Blockaden abgeschaltet – aus unserem Unterbewusstsein an die Oberfläche gelangen. Frühe Erlebnisse werden wieder gegenwärtig; der Patient erlebt sich selbst, seinen Körper, Herzschlag, Atmung viel intensiver; vergessene Bilder treten auf, werden mit anderen verknüpft –

so verknüpft, wie es im Normalzustand nie der Fall wäre. Tiefste Erinnerungsschichten werden geöffnet, das Bewusstsein erscheint stark erweitert.[54]

Solche Versuche schienen bei erster Betrachtung ganz neue Dimensionen zu eröffnen. Ein alter Menschheitstraum rückte greifbar nahe – die Ausschöpfung aller Bewusstseinsschichten und somit Kombinationsebenen unseres Gehirns, das ja im Normalzustand nur einen geringen Teil seiner verborgenen Leistungsfähigkeit auszuschöpfen scheint. Doch dies ist die andere Seite der Medaille: Die in der Öffentlichkeit und selbst in der Medizin lange als harmlos angesehenen Psychodrogen (die, ähnlich wie Marihuana und Haschisch, nach den sehr groben Kriterien der klassischen Schulmedizin keine körperlichen Veränderungen zu zeigen scheinen) führen nach inzwischen genaueren Untersuchungen zu eindeutigen, zum Teil irreversiblen Hirnschäden. LSD etwa blockiert die Gehirnzellen einer bestimmten Region unseres Hypothalamus. Und zwar diejenigen Zellen, die normalerweise die visuelle Region der Hirnrinde regulieren, damit die Lichteindrücke durch das Auge nicht wahllos in beliebige Empfindungen übersetzt werden. Fallen jene Kontrollen aus, so hat auf einmal die visuelle Region freie Fahrt, sich auf ankommende Lichtimpulse hin beliebig zu betätigen. Das Zusammenspiel funktioniert nicht mehr, was dann zu den bei dieser Droge bekannten chaotischen Halluzinationsbildern und Halluzinationen führt. Gehirnschäden von Haschischrauchern wiederum sind an bleibenden Veränderungen des Elektroenzephalogramms und selbst an direkten Schädigungen des Hirngewebes zu erkennen. Veränderungen, die ihrerseits wiederum beispielsweise zu Störungen der Kurzzeit-Speicherung führen und damit die Fähigkeit vermindern, sich an unmittelbar zurückliegende Ereignisse zu erinnern. Das Lernen wird zur Qual.[55]

Amerikanische Wissenschaftler fanden übrigens heraus, dass Opiate wie Morphin, Codein und Methadon nur in ganz bestimmten Hirnbezirken wirken. In großen Testreihen führten sie exakt berechnete Mengen bestimmter Opiate den Zellen der verschiedenen Gehirnbezirke zu. Dabei war besonders interessant, dass sich die größte Anhäufung der Opiate nicht im Großhirn fand, sondern vielmehr in einem Kerngebiet, das eine große Rolle bei der Verbindung von Bewegungsaktivität und Informationsaufnahme zu spielen scheint, dem sogenannten *corpus striatum*. Das erklärt, warum sich zum Beispiel Opiumsüchtige in ihrem eigentlichen Denken gar nicht behindert glauben. Eher das Gegenteil ist der Fall. Durch die veränderte Rückkoppelung zwischen der Großhirnrinde und den Zentren für vegetative, hormonelle und emotionale Erinnerungs- und Steuervorgänge enthemmen diese Substanzen und scheinen zunächst das Denken, Fühlen und Handeln freier zu machen. Mit zunehmender Süchtigkeit wird das Denken und Handeln aber sehr rasch eingeengt, meist gezielt auf den Erwerb der Droge. Die Koppelung zwischen Denken, Fühlen und Wollen wird ausgeschaltet, jeder moralische und ethische Aspekt beiseite geschoben. Daher auch das häufige Abgleiten in die Kriminalität.[56]

Wie schon ausgeführt, ist hier eine besonders sensitive Phase die Zeit der Pubertät, wo sich Einflüsse aus der Umwelt noch einmal anatomisch einprägen und durch Umstrukturierung einiger Gehirnfunktionen das spätere als »normal« empfundene Verhalten wie auch die Anfälligkeit für bestimmte Abhängigkeiten mitbestimmen.

Wir sehen: Wenn auch auf der einen Seite durch psychogene Drogen eine ganze Reihe verborgener, man könnte sagen zukünftiger Fähigkeiten unseres Gehirns erkennbar wird, so können wir doch von Glück sagen, dass am Anfang der wissenschaftlichen Drogenforschung auch die ersten tief greifenden Schäden aufgeklärt wurden, die durch solche, die Gehirnaktivität verändernden Substanzen entstehen.[57] Darum wieder zurück zu einer normalen Gehirnaktivität, und zwar zur Verarbeitung erotischer Anregungen, die das typische Wechselspiel zwischen Gehirn und Körper deutlich machen soll.

Denkprozesse im Wechselspiel mit Hormonen

Stellen wir uns folgende Ehesituation vor: Sie hatten Streit zu Hause. Jetzt mussten sie sich erst einmal aus dem Weg gehen. Er läuft auf die Straße. Einfach so, er weiß nicht, wohin. Unbewusst lenkt er seine Schritte in die Stadtmitte, er geht durchs Vergnügungsviertel, landet in einem Striplokal. Es ist gedrängt voll. Die Bühne ist angestrahlt. Ein Mädchen tanzt. Er schaut auf die wippenden Brüste, erwärmt sich an den erotischen Bewegungen, Musik, Beleuchtung tun ein Übriges. Seine Frau fällt ihm wieder ein, er beginnt sich nach ihrem Körper, nach ihren Liebkosungen zu sehnen, projiziert sie in das Mädchen, das sich vor seinen Augen auszieht. Dass sie gestritten hatten, wird plötzlich nebensächlich. Er steht auf, verlässt das Lokal. Die Phantasie ist angeregt. Gedankenbilder kreisen in der Erinnerung. Seine Frau ist ihm plötzlich ganz nah, er geht schneller, lenkt seine Schritte nach Hause, flieht zurück in die Wärme.

So nüchtern es klingt, auch solch ein seelischer Umschwung, Reue, wiedererwachendes Liebesgefühl funktionieren über konkrete biologische Mechanismen, über eine Reihe hormoneller und nervöser Vorgänge. Wir haben im ersten Teil des Buches erfahren, dass die Steuerung und Rückmeldung des vegetativen Systems wie auch die des Stoffwechsels, des Hormonhaushalts und der Sinnesbahnen über den Hypothalamus verläuft. Selbst künstliche elektrische Reizungen des Hypothalamus können ja, wie anfangs erwähnt, bestimmte Verhaltensweisen sozusagen per Knopfdruck auslösen. Solche Reize sind dem natürlichen Reiz durch entsprechende Neuronenimpulse durchaus vergleichbar. Es ist daher nahe liegend, dass neben den Meldungen und Rückmeldungen aus anderen Körperregionen und aus der Außenwelt auch solche aus der Großhirnrinde selbst – also Vorstellungen, Gedanken und Erinnerungen – ganze Funktionskreise aktivieren können. Und hier sind es wieder besonders die direkt über dem Zwischenhirn gelegenen Teile der Hirnrinde, die limbische Region, die einen starken und vielfältigen Einfluss auf den Hypothalamus und das vegetative System zu haben scheinen.[58]

In dieser Region werden sensorische, motorische und vegetative Leitungen zusammengeführt, unter anderem solche, die, wie in unserem Beispiel, Gedanken und Sinnesreize mit dem Sexualbereich kombinieren. Erst dadurch werden lustbetonte Empfindungen geweckt.

Doch zurück zu unserer Striptease-Tänzerin. Verfolgen wir die

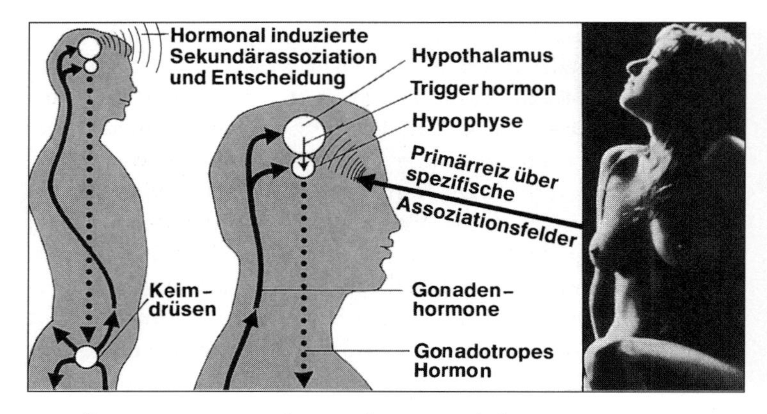

Sexuelle Anregung mit Andeutung der Hormonbahnen

Wirkung der optischen Wahrnehmung auf ihrem Weg über das Gehirn bis in die spezifische hormonale Steuerung in den Keimdrüsen und von dort wieder zurück in die Großhirnrinde und das folgende Denken und Handeln – kurz, den ganzen Kreisprozess: Beim Anblick eines sexuellen Stimulus wird der Wahrnehmungsimpuls durch das Auge und die lichtempfindlichen Zellschichten der Netzhaut über weitere Nervenbahnen zum Großhirn geleitet. Dort werden Neuronen erregt, die über die mit ihnen gekoppelten Assoziationsmuster weitere Neuronen erregen, unter anderem auch solche der limbischen Region, die mit dem Hypothalamus in Verbindung stehen. Die am Hypothalamus sitzende Hypophyse wird angeregt, Hormone auszusenden, die nun ihrerseits über die Blutbahn die Keimdrüsen im Unterleib anregen, Sexualhormone, wie etwa Testosteron, auszuschütten. So kommt es, dass auch sexuelle Phantasien und Träume zur Erregung führen. Denn ob der erste Wahrnehmungsimpuls von außen kommt wie beim Anblick des nackten Mädchens, oder ob er in der Hirnrinde selbst entsteht durch Erinnerung, durch eine entsprechende Vorstellung, ist dabei völlig gleichgültig. Die durch die Vorstellung ausgelösten Impulse nehmen den gleichen Weg wie bei Reizen von außen. Und es scheinen auch Hormone zu sein, die als »Induktoren« das Wachsen neuer dendritischer Verzweigungen mit dem Beginn der Pubertät anregen[71] und so indirekt die Desorientierung und Verwirrung in dieser Phase auslösen (vergl. S. 54 ff.).

Doch damit ist unser Kreisprozess noch nicht komplett. Wie bei vielen Vorgängen in einem Organismus, haben wir auch hier nicht nur eine einfache Folge von Ursache und Wirkung, sondern einen psycho-biologischen »Regelkreis« vor uns. Die in den Blutkreislauf ausgeschütteten Gonadenhormone kurbeln ja im Endeffekt nicht nur Stoffwechselreaktionen an oder führen zur Erektion, sondern ihre Rückmeldung an den Hypothalamus stoppt die weitere Stimulierung der Keimdrüsen und beeinflusst auch wieder unser Denken und Handeln – durchaus im Sinne der Absicht der Natur. Vorher gefasste Entschlüsse werden verworfen, Wesentliches wird unwesentlich, andere Assoziationsbahnen werden aktiviert, neue Ideen tauchen auf, während andere nicht mehr erinnert werden.

Auch hier erfolgt der Weg in die Großhirnrinde wieder über den Hypothalamus, der so, wie er alle ankommenden Wahrnehmungsimpulse mit Gefühlen wie Freude, Angst, Lust oder Schmerz ausstattet, auch die chemische Information des im Blut anwesenden Hormons registriert und in entsprechende Gefühle und Neuronenimpulse umsetzt – genauso schlagartig, wie dies bei der Injektion einer Droge in den Blutkreislauf erfolgen würde.[59]

Denkblockaden – Störung durch Stresshormone

Wer kennt nicht die Tücken der Prüfungsangst oder den Schreck beim unerwarteten Aufrufen in der Schule oder auch das Blackout eines Kandidaten beim Quiz? Es geht um 8000 Mark. Spannung auch beim Publikum. Wir haben uns in die Quizsendung des Fernsehens *Alles oder nichts* eingeblendet. Der Kandidat, viel bestaunter Bach-Experte, ist diesmal aufgeregt. Kleine Pannen schon. Das Publikum ermuntert durch Beifall. Der Moderator versucht, ihn zu beruhigen. »Sie sind heute etwas aufgeregt, das soll aber wirklich kein Grund sein. Nun sagen Sie mir, wie der Titel des Werkes heißt, das wir Ihnen jetzt vorspielen wollen.« Es erklingen einige kanonische Veränderungen über das Weihnachtslied *Vom Himmel hoch, da komm ich her.* Die Schrift wird für den Zuschauer eingeblendet. Der Kandidat hört angespannt zu. Sein Herz schlägt bis zum Hals. Doch seine Gedanken sind wie blockiert. Unsicher fängt er an zu raten: »Es gibt sehr viele Stücke, die so ähnlich klingen, ich komm jetzt nicht drauf ...« Und dann nennt er zögernd ein falsches Stück. Damit war die Chance vertan. Der Moderator: »Ich glaube, ich müsste die Frage nun leider als nicht beantwortet bezeichnen. Es ist eine Veränderung des Liedes ...« – »... Vom Himmel hoch, da komm ich her«, fällt ihm der Kandidat ins Wort. Er kennt es, er hat es oft gehört, es lag ihm auf der Zunge. Doch dieses Mal wusste er nicht, wo er es einordnen sollte. Er kam zwar dann drauf, noch bevor der Moderator es ausgesprochen hatte, doch leider zu spät. Im entscheidenden Moment fiel es ihm nicht ein. Warum? – Denkblockade?

Eine andere Erfahrung, die wohl jeder aus der Schulzeit kennt. Man hat etwas gelernt. Gut gelernt. Aber plötzlich, ganz unvermittelt darauf angesprochen, schreckt man hoch – weil man vielleicht gerade mit seinen Gedanken woanders war –, und alles ist wie weggewischt.

Es ist gegen Mittag, die letzte Schulstunde hat begonnen. Die Klasse döst vor sich hin. Der Lehrer wiederholt: »Wir haben in der vorhergehenden Stunde den Flächeninhalt eines Quadrats besprochen. Da haben wir eine ganz einfache Methode gelernt ...« Marlene hört schon nicht mehr zu, schaut ihrer Nachbarin ins Aufgabenheft. »... Wie viel ist denn 17 zum Quadrat? – Marlene?« Sie

Szenen aus dem bekannten Fernseh-Quiz ›Alles oder Nichts‹.

Es geht um 8000 Mark. Für den Zuschauer wird die Antwort eingeblendet. Doch der Kandidat – viel bestaunter Bach-Experte – kommt im Moment nicht drauf.

Die Zeit ist abgelaufen. Zu spät fiel dem Kandidaten die richtige Antwort ein.

erschrickt, steht auf, überlegt nervös, schaut an die Decke – natürlich, sie weiß es doch. »Nun, Marlene? – 17 zum Quadrat?«

Sie ist verwirrt. Hilflos suchen ihre Gedanken im Kopf umher.

»Wie kriegt man den Flächeninhalt von einem Quadrat?«

Sie beginnt zu stottern: »Das ist – ich hab's noch gewusst ...«

»Hast du es wiederholt?«

»Ja, ganz bestimmt. Noch heute morgen ... bestimmt, ich hab's gelernt! ...«

Der Lehrer zückt sein Notenbüchlein. Eine Mitschülerin sagt die richtige Antwort. Marlene, verwirrt, enttäuscht von sich selbst, setzt sich wieder hin.

Sehen wir uns an, was in solchen Fällen vor sich geht. Zunächst einmal: Was ist eigentlich Angst? Was ist Aufregung? Ein Gefühl, eine seelische Regung, gewiss. Aber jede seelische Regung ist ja immer mit einem stofflichen Geschehen verbunden. Ungewohnte oder mit Gefahr oder unangenehmen Erinnerungen verknüpfte Wahrnehmungen lösen nämlich über das Zwischenhirn und den

Die letzte Schulstunde. Marlene passt nicht mehr auf, schaut ihrer Nachbarin zu.

Plötzlich wird sie aufgerufen. Sie erschrickt, steht auf ... Die Antwort fällt ihr nicht ein.

Marlene ist verwirrt und enttäuscht, denn am Morgen hat sie noch alles gut gewusst.

Sympathikusnerv eine direkte Stimulation der Nebenniere und einiger Gehirnregionen aus. In Bruchteilen von Sekunden werden von dort zwei Hormone in den Blutkreislauf geschickt: Adrenalin und Noradrenalin. Sie sind als Stresshormone bekannt und dienen dazu, den Körper schlagartig für Höchstleistungen, für einen plötzlichen Angriff oder eine plötzliche Flucht zu präparieren und ebenso schlagartig eine Erhöhung des Blutdrucks und eine Mobilisierung der Fett-

und Zuckerreserven auszulösen. Wir alle kennen ja das mit einer Aufregung verbundene Gefühl einer plötzlichen heißen Wallung.[60]

Doch tief im Innern unseres Gehirns tun diese Stresshormone noch etwas ganz anderes: Sie beeinflussen die Schaltstellen zwischen den Neuronen. Denken wir uns dazu noch einmal in die winzigen Dimensionen unserer Zellen hinein. Überall dort, wo die einzelnen Nervenfasern miteinander in Kontakt stehen, befinden sich ja jene eigenartigen, knopfartigen Schaltstellen, die Synapsen, die wir schon beschrieben haben. Wir haben erfahren, dass in diesen Schaltstellen viele kleine Bläschen enthalten sind, die zur Weiterleitung eines ankommenden Impulses platzen müssen, um die in ihnen enthaltene Transmitter-Flüssigkeit in den Spalt zwischen der Synapse und der angeschlossenen Faser zu schießen. Man sagt, die Synapsen müssen feuern. Und genau dieser Vorgang kann durch die Stresshormone gestört oder gar unterbunden werden.[61] Noradrenalin zum Beispiel ist selbst ein Transmitter – und zwar für hemmende Synapsen – und außerdem ein biochemischer Gegenspieler eines anderen wichtigen Transmitterstoffs: Acetylcholin, dessen Nachschub es unterbinden kann. Das Ganze ist eine natürliche Blockade durch den Stressmechanismus, die übrigens, wie wir noch sehen werden, durchaus im Sinne der Selbsterhaltung verstanden werden muss, wo jedes »Nachdenken« den rettenden Sprung vor dem Feind verzögern würde. Die Natur konnte schließlich nicht ahnen, dass unsere moderne Gesellschaft einmal Stress- und Alarmreaktionen ausgerechnet mit dem Lernen und Denken verknüpft, mit einem Vorgang, bei dem solche Vorgänge am allerwenigsten zu suchen haben.[62]

Nun gibt es beim Denken, beim Lernen und Vergessen außer solchen kurzzeitigen, oft nur momentanen Denkstörungen auch solche »chronischer« Art. Auch diese – sowohl eine generelle Lernschwäche als auch die Unfähigkeit, eine einmal erlernte Verhaltensweise wieder zu ändern – können wir wieder mit dem Hormonhaushalt der Nebennieren in Zusammenhang bringen. Und zwar mit einer anderen Gruppe dieses Systems, dem Hydrocortison und seinem Auslösehormon in der Hypophyse, dem ACTH (AdrenoCortico TropesHormon). Ein Mangel an ACTH ist dabei für das Lernen ebenso störend wie ein Überschuss. Auch dieser Zusammenhang wurde im Tierversuch bewiesen.

Wie kommen Denkblockaden zustande?

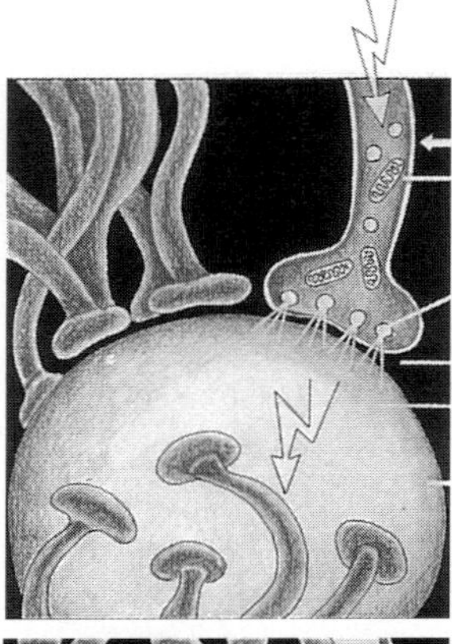

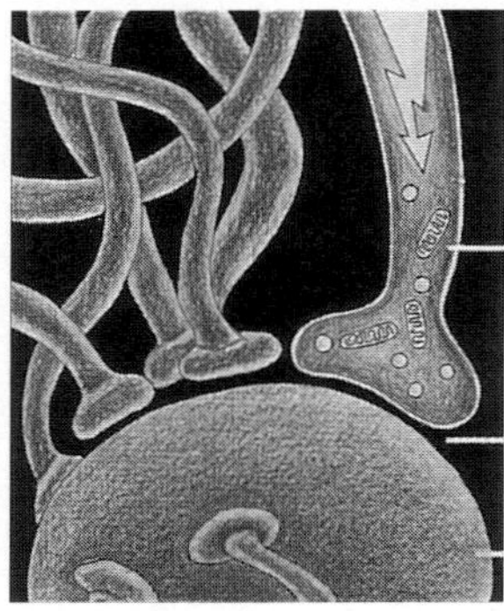

Fünfhundert Billionen Synapsen regeln den gesamten Informationsfluss in unserem Gehirn. Nur mit ihrer Hilfe ist ein geordnetes Denken, Erkennen, Lernen und Erinnern möglich. Bei Stress – z. B. Angst, Schreck, Hetze, Schmerz – wird die normale Funktion solcher Synapsen gestört. Denn die bei Stress ausgeschütteten Hormone Adrenalin und Noradrenalin sind Gegenspieler der Substanzen, die in den Synapsen für die Weiterleitung der ankommenden Informationen sorgen. Noradrenalin ist dabei sogar selbst ein Transmitter, jedoch für hemmende Synapsen. Sobald der Gehalt an Adrenalin und Noradrenalin im Gehirn ansteigt, werden somit viele Impulse nicht weitergeleitet. Das ist der Moment, wo uns etwas nicht einfällt, in Prüfungsangst oder einer Panik. Es mag gerade noch zu einem einmaligen Feuern der Synapsen – einem Gedankenblitz – kommen, und der Sender wird schweigen. Die Information kann nicht an ihren Bestimmungsort gelangen, wir haben es entweder mit Denkblockaden, Sinnesstörungen oder Gedächtnislücken zu tun – ganz gleich, wie fest man etwas gelernt hat oder wie intelligent man ist.

Der Amerikaner Levine hat in einer Reihe von Rattenexperimenten die Hypophyse chirurgisch entfernt und damit die ACTH-Produktion ausgeschaltet. Ein solcher ACTH-Mangel kann übrigens auch durch eine Überfunktion der Nebenniere oder durch die Verabfolgung cortisonhaltiger Medikamente eintreten (zu hoher Cortisongehalt im Blut). Denn auf die Rückmeldung »Es ist genügend Cortison im Blut« stoppt die Hypophyse sofort die Herstellung von ACTH. Bei Levines Ratten verlangsamten sich nach dem ACTH-Stopp schlagartig alle Lernvorgänge, wie beispielsweise die an ein bestimmtes Signal geknüpfte Futteraufnahme. Der Gegenbeweis: Durch ACTH-Gaben konnte die Störung wieder aufgehoben werden. Die Ratten lernten wieder wie normal.[63]

Die große Überraschung kam jedoch, als man die Dosis des Hormons weiter steigerte – man sollte annehmen, dass dann das Lernen besonders gut funktioniert –, denn nun wurde auf einmal etwas anderes völlig blockiert: das Vergessen! Das normale Auslöschen eines nicht mehr benötigten Lerninhaltes funktionierte nicht mehr. Das Verhalten auf ein einmal eingepauktes Signal lief unverändert weiter. Auch wenn dieses Signal längst nicht mehr, wie während des Lernvorgangs, mit einer Belohnung gekoppelt war, sondern man dabei einen Stromstoß austeilte (wodurch eine vormals sinnvolle Handlung sinnlos, ja gefährlich geworden war), lernten die Ratten nicht um, sondern folgten stur ihrem eingelernten Schema. (Wer erinnert sich hier nicht an ähnliche Vorgänge in der menschlichen Gesellschaft!)

Die direkte Konsequenz, die dann auch experimentell beobachtet werden konnte, war, dass neue Lerninhalte bei hohem ACTH-Spiegel schwieriger aufgenommen werden. ACTH ist also zum raschen und intensiven Behalten erforderlich, ein Überangebot fixiert jedoch die bisherigen Lerninhalte gegenüber neu aufzunehmenden Informationen. Ein hoher ACTH-Spiegel könnte danach ein Indiz für eine traditionsgebundene experimentierfeindliche Haltung bedeuten, für eine Abneigung gegen »Umlernen« – zumindest bei Ratten.[64]

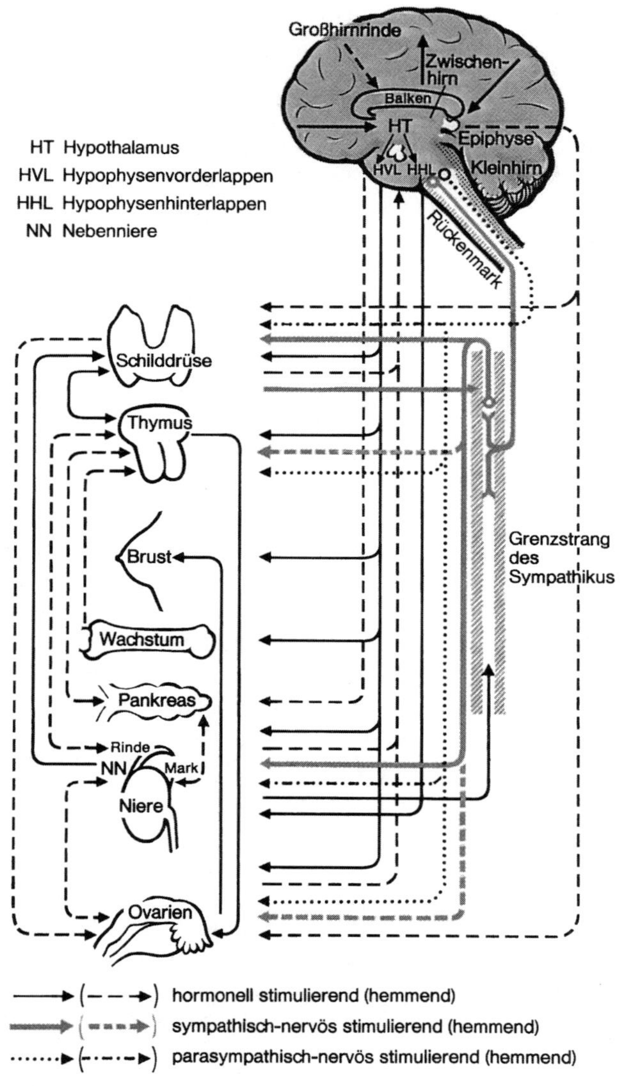

Dieses Schema mag einen Eindruck geben von der komplexen Vernetzung zwischen hemmenden und stimulierenden Einflüssen auf die Organe unseres Körpers. Nur ein kleiner Teil der Beziehungen ist hier dargestellt.

Einige wichtige, bei Wirbeltieren vorkommende Hormone und ihre Wirkung

Hormon	Produktionsstätte	Wirkung
Cortico-Steroide (Hydrocortison)	Nebennierenrinde	Immunsystem: Senkung der körpereigenen Abwehr Mineralhaushalt: Natriumrückhaltung in der Niere Stoffwechsel: Bildung von Traubenzucker
Progesteron	Ovar (Gelbkörper)	Sekretionsphase der Uterusschleimhaut
Östradiol	Ovar (Follikel)	Bremst die geschlechtliche Erregung, Wachstum der Uterusschleimhaut
Testosteron	Hoden (Zwischenzellen)	Zusätzliche Drüsen des Genitaltrakts, sekundäre Geschlechtsmerkmale
Thyroxin	Schilddrüse	Grundumsatzsteigerung, Entwicklung und Wachstum
Adrenalin	Nebennierenmark	Glykogenabbau, Mobilisierung der Fettreserven (Fluchthormon)
Noradrenalin	Nebennierenmark	Blutdrucksteigerung, Transmitter an Nervenenden (Angriffshormon)
Parathormon	Nebenschilddrüse	Kalziummobilisierung
Insulin	Bauchspeicheldrüse	Blutzuckersenkung
Glucagon	Bauchspeicheldrüse	Blutzuckersteigerung
Oxytocin	Hypophysen-Hinterlappen	Zusammenziehung der Gebärmutter, Hemmung der Wasserausscheidung in der Niere
Somatotropin	Vorderlappen	Wachstum, Stoffwechsel
Corticotropin (ACTH)	Vorderlappen	Anregung der Nebennierenrinde (siehe oben)
Thyreotropin	Vorderlappen	Anregung der Schilddrüse (siehe oben)
Follikelstimulierendes Hormon	Vorderlappen	Anregung der Östradiol-Produktion (siehe oben)
Zwischenzellstimulierendes Hormon	Vorderlappen	Anregung der Sexualhormonproduktion beim Mann beziehungsweise Umwandlung des Follikels in den Gelbkörpern bei der Frau
Luteo-mammotropes Hormon: Prolactin	Vorderlappen	Stimulation der Brustdrüse und der Gelbkörper (siehe oben)

Einfälle – Neuschöpfung aus vielfältigem Wechselspiel

Wir haben in einem früheren Kapitel unsere Gehirnleistungen mit Computerprogrammen verglichen. Diesen Vergleich müssen wir jetzt stark einschränken, denn die schöpferische Tätigkeit, das kreative Element unserer vielfältigen Gehirnleistungen ist ja nun genau die Tätigkeit, zu der ein Computer sicher nicht fähig ist. Und doch entstehen auch schöpferisches Denken, Einfälle und Intuitionen aus stofflichen, also materiell gespeicherten Informationen. Wir haben erfahren, dass diese Informationen in vielen einzelnen Neuronen und ihren Fasern kodifiziert sind, also in einer ungeheuren Vielzahl gleichzeitiger Speicherungen von Code-Molekülen, diffus über die ganze Großhirnrinde verteilt, also nicht streng lokalisiert. Und nur, weil die Speicherung auf diese Weise erfolgt, ist überhaupt Kreativität möglich. Wieso?

Wie selbst Bruchstücke eines Hologramms, ähnlich den Bruchstücken unserer eigenen Erinnerung, immer noch das Wesentliche wiedergeben können, sehen wir hier an einem Foto des amerikanischen Präsidenten Lincoln demonstriert, das mit immer mehr Informationseinheiten dargestellt ist.[65]

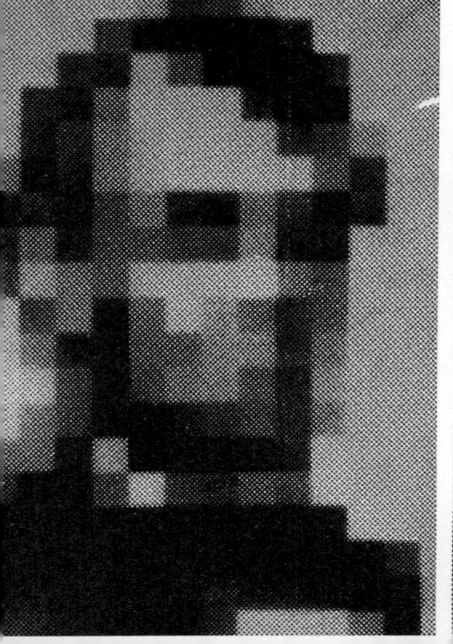

Durch diese vervielfachte Anordnung ergeben sich unter den entstehenden Informationsmustern sogenannte Resonanzen (»Mitschwingungen«) und Interferenzen (»Schwingungswechselwirkungen«). Und diese können von Zeit zu Zeit aus sich heraus völlig neue Sinninhalte, das heißt ein neues, originales Informationsmuster und damit eine schöpferische Idee erzeugen. Ein sehr schwer zu beschreibender informationstheoretischer Vorgang, der eigentlich nur durch Vergleiche, durch Analogien veranschaulicht werden kann.[66]

Wenn wir all das, was wir bisher über die Vorgänge in unserem Gehirn gesagt haben, noch einmal überdenken, dann wird uns klar, dass unser Gedächtnis kaum noch mit einem Mittelding aus Fotoalbum, Bibliothek und Computer vergleichbar sein kann, wo bestimmte Informationen an einem bestimmten Ort gespeichert sind. Jede Gehirnverletzung würde dann nämlich immer ganz bestimmte Erinnerungen löschen und nicht, wie es selbst bei schweren Schäden der Fall ist, das Gedächtnis nur allgemein schwächen.

Selbst aus der ersten, nur aus wenigen Vierecken bestehenden Struktur erkennen wir, sobald wir sie etwas weiter weghalten und vielleicht noch die Augen zukneifen, eindeutig das ursprüngliche Gesicht wieder.

Dieser Vorgang, bei dem schon mit einem Bruchteil der Informationseinheiten – wenn man sie durch Unschärfe zu einem Muster verknüpft – die Gesamtaussage der darin gespeicherten Information erkennbar wird,[67] ist übrigens die Grundlage der für die Untersuchung komplexer Systeme so wichtigen Datenreduktion, wie sie in dem Planungsverfahren des Autors, dem *Sensitivitätsmodell Prof. Vester*® zur Anwendung kommt.[68]

Unser so geheimnisvolles, nicht fassbares und doch so stoffliches Gedächtnis scheint daher eher mit einem Hologramm vergleichbar zu sein, mit einem jener mit Laserstrahlen auf eine Fotoplatte kodifizierten Bilder. Selbst bei stärkster Vergrößerung erkennen wir darauf immer nur eine Art von Tapetenmuster. Mit Laserstrahlen durchleuchtet, entsteht jedoch dahinter sofort ein plastisches Abbild. Genauso wie ein Gehirn kann man nun auch ein Hologramm in Stücke schneiden, ohne dass das Wesentliche der Information beziehungsweise der Erinnerung verloren geht. Und aus jedem Teilstück lässt sich wieder das gesamte Bild projizieren, nichts fehlt. Nur: je kleiner die Stücke, desto verschwommener wird das Bild. Lage und Größe des Teilstücks bestimmen also nicht wie sonst bei der Fotografie den Ausschnitt, sondern ausschließlich die Schärfe des Bildes.

Der Vergleich ist bestechend. Ähnlich wie ein solches Hologramm scheint auch unser Gedächtnis ein Wellenmuster aller gespeicherten Wahrnehmungen zu sein, das jederzeit auf Abruf entschlüsselt werden kann. Und genauso, wie man auf einer Fotoplatte sogar mehrere Hologramme übereinander lagern und die Bilder daraus unabhängig voneinander reproduzieren kann, mag auch das Gedächtnis Eindruck auf Eindruck speichern und dabei selbst zu einem verkleinerten multidimensionalen Modell seiner Umwelt werden. Die Übereinstimmung geht sogar noch weiter. So, wie nach dem Zerbrechen des Hologramms aus einem Teilstück immer noch das Gesamtbild, nur eben weniger deutlich, weniger scharf, zu reproduzieren ist, so sind die Erinnerungen nach dem Zerschneiden und Herausnehmen von Gehirnstückchen nicht etwa gelöscht, sondern im schlechtesten Fall ungenauer, verschwommen. Die Verteilung aller Erinnerungen über alle Teile unseres Gehirns sorgt also dafür, dass der Ausfall einzelner Gehirnpartien oder die Störung bestimmter Regionen oder das Absterben von Gehirnzellen immer nur zum Ausfall des einen oder anderen »Teammitglieds« führen. Das Gesamtergebnis, der gesuchte Gedanke, der Einfall, die intellektuelle Leistung, wird nur unwesentlich beeinträchtigt.[69]

Und hier in dieser Teamarbeit unserer Zellen liegt auch die Freiheit unseres Denkens: Nur weil die Speicherung auf diese holographische Weise erfolgt, ist wie gesagt Kreativität möglich: Aus dem Zusammenspiel der vielen fast gleichen, aber doch immer ein bisschen verschiedenen übereinander gelagerten Speicherbilder entsteht der schöpferische Vorgang, der sich immer wieder in eigenen Varianten ausdrückt. Kreativität, Intuition, Einfälle haben somit keinen bestimmten Sitz im Gehirn, sie entstehen vielmehr aus dem Wechselspiel der Vielfachspeicherung der äußeren und inneren Wahrnehmungen, ja sie *sind* dieses Wechselspiel.

Solche Übereinstimmungen, wie hier zwischen dem physikalischen Prinzip des Hologramms und dem biologischen des Gedächtnisses, werfen wieder einmal ein Licht auf die große Verwandtschaft aller Urgesetze, so unterschiedlich die Bereiche auch sein mögen, aus denen heraus wir sie betrachten. Diese Übereinstimmungen gelten natürlich erst recht im biologischen Bereich selbst. Wenn unser Erinnern und Behalten hauptsächlich an Nukleinsäuren und Eiweißstoffe gebunden ist, an die gleichen Stoffe, aus denen auch unser Erbmaterial, die Chromosomen, besteht, dann erlangen, was die Grenzen unseres Geistes betrifft, die schon früher angesprochenen Erkenntnisse von dem schlummernden Informationsreservoir auf den Genen jeder unserer Zellen einen zusätzlichen interessanten Akzent. Man wird sich nämlich fragen, warum dann nicht auch geistige Fähigkeiten für spätere Entwicklungsstufen darin verborgen sein sollten, latente Fähigkeiten, die einmal die Aufhebung der augenblicklichen Denkgrenzen bedeuten. Und müsste dann nicht tatsächlich, wie wir schon sagten, jede Körperzelle auch eine Gehirnzelle sein können, so dass wir theoretisch mit unserem kleinen Finger denken können müssten? Wir haben diese Frage schon kurz gestreift und haben gesagt, dass dies nicht eine Frage des Prinzips sei, sondern eine Frage der Ausdifferenzierung, des Standortes, den eine bestimmte Zellgruppe im Laufe der Entwicklung des Organismus einnimmt – und damit eine Frage der Aufgabenverteilung. In einem aufregenden Experiment ist diese Vielseitigkeit einer jeden Zelle schon 1968 bewiesen worden. So hat man einer bereits hochspezialisierten Darmzelle eines Frosches den Kern entnommen und ihn in eine von ihrem eigenen ursprünglichen Kern befreite Eizelle eingepflanzt. Die neue Eizelle entwickelte sich nun nicht etwa zu einem Haufen von Darmzellen,

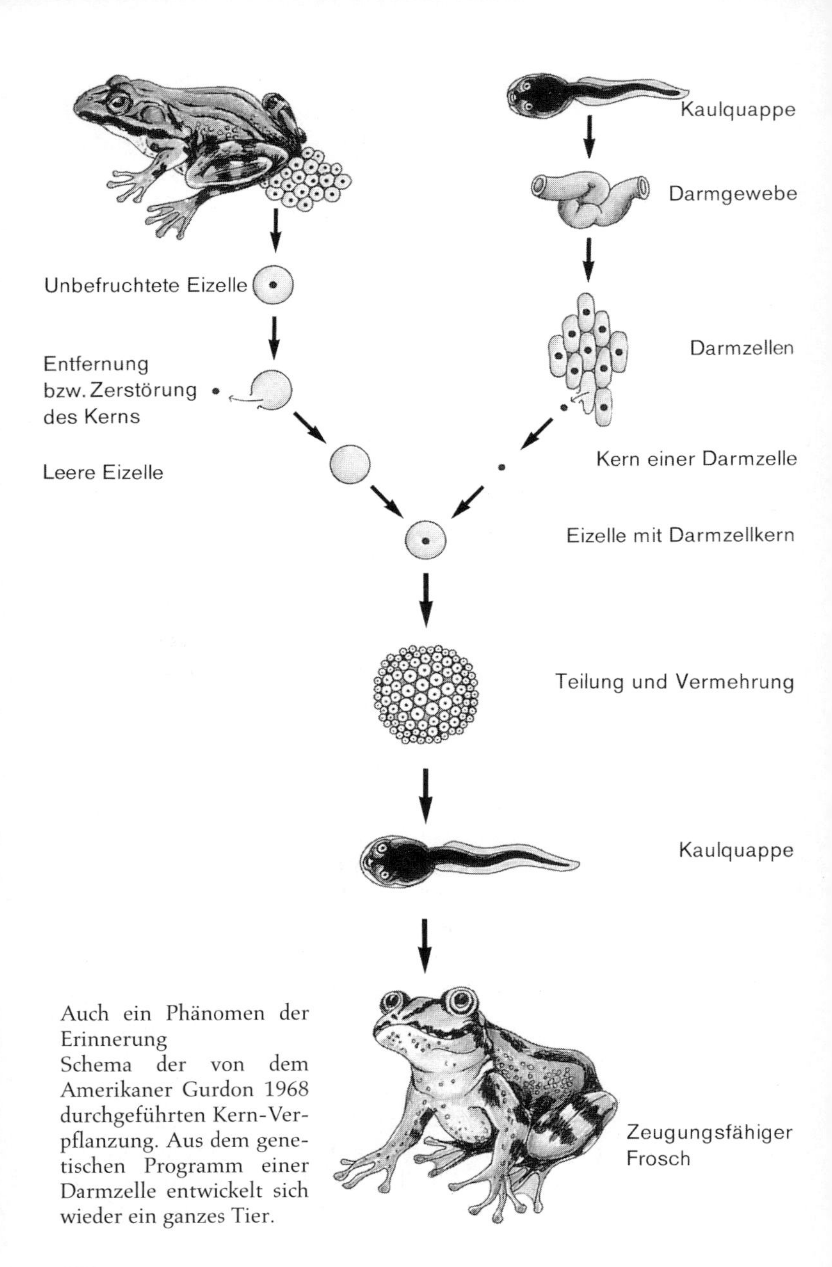

Auch ein Phänomen der Erinnerung
Schema der von dem Amerikaner Gurdon 1968 durchgeführten Kern-Verpflanzung. Aus dem genetischen Programm einer Darmzelle entwickelt sich wieder ein ganzes Tier.

wie das zu erwarten gewesen wäre, sondern zu einem kompletten, völlig normalen Frosch.[70] Was bedeutet das?

Es bedeutet nichts anderes, als dass alle diejenigen Gene wieder geweckt wurden, die wegen der engen Spezialaufgaben einer Darmzelle dort einen Dornröschenschlaf hielten. So lassen sich im Prinzip aus sämtlichen Zellen verborgene Anlagen herauslocken.

Doch wenn alle Zellen eines Organismus denselben Text beherbergen, wer sagt ihnen nun eigentlich, was abgelesen werden muss? Wer gibt die Buchstaben, die Buchseiten an, wer wählt die Schlüssel aus, mit denen auf- und zugeschlossen wird? Französische Forscher haben herausgefunden, dass sich bestimmte Eiweißmoleküle, sogenannte Unterdrücker (Repressoren), auf die Texte unserer Nukleinsäurestränge legen und den Zellen nur die wenigen ihnen zuträglichen Informationen abzulesen gestatten. Offenbar fungieren diese Repressoren als Hauptschlüssel, indem sie den Informationsaustritt aus ganzen Genblöcken rundweg sperren. Kleinere, sozusagen als Spezialschlüssel wirkende Stoffe heben dann nach einem genauen Muster diese Pressezensur an bestimmten Stellen auf und erlauben so jeder Zelle ihr eigentliches Programm. Manche Zellarten spezialisieren und verändern sich jedoch so stark – viel weitgehender als eine Darmzelle –, dass sie sich *nie* mehr teilen, nie mehr in ihren Urzustand zurückkehren können. Und genau das ist bei unseren Gehirnzellen geschehen. Aus diesem Grunde allein können wir mit unseren Gehirnzellen – und nur mit diesen – denken.[71]

Es ist also für die Entwicklungsprozesse eines Lebewesens viel wichtiger, nach welchem Muster der Ablesevorgang von den Genen durch Repressoren (z. B. Histone) und Induktoren (z. B. Hormone) gesteuert wird, als der Versuch, über die zweifellos nützlichen Diagnosemöglichkeiten von Gentests hinaus Verbesserungen durch eine Einführung oder Änderung spezieller Gene in den Original-Chromosomensatz zu erzielen, was ohnehin nicht nach dem Schema »ein Gen – eine Funktion« erfolgt (wie uns dies manche auf kommerzielle Auswertung zielende Gentechniker glauben machen wollen), sondern was die Beziehung aller Gene zu allen verändert und damit nicht vorhersehbare Kombinationen von Eigenschaften erzeugt.

Ob ein Kind ein Bild malt oder ob Forscher eine neue Theorie zur Nervenleitung entwickeln – bei beiden spielen sich im Gehirn die gleichen physiologischen und biochemischen Prozesse ab: Vorgänge der Informationsverarbeitung, durch die Ideen und schöpferisches Denken erst möglich werden.

Kehren wir nach diesem kleinen Exkurs in die Genetik zu unserem eigentlichen Thema zurück, zum schöpferischen Prozess. Derselbe Vorgang, der sich abspielt, wenn zum Beispiel Kinder malen, also im künstlerischen Bereich, läuft ebenso irrational bei intellektuellen Suchprozessen ab. Zum Beispiel, wenn Neurologen sich in einem biophysikalischen Forschungslabor mit dem Gedächtnisproblem beschäftigen und ihre Experimente machen. Auf der Abbildung oben rechts führen zwei Forscher des Münchner Max-Planck-Instituts für Psychiatrie gerade Versuche an lebenden Gehirnzellen einer Schnecke durch, um herauszufinden, unter welchen Bedingungen bestimmte Neuronenimpulse ausgesendet werden. Aber eben nicht nur in den Zellen, die untersucht werden, auch in den Gehirnen der Forscher selbst laufen ja in diesem Augenblick ähnliche Impulse und dynamische Prozesse ab. Und von Zeit zu Zeit entstehen daraus die besonderen Einfälle; hier zum Beispiel, woher es kommt, dass nach bestimmten Zellreizungen auf dem Bildschirm des angeschlossenen Oszillographen immer noch ein zweiter Zacken auftaucht. Plötzlich ist die Erklärung da. Wann und warum? Nicht vorauszusagen, denn wer weiß, was alles dabei mitspielt! Nur das Fachwissen des Forschers? Oder seine Gedankenverknüpfungen zum Tennisspielen? Oder weil er vorhin das Fenster schloss, ein Geräusch hörte, mal an gar nichts dachte? Wenn die holographieähnliche Speicherung die erste Voraussetzung für schöpferische Einfälle ist, dann ist es vielleicht nur die Vielzahl der Schwingungswechselwirkungen, die aus sich heraus fast automatisch ab und zu völlig neue Sinninhalte und damit eine schöpferische Idee erzeugen. Informationstheoretisch ist das durchaus möglich.[72] Neue Reaktionsmuster entstehen ja durch die synchrone Aktivität von Nervenzellen. Synchronisation bedeutet hier, dass sich Zellen zu einem Zweckverband gruppieren. Sie wecken dann Resonanz mit ähnlichen Mustern und lassen ein neues Bild im Gehirn entstehen. Diese Mikro-Kommunikation von Neuronen in einem Nervennetz beginnen die Neurophysiologen allerdings erst jetzt zu erforschen, so dass auf diesem Gebiet noch einiges Neues zu erwarten ist.

Die große Bedeutung der Bildung möglichst vieler Assoziationsmuster für die Gehirnleistung zeigt sich sogar schon bei Ratten, und zwar auch wieder am messbaren Experiment. Tiere, die in einer eintönigen Umgebung (einem flachen, undurchsichtigen Käfig ohne jedes Zubehör) aufwuchsen, entwickelten eindeutig kleinere Gehirne als Tiere, denen man in ihrem Käfig eine vielfältige Umwelt mit Leiterchen, Höhlen, mehreren Etagen und Gegenständen zum Spielen angeboten hatte. Die Versuche wurden mit ganz jungen Ratten durchgeführt, die einige Wochen in der jeweiligen Umgebung belassen wurden. Wie zu erwarten, war bei den Ratten in der abwechslungsreichen Umwelt die Zahl der Gehirnzellen gegenüber der Gruppe in einem monotonen Käfig nicht vermehrt. (Wir wissen ja, dass sich die Gehirnzellen schon kurze Zeit nach der Geburt nicht mehr teilen.) Das Gewicht der Hirnrinde dagegen war eindeutig größer geworden. Weiterhin hatte in der Hirnrinde der Gehalt an RNA stark zugenommen. Das war ein Hinweis auf eine Zunahme der biochemischen Aktivität der Nervenzellen und damit auch der Aktivität ihrer Fasern und Verknüpfungen, der Synapsen. Auch die weiße Gehirnmasse, die diese Fasern isoliert, war vermehrt (vergleiche die Grafik auf den folgenden Seiten).[73]

Aus all dem darf auch für den Menschen gefolgert werden: Je mehr Eindrücke wir speichern, desto eher melden sich Gedanken-

Gewicht der gesamten *Großhirnrinde* (zum Beispiel alle Denk- und Erinnerungsvorgänge, Wahrnehmungen)
Gewicht des *Hinterhauptteils* (Occipitalcortex) (zum Beispiel koordinierte Bewegung)
Gesamtmenge an *Eiweiß* (etwa Langzeit-Gedächtnis, Stoffwechsel)
Transmitterenzym (Cholinesterase) (beispielsweise für Impulsweiterleitung)
Stoffwechselenzym (Hexokinase) (zum Beispiel Kurzzeit-Gedächtnis, Stoffwechsel)
RNS (Kurzzeit-Gedächtnis, Stoffwechsel)
Weiße Substanz (Gliazellen) (beispielsweise Isolierung und Ernährung der Nervenzellen)
Größe der einzelnen *Zellkörper* (etwa allgemeiner Aktivitätszustand, Verknüpfungsmöglichkeiten)

verbindungen und desto größer ist die Chance, aus deren Wechselspiel heraus neue Ideen zu bilden. Wer also viel erlebt, dem wird mehr einfallen. Bei einem völlig isoliert gehaltenen Menschen dagegen kann sich im Gehirn nicht viel abspielen. Ein historisches Beispiel hierfür wäre Kaspar Hauser, der, vermutlich aus politischen Gründen von frühester Kindheit an versteckt gehalten, völlig ohne Kontakt zur Außenwelt aufwuchs.

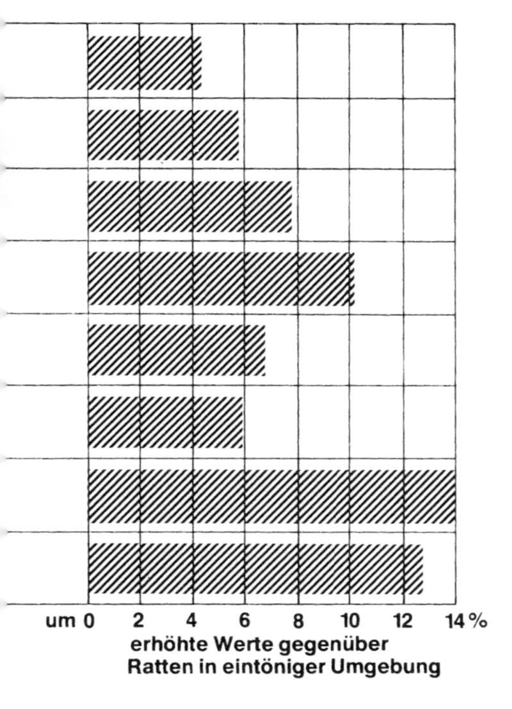

Der kalifornische Wissenschaftler Rosenzweig stellte aufsehenerregende Unterschiede fest zwischen Ratten, die in abwechslungsreicher Umgebung aufgewachsen waren, und solchen Tieren, die nur einen monotonen Käfig kannten. Die Tiere lebten jeweils achtzig Tage in der entsprechenden Umwelt und wurden dann getötet. Die Gehirne wurden extrahiert und auf verschiedene Werte untersucht. Die wichtigsten Ergebnisse sind in der Tabelle festgehalten. Die waagrechten Balken zeigen die prozentualen Abweichungen bei Ratten aus der erlebnisreichen Umgebung gegenüber in eintönigen Käfigen aufgezogenen Tieren. Zum besseren Verständnis sind in Klammern einige der entsprechenden Gehirnfunktionen angegeben.

Schöpferische Teamarbeit

Nun gibt es schöpferische Prozesse, bei denen nicht nur die Wechselwirkung innerhalb des Gehirns zwischen den diffus verteilten Informationsbildern eine Rolle spielt und auch nicht nur die Wechselwirkung des Gehirns mit dem übrigen Organismus, wie wir das bei der hormonellen Stimulation oder bei der Motivation des Lernens finden, sondern auch die Wechselwirkung zwischen mehreren Hirnen, das heißt in der Teamarbeit. Aus der Sicht unserer biologischen Überlegungen ist daher auch das Zusammenspiel etwa einer

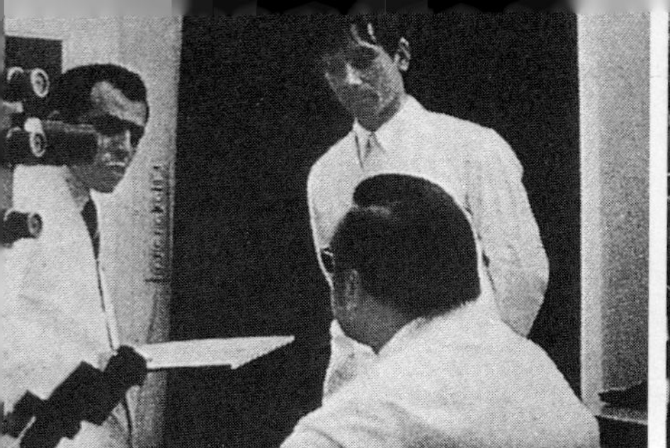

Schöpferische Teamarbeit
Beim Einzelnen entstehen Ideen und Einfälle durch die vielfache Überlagerung der Assoziationsnetze seines Gehirns. Im Team – sei es bei Forschern oder bei einer Popgruppe – bilden sich Ideen aus der Überlagerung der Assoziationsnetze verschiedener Gehirne – Ideen, auf die ein Einzelner vielleicht nie kommen, Projekte, die einer allein nie durchführen würde.

Jazzband letzten Endes nichts anderes als der Zusammenklang von unzähligen Assoziationsmustern, von deren Wechselwirkungen, Resonanzen, Überlagerungen, die eben etwas völlig anderes entstehen lassen, als es auch der begabteste Einzelne hervorbringen könnte. In einem echten Team inspiriert man sich nicht nur, man korrigiert sich gegenseitig auch, um Schwächen zu überwinden. Man diskutiert, um letztlich das Bestmögliche zu erreichen.

Das gilt für uns alle. Der Mensch – und das heißt hier: seine Gehirnfunktion – findet in der Wechselwirkung mit anderen ganz neue Möglichkeiten, die dem Isoliertbleibenden, dem Einzelgänger verschlossen sind. Wie zwingend notwendig Teamarbeit geworden ist, zeigt sich vor allem in der Forschung. Eine komplizierte spezielle Diagnose, die Hirnschädigung eines Kindes beispielsweise, ist ohne Abstimmung unterschiedlicher Fachbereiche überhaupt nicht mehr möglich. Teamarbeit zeigt also den Trend zu sinnvoller organischer Zusammenarbeit. So wie die vielen Zellen eines Gehirns in ihrer Wechselwirkung höher organisiertes Leben, ja Bewusstsein ermöglichen, so kann eine Vielzahl von Gehirnen die Begrenzung des Einzelhirns aufheben und Aufgaben bewältigen, die der einzelne Geist nie lösen könnte.[74]

Hier, bei den Fragen der Zusammenarbeit, der Teamarbeit, wollen wir unsere Kreuzfahrt durch das menschliche Gehirn zunächst beenden. Alles, was wir gesehen haben, auch die im Fluss befindlichen Erkenntnisse, zeigen eines ganz deutlich: Hier öffnet sich ein Geschehen, eine faszinierende Welt, die wir noch viel zu wenig kennen, die aber ungeheuer viel geben kann. Schon aus den paar Fragen, die wir hier angesprochen haben, könnten sich wichtige, deutliche Hilfen für viele Lebensgebiete ergeben, vor allem im Bereich der Schule. Ein zukünftiger Unterricht, der die Wechselwirkungen mit den Hormonen oder das Abrufen von Erinnerungen aus dem Kurzzeit-Gedächtnis mit einbezieht, der die »Vielkanalspeicherung« beim Einstieg in ein neues Gebiet ebenso berücksichtigt wie die Schaffung von Assoziationsmustern für die Speicherung von Einzelheiten und der nicht zuletzt geeignete Emotionen wie Faszination, Lust, Neugierde, Begeisterung für die Verankerung und Verarbeitung des Stoffes einsetzt – ein solcher Unterricht wird nicht mehr zu einem Schwimmen gegen den Strom werden, wie das heute noch so häufig der Fall ist. Solche Hilfen können wir jetzt erforschen und ausarbeiten. Hilfen, die wir bitter nötig haben. Denn statt die Denkfähigkeit unseres Gehirns, also das *Umgehen* mit dem Stoff, zu entwickeln, wird dieses Gehirn in unseren Schulen und Universitäten immer noch herabgewürdigt zu einem – sogar noch falsch bedienten – Stoff*speicher*, ungeübt im Umgang mit komplexen Problemen. Durch die Konzentration auf die »Klassifizierungs-Information«[75], also das Einordnen von isolierten Fakten, wird das Gehirn für wichtige andere Funktionen blockiert, es wird gestört, unnötig belastet, mit falschen Impulsen versorgt. In diesen Problemen liegt die eigentliche Bildungsmisere. Sie wird verstärkt durch die mangelhafte naturwissenschaftlich-technische Bildung, die schulische Verwaltungsstruktur und die Einwirkung oft unqualifizierter Politiker und ihrer tradierten Beraterstäbe. Wir werden einen Riesenschritt weiterkommen, wenn wir darauf dringen, unser Bildungsproblem endlich auf eine neue Stufe zu stellen, das heißt Denken und Lernen zu verstehen und damit zu »befreien«. Dieses Problem wollen wir im vierten Teil unseres Buches angehen und aus dem bisher Gesagten die wichtigsten Konsequenzen für das Lernen, für das Unterrichten und für den Einsatz der Lehrmittel ziehen.

IV Die Katastrophe der schulischen Praxis Die unbiologische Lernstrategie von Psychologie und Pädagogik

Einführung

Erinnern wir uns: Der Mathematiklehrer steht vor der Klasse. Er möchte gleich zu Anfang der Stunde gerne wiederholen, was gestern dran war. Man hatte über den Flächeninhalt des Quadrats gesprochen. Es geht schon gegen Mittag. Die Schüler sind unaufmerksam. Marlene flüstert mit ihrer Nachbarin über ein Problem der Hausaufgaben. Der Lehrer: »Wie viel ist 17 zum Quadrat?« Er sieht Marlene im Gespräch vertieft. »Marlene«? Bei ihr schlägt es ein wie der Blitz. Sie schrickt zusammen, fährt hoch, steht zögernd auf, verdattert, weiß nicht, worum es geht. Der Lehrer spricht auf sie ein: »Wir haben doch die Quadratzahlen aufgehabt – da gab es eine ganz einfache Regel ...«

Längst hat der Stressmechanismus eingesetzt, das Wechselspiel der äußeren Wahrnehmung mit Gehirn- und Hormonreaktion begonnen. Der Sympathikusnerv erhielt kräftige Impulse über den Hypothalamus im Zwischenhirn. Adrenalin und Noradrenalin werden aus der Nebenniere ausgeschüttet. Die Blutgefäße verengen sich, das Herz schlägt schneller und stärker, der Blutdruck steigt, es hämmert in ihrem Kopf. Wieder die Stimme des Lehrers: »17 zum Quadrat«. Marlene überlegt nervös – aber nichts meldet sich. Keine Erinnerungsbahn läuft mehr ihren gewohnten Weg. Längst sind in ihrem Gehirn die richtigen Gedankenassoziationen verbaut: Synapsenstörung als Folge der Transmitterhemmung – Denkblockade. Doch das, worauf ihr Organismus hier eigentlich vorbereitet wurde, nämlich wegspringen, schreien, das passiert nicht. Allenfalls weinen – bei kleineren Schulkindern.

Jetzt, nachdem wir einige biologische Vorgänge in unserem Gehirn und Körper kennen gelernt haben, die unser Denken begleiten, sehen wir diese Situation, mit der sich sicher jeder von uns aus seiner eigenen Schulzeit identifizieren kann, auf einmal von einer ganz neuen Seite. Wir haben es hier mit einem Grundphänomen zu tun, das sich natürlich, wie wir noch sehen werden, ganz ähnlich auch bei anderen Stressoren äußern kann, etwa bei Lärm, optischer Überreizung, Misserfolg, Enttäuschung, Aggression oder Befremden. Ein Grundphänomen von vielen, die wir näher erforschen sollten, wenn wir die geistige Tätigkeit des Menschen zu seinem Wohl und nicht zu seinem Schaden schulen wollen.[76]

Natürlich geht es nicht darum, grundsätzlich *allen* Stress zu vermeiden. So sollte man zum Beispiel auch die Bewältigung einer Stresssituation erlernen. Aber dann sollte dies auch bewusst und gezielt als solches in die Bewertung eingehen. Ein Lernvorgang selbst – anders als das Abfragen und Anwenden des Gelernten – sollte jedoch grundsätzlich stressfrei sein, da er nur dann ein Ergebnis zeigt.

Nachdem wir nun – wenn auch bruchstückhaft – einige wichtige Erkenntnisse über typische Erscheinungen des Vergessens, des Behaltens, des Erinnerns oder, wie soeben noch einmal vor Augen geführt, der Denkblockaden vorliegen haben, wollen wir im letzten Teil unserer Kreuzfahrt noch einen Schritt weiter in die Praxis gehen. Wir wollen solche Grundphänomene nicht nur zu erklären, zu interpretieren versuchen, sondern einmal sehen, was wir mit dieser ersten Interpretation für uns selbst schon anfangen können. Vor allem aber, was wir daraus für eine biologisch sinnvolle Schule lernen können, für eine Schule, die nicht *gegen* den menschlichen Organismus, sondern *mit* ihm arbeitet.

Unsere wesentlichste Erkenntnis ist, dass kein Gefühl, kein Gedanke für sich allein existiert, sondern immer von biologischen Vorgängen in unseren Körperzellen begleitet ist. Jeder Versuch, geistige Prozesse von biologischen Prozessen abzutrennen, führt daher zu reinen Spekulationen, die der Natur der Sache widersprechen und deshalb in Verkrampfung enden müssen. Jeder Versuch, den Geist isoliert zu betrachten, befreit ihn also nicht etwa, sondern verstümmelt ihn, weil man damit seine lebendige Grundlage verleugnet und ihm so seine eigentlichen Entfaltungsmöglichkeiten entzieht.

Das Netzwerk vom Lernen

Wir werden uns jetzt ansehen, was wir in diesem Sinne besser machen können. Bisher hat man das gewöhnlich so gemacht, dass man einzelne Lernprobleme, wie Aufmerksamkeit, Erinnern, Assoziationen, Kurzzeit-Gedächtnis, Eingangskanäle, Motivation, Erfolgserlebnis, Information und viele andere, ungeordnet nebeneinander gestellt und so jedes für sich untersucht und bearbeitet hat, wobei die eine pädagogische Richtung auf der Motivation herumreitet, die andere vielleicht auf den Assoziationen und eine dritte das Heil in der Information, im Stoff selbst, etwa in der Mengenlehre, sucht.

Doch niemand scheint sich bislang darum zu kümmern, ob das Gehirn auch wirklich mitmacht – und wenn, *wie* es mitmacht, ja, was überhaupt in diesem Instrument, welches das alles ausführen soll, biologisch vor sich geht und möglich ist. Deshalb wollen, ja müssen wir die bisherige Betrachtungsweise über Bord werfen und das ganze Tohuwabohu erst einmal so ordnen, wie es in der Realität, nämlich in unserem Organismus, vorliegt, und die einzelnen Bezeichnungen und Begriffe so miteinander verbinden, dass ein Netzwerk entsteht. Ein Netzwerk des Lernens, das auf der begrifflichen Ebene die Verflechtung all der Phänomene zeigt, die mit unserer Gehirnaktivität verknüpft sind.

Wenn wir auf diese Weise im letzten Teil des Buches zwischen den oben genannten Dingen die realen Beziehungen aufbauen, so werden wir auch nach und nach sehen, was alles untereinander – und gegeneinander – beim Lernen und Lehren verflochten ist. Was beim Herstellen von Schulbüchern und Schulfilmen, beim Unterricht, beim Einarbeiten in ein neues Gebiet, beim Umschulen in einen anderen Beruf, in einen neuen Aufgabenbereich beachtet werden muss – und natürlich auch, was man dabei alles falsch machen kann.

Beginnen wir, das Netzwerk Schritt für Schritt aufzubauen. Wenn wir noch einmal zurückdenken an das, was wir über die Ausbildung der Grundmuster in den ersten Lebenswochen gesagt haben (wir erinnern uns, was alles wichtig war: Lichtmuster, Raum-

Ein Wirrwarr von Begriffen. Einen Punkt allein zu untersuchen ist Unsinn. Denn all diese Dinge stehen im Gehirn in konkreten Wechselbeziehungen. Erst aus ihrem Verständnis heraus kann man Vorschläge für ein biologisch sinnvolles Lernen entwickeln – und für eine Schule, die nicht gegen den Menschen, sondern mit ihm arbeitet.

geräusche, Stimme der Mutter, die Farbe des Raumes, die Stäbe des Bettchens, Wäschegeruch, Kunstlicht oder Sonnenlicht, Hautkontakt mit der Mutter, Einsamkeit oder Nähe von Menschen, Bewegungen), wenn wir alles noch einmal überdenken, dann ergibt sich für das Lernen und Denken allein schon hieraus eine Reihe von Konsequenzen. Wir wissen ja, dass unser durch die ersten Eindrücke geprägtes Grundgerüst aus anatomischen Verfaserungen besteht, wie sie sich zwischen den noch wachsenden Gehirnzellen ausgebildet haben. Ein Zellgefüge also, das sich – und das ist eine große Ausnahme unter den Lebenserscheinungen – ganz unter dem Eindruck von äußeren Wahrnehmungen gebildet hat. Damit gelang der Natur das Kunststück, ein erstes kodifiziertes Abbild der äußeren Umwelt ohne unser Zutun im Gehirn aufzubauen. Ein Grundmuster, ohne das wir mit unserer Umwelt wahrscheinlich nie in Kontakt treten könnten. Nur ein kleiner Teil dieses Grundmusters ist vererbt, liegt schon bei der Geburt vor.

Blättern wir noch einmal auf S. 40/41 zurück, und schauen wir uns die mikroskopischen Aufnahmen aus den Gehirnschnitten eines Neugeborenen, eines Säuglings und eines Kleinkindes an, von denen der Amerikaner Conel im Laufe von Jahren viele Tausende untersucht hat: Aus den zunächst spärlichen Vernetzungen hat sich schon bei einem drei Monate alten Säugling unter dem Einfluss der Umwelt, der ersten Wahrnehmungen also, ein deutliches Muster ausgebildet, wobei die Verknüpfungen natürlich von Kind zu Kind verschieden sind. Diese Verknüpfungen *müssen* verschieden sein, weil sich auch die ersten Eindrücke von Kind zu Kind unterscheiden.

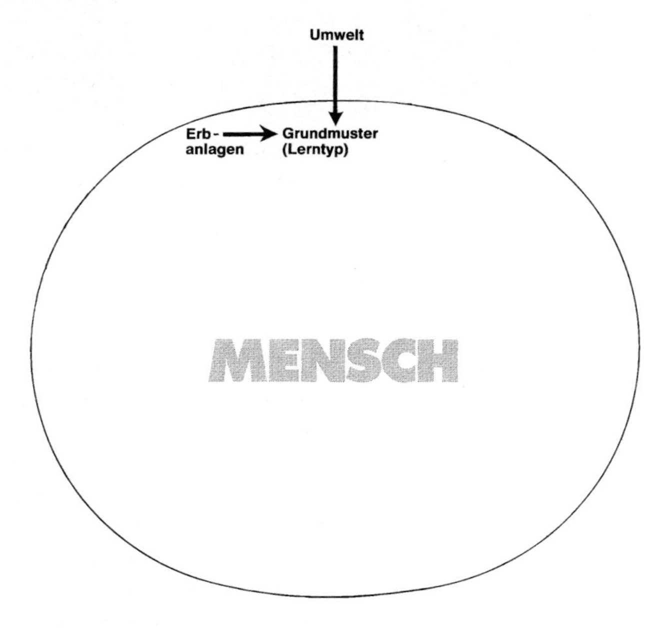

Doch damit ist der Prozess im Großen und Ganzen abgeschlossen. Denn selbst Jahre danach sind kaum noch neue Verbindungen hinzugekommen. In der Tat wachsen und teilen sich die Gehirnzellen wie alle Nervenzellen ja später nicht mehr. Ein deutlicher

Beweis dafür, dass die entscheidende Prägung der »Hardware« tatsächlich in den ersten Monaten erfolgt. Doch damit sind tatsächlich auch bereits in unseren Denkvorgängen und sogar auch im Verhalten bestimmte Bahnen für immer festgelegt. Erinnern wir uns noch mal an den Versuch mit den »waagrechten« und »senkrechten« Kätzchen, die später gegenüber einer umgekehrten Raumgeometrie völlig »blind« waren und ohne Orientierung herumtorkelten (s. S. 42). Führte man den gleichen Versuch an älteren Tieren, also *nach* Ausbildung des Grundmusters, durch, so war das Ergebnis ein ganz anderes: In diesem Fall verhielten sich die Tiere, wenn sie die Räume gewechselt hatten, nach kurzer Eingewöhnungszeit wieder völlig normal. Die Umgebung hatte also keinen Einfluss, zumindest keinen beobachtbaren mehr auf die Struktur des Gehirns. Spätere Informationen werden also nicht mehr anatomisch verdrahtet, sondern auf andere Weise, nämlich, wie wir nun wissen, in Form kodifizierter Eiweißmoleküle in das nun kaum noch veränderliche Grundmuster eingespeichert. Je nach Grundmuster sind also die Eingangskanäle wie Sehen, Hören, Fühlen und alle damit zusammenhängenden Empfindungen recht verschieden ausgebildet und beispielsweise die Nervenleitungen von den optischen Eingangskanälen zum Gedächtnis in der grauen Hirnrinde und weiter zu den Schaltzentralen für die Gefühle und andere Körperfunktionen, etwa im limbischen System, gänzlich anders verknüpft.[77]

Diese Verschiedenheit scheint auch einen großen Einfluss auf das Verhalten in den zwischenmenschlichen Beziehungen zu haben. So ließe sich erklären, dass sich zwischen bestimmten Partnern, also zwischen zwei Grundmustern, ganz verschiedene Übereinstimmungsmöglichkeiten ergeben. Manche können ihre Informationen, Eindrücke und Empfindungen direkt austauschen, liegen also auf der gleichen Wellenlänge, andere haben zunächst, etwa wie Menschen, die zwei verschiedene Sprachen sprechen, keine Verständigungsmöglichkeit und müssen diese erst über verschiedene Brücken und Übersetzungen herstellen. Da unsere Sprache auf Symbolen aufgebaut ist, die ja nicht die Wirklichkeit sind, sondern sich im Gehirn wie Landkarten zu einem Gelände verhalten, ist es bei verschiedenen Grundmustern durchaus möglich, dass mit den gleichen Symbolen und von dem gleichen Gelände ganz verschiedene Landkarten angefertigt werden. Daraus resultieren dann Handlungen und Meinungen, die oft so verschieden, ja so konträr scheinen, dass sie den Partnern unverständlich bleiben, gegenseitig auf totale Ablehnung stoßen, ja zum Bruch der Beziehungen führen können. Erst wenn wir etwas Einblick in die Grundstruktur des anderen genommen haben – und das ist nur möglich, wenn wir *seine* Landkarten studieren –, erst dann werden wir mit ihm fruchtbar kommunizieren können, seine Äußerungen richtig einordnen und auf sie richtig reagieren können.[78]

So mögen die ersten Verdrahtungen unserer Neuronenverbindungen im Gehirn also auch mitbestimmen, mit welchen anderen Grundmustern – sei es ein Ehepartner oder ein Lehrer, eine bestimmte Umgebung oder ein Buch – wir später am besten kommunizieren. Da aber die Grundmuster auch gleichzeitig die *Eingangskanäle* unserer sinnlichen Wahrnehmungen betreffen und diese bei sonst gleichem Grundmuster wiederum von Mensch zu

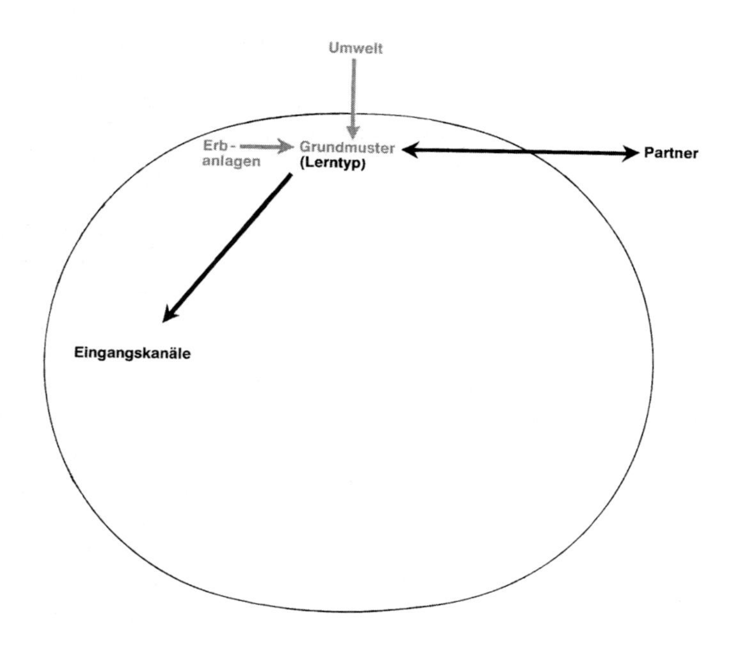

Mensch sehr verschieden und in spezieller Weise ausgeprägt sein können, ergibt sich eine weitaus größere Vielfalt, etwa in den Aufnahmemöglichkeiten eines Lernstoffs, als wir dies lediglich nach der unterschiedlichen Resonanz unserer Sinnesempfindungen vermuten können. Im ersten Teil dieses Buches wurde an einem eklatanten Beispiel erläutert, wie vier Schülertypen ein und denselben Lernstoff, und zwar das physikalische Gesetz »Druck gleich Kraft durch Fläche«, auf vier verschiedene Arten gelernt haben. Wir erinnern uns: Der eine suchte das Verstehen im Gespräch. Er unterhielt sich mit seinem Mitschüler über das, was ihm noch nicht klar war, ließ es sich zeigen, hörte ihm zu. Der zweite durch Beobachtung eines Experiments, also optisch-visuell. Der dritte prägte sich das Gesetz am besten durch Anfassen und Fühlen ein, also haptisch. Und der vierte anhand von Begriffen und Formeln, sozusagen verbal-abstrakt. Der Inhalt der Erklärung war trotz der verschiedenen Eingangskanäle immer gleich: große Fläche – kleiner Druck, kleine Fläche – großer Druck.

Daraus könnte man nun schließen, dass es vielleicht vier oder fünf große Lerngruppen von Menschen gibt: den visuellen Sehtyp, den auditiven Hörtyp, den haptischen Fühltyp, vielleicht noch den verbalen Typ und den Gesprächstyp. Sozusagen die wichtigsten Lerntypen, auf die ein Lehrer in seiner Klasse grundsätzlich eingehen und seinen Unterricht entsprechend einrichten sollte.

Eine große Fragebogenaktion bei Studenten wie auch bei Schülern mit vielen hundert Personen zeigte nun etwas, was wir überhaupt nicht erwartet hatten. Nämlich, dass es in einer Vorlesung mit hundert Studenten oder in einer Klasse mit dreißig Schülern – auch zur Überraschung der Lehrer – beinahe ebenso viele Lerntypen gibt. Zwar waren die einzelnen Eingangskanäle tatsächlich, wie vermutet, unterschiedlich ausgebildet und somit auch zum Lernen unterschiedlich geeignet. Doch diese mehr an der Oberfläche liegenden Unterschiede stehen mit so vielen anderen Faktoren in Wechselwirkung, die sowohl vom Lernstoff, von der Umgebung, von den individuellen Assoziationen, Gefühlen und Gewohnheiten als auch von der so unterschiedlichen Reaktion des vegetativen Systems mit den damit gekoppelten hormonellen und Stoffwechselfunktionen ausgehen, dass es für einen Lehrer oder

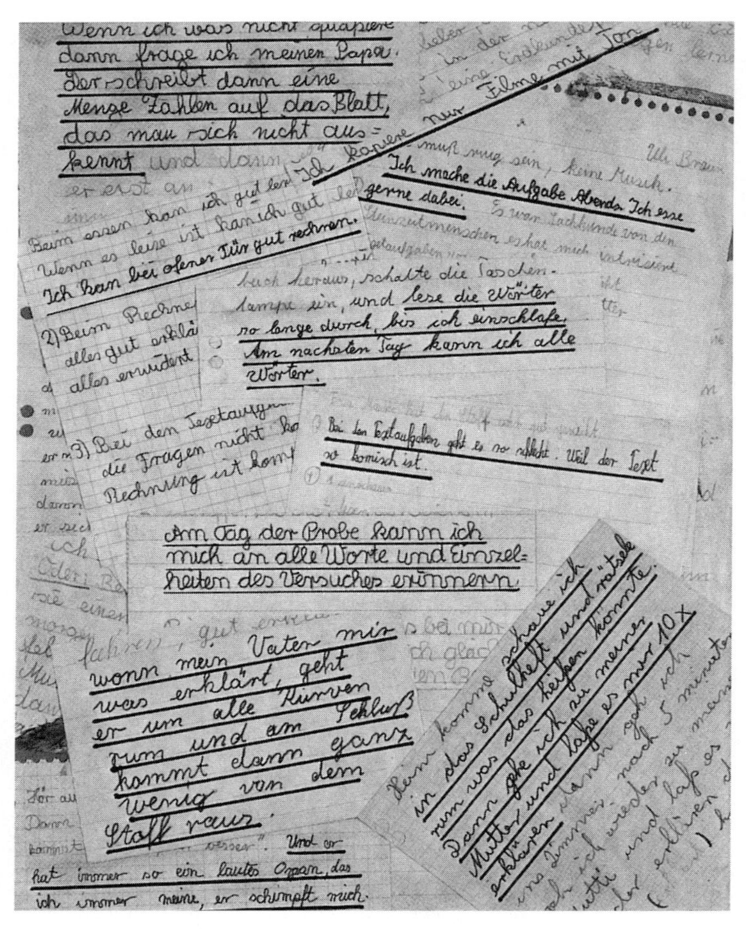

Originalauszüge aus der Befragung einer 4. Hauptschulklasse zum Thema: »Wie kann ich am besten lernen?« Die große Anzahl von Lerntypen ist an den von Schüler zu Schüler völlig unterschiedlichen Lerngepflogenheiten deutlich abzulesen.

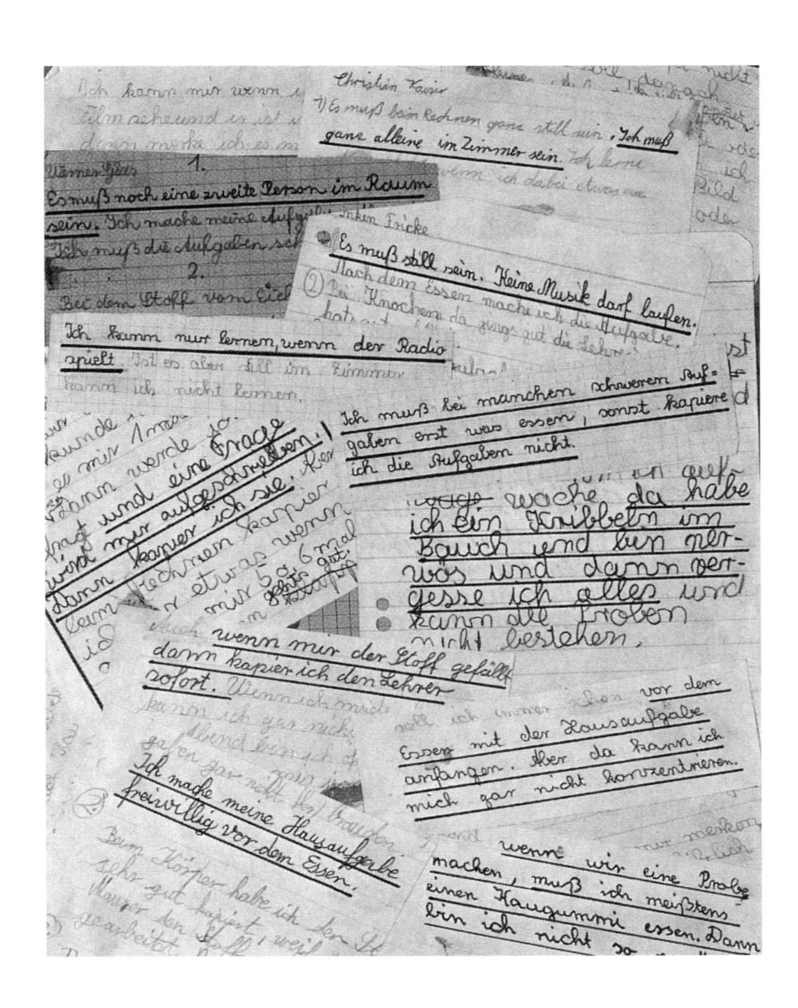
1) Es muß beim Rechnen ganz still sein, Ich muß ganz alleine im Zimmer sein.
Es muß noch eine zweite Person im Raum sein.
Es muß still sein. Keine Musik darf laufen.
Nach dem Essen mache ich die Aufgabe.
Ich kann nur lernen, wenn der Radio spielt. Ist es aber still im Zimmer kann ich nicht lernen.
Ich muß bei manchen schweren Aufgaben erst was essen, sonst kapiere ich die Aufgaben nicht.
wache da habe ich ein Kribbeln im Bauch und bin nervös und dann vergesse ich alles und kann die Proben nicht bestehen.
wenn mir der Stoff gefällt dann kapier ich den Lehrer sofort.
vor dem Essen mit der Hausaufgabe anfangen. Aber da kann ich mich gar nicht konzentrieren.
Ich mache meine Hausaufgabe freiwillig vor dem Essen.
wenn wir eine Probe machen, muß ich meißtens einen Kaugummi essen. Dann bin ich nicht

auch einen Schulbuchautor unmöglich wäre, auf jeden Lerntyp einzugehen.

Die Fragen, die wir den Schülern und Studenten stellten, finden sich im Anhang ab S. 201. Da wir nicht nach etwas Angelerntem, nach einem vorhandenen Wissen fragten, sondern nach tiefer liegenden, individuellen Erfahrungen des Einzelnen, wurden die Fragebögen mit großer Begeisterung ausgefüllt. Vielleicht auch deshalb, weil man vorher an solche persönliche Probleme – obwohl sie jeder mit sich herumträgt – kaum je bewusst gerührt hatte. Dementsprechend spontan kamen auch die einzelnen Aussagen über die Lerngepflogenheiten. Die oft geradezu gegensätzlichen Lernbedingungen zum Beispiel bei einer Gruppe von zehn- bis elfjährigen Schülern waren:

- Ich muss bei schweren Aufgaben erst was essen, sonst kapier' ich sie nicht.
- Ich mache meine Aufgaben freiwillig vor dem Essen.
- Ich mache die Aufgabe abends. Ich esse gern dabei.
- Ich kann bei offener Tür gut rechnen.
- Ich muss ganz allein im Zimmer sein.
- Es muss noch eine zweite Person im Raum sein.
- Es muss still sein. Keine Musik darf laufen.
- Ich kann nur lernen, wenn das Radio spielt.
- Wenn mir der Stoff gefällt, dann kapiere ich den Lehrer sofort.
- Bei den Textaufgaben geht es so schlecht. Weil der Text so komisch ist.

Und so fort. In der Tat ergaben sich so in einer einzigen Klasse allein schon von den Lerngepflogenheiten her zwanzig verschiedene Lerntypen mit jeweils eigener Kennlinie. Denn schon wenige Faktoren ergeben ja eine große Anzahl von Kombinationsmöglichkeiten. Es wäre hilfreich, einmal den aufwändigen Versuch durchzuziehen, die sicher vorhandene Beziehung dieser Gepflogenheiten zum Grundmuster der ersten Lebensmonate aufzustellen. Wie wir sahen, sind diese Gepflogenheiten ja selbst in einer Bevölkerungsgruppe aus dem gleichen Lebensbereich schon äußerst verschieden.

Nun wird man sagen, dass man mit all dem – auf Grund der überraschend großen Zahl grundverschiedener Lerntypen – für den Unterricht wohl kaum etwas anfangen kann. (Wie gesagt, es wird für einen Lehrer unmöglich sein, jeden Typ zu berücksichtigen.) Das Gegenteil ist jedoch der Fall. Für jeden, der in irgendeiner Form unterrichtet, ist schon das bloße Wissen um diese Vielfalt von größter Wichtigkeit – auch wenn er selbst als Lehrer im Unterricht, als Professor in seiner Vorlesung, als Sprachlehrer in der Volkshochschule oder als Werkmeister in der Berufsausbildung glatt überfordert wäre, wollte er gleichzeitig jeden einzelnen Lerntyp optimal ansprechen. Schon im Bewusstsein, dass es nicht *den* Schüler gibt, ja nicht einmal den guten oder den schlechten Schüler, wird er viele »Fehlleistungen«, aber auch viele »Glanzleistungen« als Resultat zufällig falscher oder richtiger Ansprache des Lerntyps verstehen und nicht ausschließlich als Ausdruck der Dummheit, Faulheit, Intelligenz, des Fleißes oder des Interesses eines Schülers. Darüber hinaus wird man den Lehrern jedoch durchaus allgemeine Hilfen und Rezepte geben können, mit denen sie nicht sich selbst, sondern die Schüler so früh wie möglich anleiten sollten, ihren eigenen individuellen Lerntyp herauszufinden. Kurz, wir müssen das ganze Problem – wenn schon der Lehrer als aktiver Faktor ausscheidet – auf den Schüler abwälzen.

Doch gerade dies, so stellte sich bei unseren bisherigen Versuchen heraus, ist sogar besonders günstig für den Schüler. Denn so lernt er rasch, jeder für sich, das Beste aus jedem Unterricht zu machen. Das Lernen wird auf einmal für ihn interessant, es wird seine ureigenste Sache. Je mehr er darüber herausfindet, wie er am besten Latein lernt, Biologie oder Mathematik, desto mehr wird er von sich selbst verstehen – auch wenn es nur darum geht, ob er etwa im Unterricht sich besser Notizen macht oder sich nachher mit seinem Freund über den Stoff unterhält, ob er laut liest oder mit dem Finger die Zeile entlangfährt. In jedem Fall wird er merken, dass nicht nur er, sondern jeder seiner Mitschüler *anders* als der andere lernt und dass der Lerntyp sowohl unabhängig vom Stoff ist – wer hat nicht schon erfahren, dass er in ein und demselben Fach je nach Lehrer oder Schule gut oder schlecht sein kann – als auch vom Intelligenzgrad, das heißt von der Fähigkeit, Zusammenhänge zu erkennen, Analogieschlüsse zu ziehen, Gelerntes zu kombinieren und sinnvoll zu verarbeiten.

Wenn wir nun ein solches Arbeiten gemäß unserem eigenen

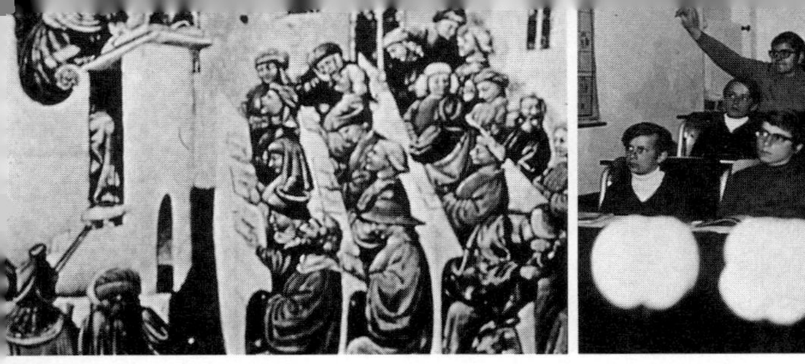

Durch die historische Entwicklung bedingt, haben sich in unseren Schulen bis heute sowohl die typische Sitzordnung als auch im Vortrag des Lehrers die gleiche verbal-abstrakte »Predigt« erhalten, wie sie in den Klosterschulen des Mittelalters üblich waren.

Grundmuster mit unserem eigenen Lerntyp verwirklichen wollen, so müssen wir wissen, dass bei unserem klassischen Schultyp auch heute noch das Verbale, das Wort und damit ganz bestimmte Eingangskanäle, Symbolassoziationen und Kodifizierungen ungemein bevorzugt werden – unter sträflicher Vernachlässigung ganzer Gehirnpartien, die für das Lernen eingesetzt werden *könnten,* sich jedoch daran nicht beteiligen. Das Ganze ist ein eklatantes Beispiel für die ungeheure Zähigkeit, mit der sich längst sinnlos gewordene Traditionen von Generation zu Generation fortpflanzen. Die Wurzel für diese Unterrichtsmethode liegt tief im Mittelalter, in der Klosterschule, in der Predigt mit ihrer Sitzordnung, in einer körperfeindlichen Grundeinstellung, die den Geist vom Fleisch getrennt sah, obwohl doch kein einziger Gedanke ohne die Tätigkeit von Körperzellen zustande kommt. Hier liegt auch der Ursprung der rein akademischen Begriffswelt, jener abstrakten Gedankengebäude, die künstlichen Systemen entsprechen, aber nicht der Wirklichkeit.[79]

Statt nur mit Begriffen von Dingen sollten wir auch mit den Dingen selbst arbeiten, mit ihren Wechselwirkungen, mit ihrer Beziehung zur Umwelt. Und sofort würden auch die Begriffe sich im Gehirn nicht nur spärlich, sondern *vielfach* verankern können. Sie würden den visuellen, den haptischen, den gefühlsmäßigen und den auditiven Kanal in gleicher Weise nutzen und dadurch viel stärkere Assoziationsmöglichkeiten bieten als bei einem realitätsfremden Eintrichtern.

Fragt man ein kleines Kind zum Beispiel: »Weißt du, was ein Stuhl ist?«, dann wird es sehr wahrscheinlich noch sagen: »Ein Stuhl ist, wenn man sich draufsetzen kann.« Der Stuhl steht noch in Verbindung mit der Umwelt, mit Bewegungen, mit einer Tätigkeit, mit einer Möglichkeit (man *kann* sich draufsetzen, braucht aber nicht), kurz, er wird *operational* beschrieben. Sobald das Kind in die Schule kommt, beginnt ein grauenhafter geistiger Verarmungsprozess. Ein Stuhl ist auf einmal nicht mehr etwas, worauf man sich setzen kann, sondern der Lehrer wird verbessern: »Ein Stuhl ist ein Möbelstück.« Der Stuhl wird damit zum bloßen Begriff. Die Einteilung nach Klasse und Merkmal beginnt. Begriffe lösen sich von ihrer Umwelt, von ihrer Aufgabe, werden in ein totes System gepresst, in eine Systemtheorie. Doch dies hat kaum jemandem je etwas für den späteren Umgang genutzt, sondern ist im Gegenteil für viele Missverständnisse und Dummheiten in unserer Welt verantwortlich. So ist das heutige Unterrichtssystem im Prinzip immer noch wie auf eine ganz eigenartige, wirklich-

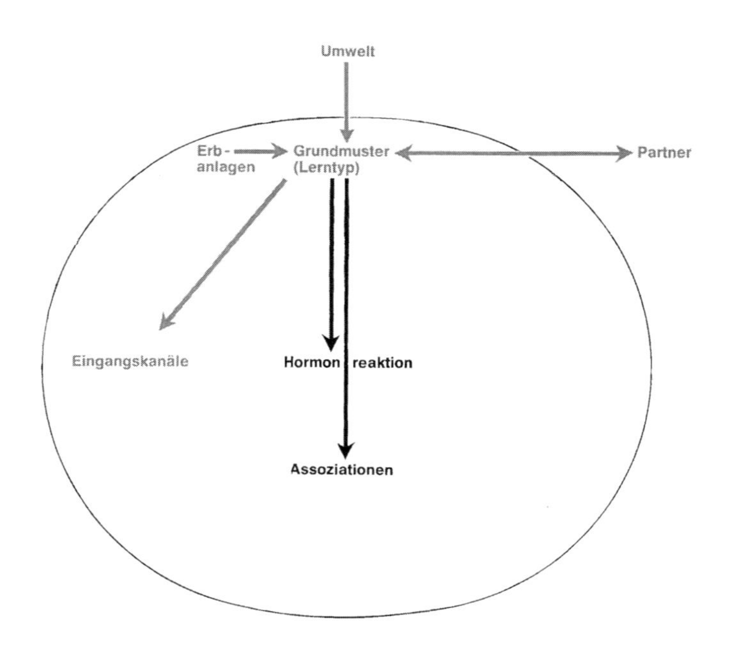

keitsfremde Spezialkombination von Grundmustern, auf einen ganz speziellen Lerntyp – einen unter vielen hundert – zurechtgeschnitten. Und deshalb wird auch nur dieser ganz spezielle Lerntyp optimal mit diesem Unterrichtssystem fertig.[80]

Nehmen wir nur eine der typisch verklausulierten Erklärungen eines Deutschlehrers über den Gebrauch und die grammatikalischen Regeln der indirekten Rede, wie wir sie auf einem Tonband mitgeschnitten haben: »... und zwar im Präsens beziehungsweise Perfekt, da ja der Konjunktiv Perfekt mit den Hilfszeitwörtern *sein* und *haben* im Imperfekt gebildet wird, ganz gleich, ob diese indirekte Rede im Präsens oder im Präteritum steht – also, bei der Anwendung des Modus in der deutschen indirekten Rede gibt es als Grundregel: Es steht immer der Konjunktiv Präsens, ganz gleich, ob ...« Es dürfte kein Zweifel bestehen, dass die Mehrheit aller Schüler ein ganz anderes Unterrichtssystem braucht. Alle aufgeschlossenen Lehrer wissen das auch längst.

Und das betrifft nicht nur die Unterrichtsweise des Lehrers. Ebenso verklausuliert, abstoßend, verworren oder abstrakt sind auch viele Begleitinformationen, die der Schüler mit aufnimmt. Die Atmosphäre im Klassenzimmer, die Sitzordnung, das Verhältnis zwischen Lehrer und Schülern (das ebenso wie dasjenige zwischen den Schülern untereinander nach Regeln abläuft, die die Lernfreude töten können) und vieles andere, was gar nicht mit dem intellektuellen Vorgang direkt, sondern indirekt, über die Gefühlswelt, zu tun hat. Gerade diese indirekten Mechanismen über die Gefühlswelt sind durchaus nicht Produkt der Einbildung des Einzelnen, sondern, das sahen wir schon bei den Denkblockaden, durchaus physiologisch messbare Faktoren. Wir wissen ja, dass Gefühle Wahrnehmungen sind, die über das Zwischenhirn mit den *Hormonreaktionen* in unserem Körper zusammenhängen. Und schauen wir auf unser allmählich entstehendes Netzwerk, so finden wir, dass diese von Mensch zu Mensch verschiedenen Hormonreaktionen ebenfalls durch das Grundmuster vorgeprägt sind. Das Gleiche gilt für die Anlage der individuellen *Assoziationswelt.*

Die Hauptforderung muss also lauten: Wenn schon nicht auf alle Lerntypen eingegangen werden kann, so muss ein wirksames Schulsystem zumindest die Entfaltung all der unterschiedlichen

Ein wirksames Schulsystem muss, da es nicht auf alle Lerntypen eingehen kann, zumindest die Entfaltung aller Lerntypen gleich gut erlauben:

den lesenden Einzelgänger ebenso wie den lehrerfixierten »Mitarbeiter«,

den diskutierenden Gesprächstyp ebenso wie den gespannt Zuhörenden,

den durch Wettbewerb Frustrierten ebenso wie den durch Wettbewerb Angeregten und hundert andere.

Lerntypen erlauben, etwa den lesenden Einzelgänger, den ganz auf den Lehrer fixierten »Mitarbeiter«, den diskutierenden Gesprächstyp, den durch praktische Anwendung motivierten, den durch Wettbewerb angeregten wie den durch Wettbewerb frustrierten Typ, den sich bei Musik Entspannenden und den, der sich im dicksten Betrieb am besten konzentriert, oder den durch Tätigkeit speichernden, den mit bereits vorhandenen wie auch mit erst später möglichen Assoziationen arbeitenden Typ – und hundert andere. Jeder muss also die Möglichkeit haben, den angebotenen Lernstoff, die angebotene Information in die Sprache, in die Assoziationsmöglichkeiten seines eigenen Grundmusters zu übersetzen.

Was ist dazu nötig? Nun, eigentlich müsste jeder Schüler erst einmal seinen eigenen Lerntyp überhaupt herausfinden und zweitens auch dieses Übersetzen in seine eigene Assoziationswelt geübt haben, ehe er mit dem Lernen als solchem anfängt. Eine Hilfe, wie jeder etwas über seinen Lerntyp erfahren kann, gibt der Fragebogen im Anhang auf S. 201–209 Und soweit es einige Vorgänge bei der reinen Gedächtnisspeicherung betrifft, helfen beim »Übersetzen« unsere fünf Gedächtnistests auf S. 210–228.

Bisher war es so, dass jeder Lerntyp gezwungen war, ohne Übersetzungshinweise irgendeinen unbekannten Stoff aufzunehmen, und er sich dann wunderte, wenn dieser Stoff lediglich als toter Ballast gespeichert war und man nachher nicht mehr mit ihm umgehen konnte. Solange ein Schüler nicht weiß, dass er eine Information immer für seinen eigenen Lerntyp aufbereiten muss, weil eben der jeweilige Unterricht meist nur einen von vielen verschiedenen Lerntypen anspricht, solange wird er sich beim Lernen verkrampfen. Er wird Komplexe haben, wenn er nicht zufällig jener spezielle Lerntyp ist wie vielleicht sein Nachbar, der beim Zuhören schon alles begreift. Er wird noch so lange Schwierigkeiten haben, bis er seine eigenen Lernmöglichkeiten verstanden hat.

Das so zustande kommende unterschiedliche Bild einer Klasse wird jeder aus seiner eigenen Schulzeit zurückrufen können: Zwei, drei Schüler melden sich eifrig, andere kauern verängstigt und frustriert in ihrer Bank, ein weiterer versucht vergebens wie sein Banknachbar, dem Lehrer zu folgen. Seine Blicke verraten nur zu deutlich, was er denkt: »Ich komm da einfach nicht mit, ich verstehe überhaupt nicht, um was es geht. Wie macht der Axel das bloß? Der kapiert immer alles gleich. Irgendwie muss ich doof sein. Wär' die Stunde bloß schon rum.« Eine Resignation, aus der er allein nicht mehr herauskommt.

Gerade bei solchen Schülern kann sich die Situation schlagartig ändern, wenn ihnen eine Hilfe – nicht in Form von Nachhilfeunterricht für das entsprechende Fach, sondern zum besseren Verständnis ihres eigenen Lerntyps – angeboten wird, etwa in Form unseres Fragebogens. Der Schüler wird ihn ausfüllen und bereits dabei feststellen, dass er ganz andere Möglichkeiten hat mitzukommen, solche, die er bisher überhaupt nicht einsetzte. Er wird nicht mehr irritiert und frustriert sein, nur weil die direkte Vermittlung durch den Lehrer ihm nichts bringt, sondern einen Freund fragen, der es schon kapiert hat, im Buch nachlesen oder sich vielleicht die wichtigsten Stichworte in Art eines privaten Spickzettels schön gegliedert notieren. Von nun an ist auf einmal alles ganz anders. Er ist wieder selbstbewusst, beneidet nicht mehr seinen Nachbarn, nur weil dieser zufällig ein Lerntyp ist, der das Dozieren des Lehrers direkt aufnehmen kann. Er sitzt entspannt in seiner Bank, wundert sich nicht mehr, dass andere schon gleich mitschreiben, sondern sagt sich vielleicht: »Der Axel ist halt ein verbal-auditiver Typ mit schwachem Kurzzeit-Gedächtnis, der sich am besten alles gleich notiert. Das ist jetzt sowieso nicht meine Tour, aber ich hör mal zu, was der Lehrer erzählt, vielleicht versteh' ich sogar schon einiges. Nachher rede ich ein bisschen mit Axel, guck' mir das im Buch an, mach' mir eine Skizze, und dann weiß ich, was gemeint war.«

Dieses Wissen um das eigene Lernmuster, um Möglichkeiten, die vielleicht der Nachbar nicht hat, weil er auf ganz andere Weise aufnehmen und lernen muss, baut Verkrampfungen ab, ermöglicht vielleicht erstmalig, dem Lehrer unbefangen zuzuhören, und erlaubt ihm, selbst über denjenigen Eingangskanal, der ihm eigentlich gar nicht liegt, nun weit mehr mitzubekommen als vorher.

Einen interessanten Versuch in dieser Richtung haben drei amerikanische Psychologen an der Universität von Pennsylvania mit leseschwachen *(legasthenischen)* Kindern gemacht. Solche Kinder haben Schwierigkeiten, Wörter und Sätze aus einzelnen Buchstaben zusammenzusetzen – sowohl beim Schreiben als auch beim Lesen. Nach vielen Versuchen gelang es den drei Forschern mit einem interessanten Trick, den richtigen Eingangskanal zu erreichen und den Kindern in kurzer Zeit beizubringen, ganze Sätze praktisch ohne Fehler wenigstens zu lesen. Man hatte die erstaunliche Beobachtung gemacht, dass die Kinder mit der chinesischen Bilderschrift, also mit gepinselten Wortsymbolen, viel leichter umgehen konnten als mit unserem europäischen Alphabet. Schon nach fünf bis zehn Minuten konnten sie in einer solchen Symbolschrift einfache Sätze lesen. Und nach etwa vier Stunden, weit schneller als andere Kinder, waren sie bereits in der Lage, eine ganze Geschichte zu verstehen, während sie vorher selbst nach tagelangem Üben kaum ein Wort, geschweige denn einen längeren Satz richtig herausbrachten. Die Folgerung wäre, legasthenische Kinder das Lesen in Form ganzer Silben und nicht einzelner Buchstaben zu lehren. Für das Grundmuster *leseschwacher Kinder* sind offenbar unser Buchstabenalphabet und die daraus gebildeten Ein-

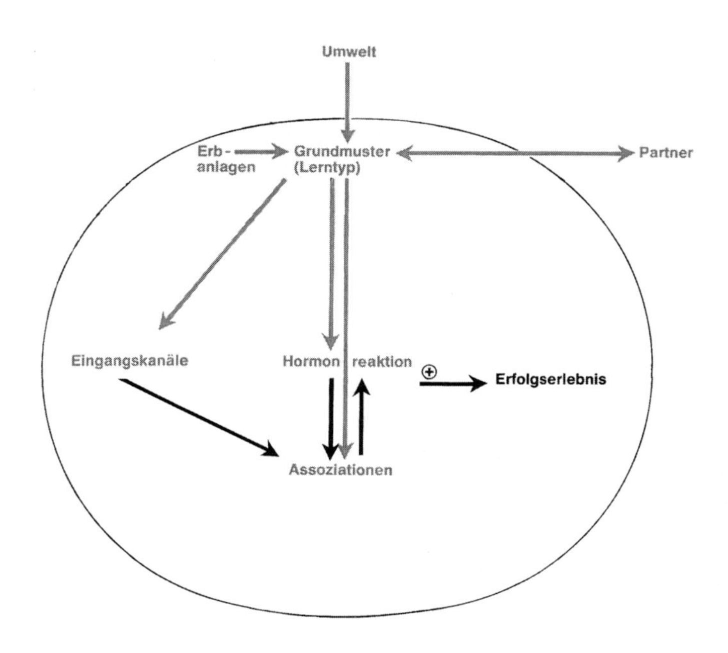

heiten zu abstrakt und demzufolge für ein solches Grundmuster zu unnatürlich, um daraus Wörter zu formen, deren Inhalt verständlich wird.[81]

Das Ergebnis dieser Untersuchung spräche an und für sich für die *Ganzheitsmethode* im Unterricht – ein typischer Fehlschluss pädagogischer Verallgemeinerungen. Das Problem liegt ja gerade darin, dass es auf Grund der verschiedenen Grundmuster eben nicht *den* Schüler schlechthin gibt und somit auch die Ganzheitsmethode wiederum nur auf bestimmte Schüler – vielleicht nicht einmal auf jeden legasthenisch veranlagten – angewandt werden darf. Denn es gibt viele Menschen, die gerade zum einzelnen Laut ein besonderes Assoziationsverhältnis haben und besonders gern damit »bauen«, das heißt synthetisch lernen.

Jedes Wissen um den eigenen *Lerntyp* verbessert neben der schulischen Leistung selbst auch die gesamte emotionale Struktur. Die Tatsache, dass das Lernen auf einmal klappt – ganz gleich, auf welchem Wege –, bedeutet ein *Erfolgserlebnis,* welches das Denken

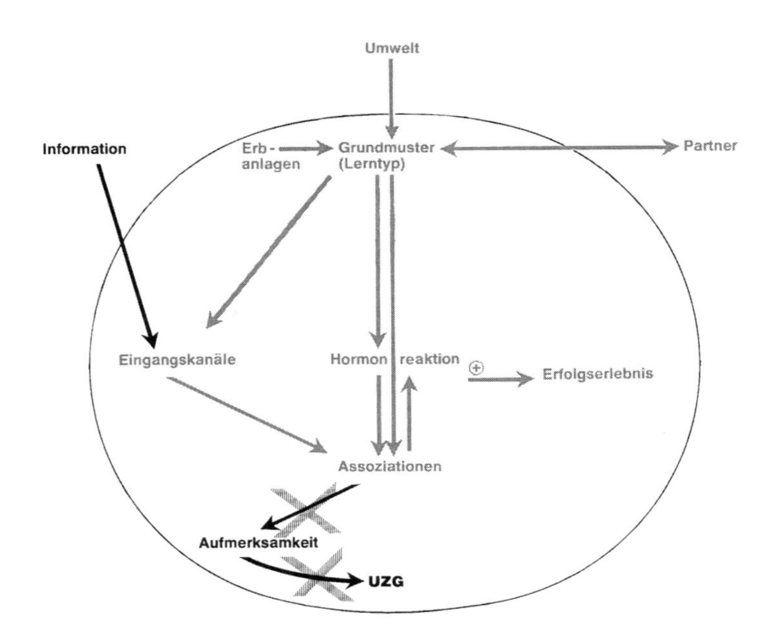

befreit und das Lernen verbessert. Auch dies wieder eine Wirkung, die mit der *hormonellen Regulation* zusammenhängt, vor allem mit dem Gegenspiel der »positiven« Hormone des Sexualbereichs und der »negativen« des Nebennierensystems – eine Wechselbeziehung, über die wir später noch mehr erfahren werden.

Zunächst aber wollen wir einmal die Information selbst auf ihrem weiteren Weg ins Gehirn verfolgen. Wir werden nämlich feststellen, dass bei einer guten oder schlechten Aufnahme eines Lernstoffs noch ganz andere Faktoren mitspielen. Allgemeine Grundregeln für die Vorgänge im Gehirn, die ganz unabhängig vom Lerntyp sind und deren Beachtung einen Unterricht für *jeden* Schüler verbessern kann.

So hängt zum Beispiel die bewusste Aufnahme einer Information ins *Ultrakurzzeit-Gedächtnis* von der *Aufmerksamkeit* ab. Ob man aber für eine bestimmte Information Aufmerksamkeit empfindet, ist wiederum von den bereits vorhandenen *Assoziationen* abhängig, das heißt von den mit dieser Information bereits mögli-

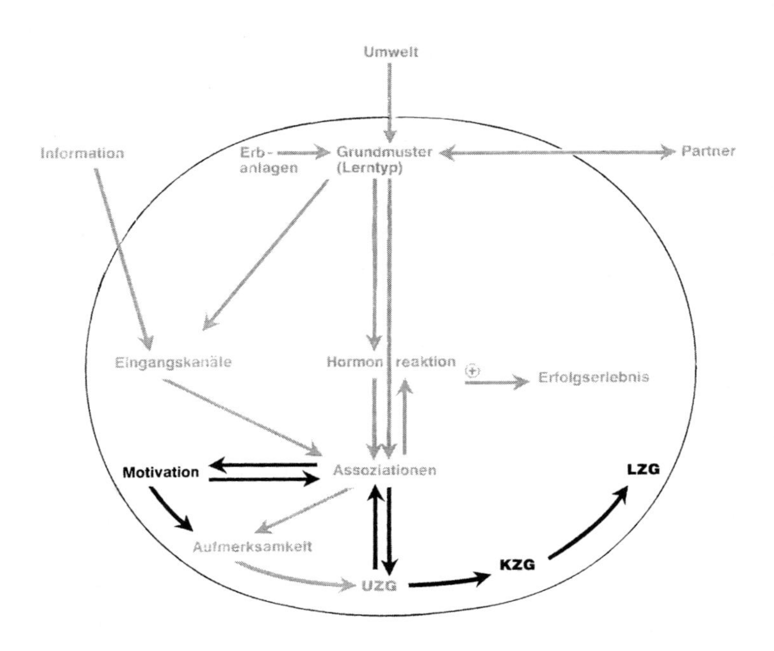

chen Gedankenverbindungen. Je mehr bekannte Assoziationen also durch eine neue Information angerührt werden, desto größer ist die Chance, dass die Aufmerksamkeit geweckt wird. Wenn aber nichts da ist, woran wir die neue Information anknüpfen können, wenn sie kein Erkennungssignal für das Gehirn hat, wird eine solche Information sozusagen schon beim Pförtner abgewimmelt, und dieser Pförtner ist, wie wir wissen, das *Ultrakurzzeit-Gedächtnis.* In diesem halten sich die eingehenden Informationen einige Sekunden lang in Form von messbaren elektrischen Strömen auf und klingen dann, wenn sie nichts gefunden haben, woran sie sich festhalten können, unweigerlich wieder ab. Solche Informationen gehen, wie gesagt, an uns vorbei wie Straßenlärm oder die Laute einer fremden Sprache. Die *Aufmerksamkeit* wird nicht geweckt. *Assoziationen* sind nicht vorhanden. Nichts wird gespeichert.

Hat jedoch die Information den Pförtner passiert, werden bestimmte Assoziationen angesprochen, so ist der nächste Schritt des Lernens die Aufnahme im Vorzimmer, im *Kurzzeit-Gedächtnis,* um dann endlich in die Zentrale, ins *Langzeit-Gedächtnis,* vorzudringen. Diese beiden Schritte sind bereits *stoffliche Verankerungen,* keine reinen Ionenströme, elektrischen Signale oder Schwingungskreise mehr.

Was können wir nun tun, damit wir etwas aus dem vorbeihuschenden Ultrakurzzeit-Gedächtnis fester verankern? Wie können wir einer Information den nötigen »Ausweis« verschaffen? Nun, um ins Vorzimmer zu gelangen, muss die Information in wenigen Sekunden aus dem Ultrakurzzeit-Gedächtnis abgerufen werden, das heißt sich an weiteren, bereits fest gespeicherten Informationen (Assoziationen) verankern können. Über je mehr *Kanäle* also eine Information eintrifft, umso eher wird sie solche Assoziationsmöglichkeiten vorfinden. Je mehr Assoziationen aber, desto größer auch die sogenannte *Motivation,* der Beweggrund, der Antrieb und damit auch die Aufmerksamkeit zum Lernen.

Gerade dabei hilft uns nun auch die ganze Verpackung, die *»bekannte Begleitinformation«,* in der eine neue Information ankommt. Es ist leider allgemein viel zu wenig bewusst – und wird daher auch im Unterricht nicht beachtet –, dass die beim Lernen gespeicherte Information eben nicht nur aus dem Stoff besteht, der

Eine Situation, wie sie jeder schon oft erlebt hat: Man sitzt gerade konzentriert über einer Arbeit. Das Telefon schrillt.

Man steht auf, geht zum Telefon.

Nach dem Gespräch geht man zurück und will sich einen bestimmten Namen notieren. Doch beim besten Willen kann man sich nicht mehr erinnern. Schließlich geht man wieder dorthin zurück ...

wo man es noch gewusst hat – und die Information fällt einem wieder ein, noch bevor man erneut telefoniert hat. Was geht hierbei vor sich?

gelernt wird, sondern auch aus allen dabei mitgespeicherten, mitschwingenden übrigen Wahrnehmungen.

Ein Lerninhalt ist also immer begleitet von einer Menge anderer Informationen. Die Gesamtinformation besteht somit auch aus den Geräuschen, die wir dabei hören, dem Bohnerwachsgeruch des Raumes, den positiven und negativen Gefühlen, die wir dabei haben, der Sonne, die gerade ins Zimmer scheint, kurz, aus dem ganzen Milieu.

Auch hierzu ein typisches Beispiel, das uns in ähnlicher Form sicher schon allen einmal passiert ist: Wir sitzen gerade an einer Beschäftigung, die uns ganz gefangen nimmt. Plötzlich schrillt das Telefon. Widerstrebend stehen wir auf, gehen hin, heben ab. Wir sind von unserer Arbeit noch zu sehr gefangen, als dass wir voll bei dem sein können, was uns durch die Ohrmuschel an Informationen zukommt. Unter anderem wird ein Name genannt. Wir sollen dringend Herrn Berthold schreiben. Wir glauben, uns alles merken zu können. Wir legen auf, gehen zu unserem Schreibtisch zurück. Wir wissen noch, irgendetwas sollen wir erledigen, wollen uns eine Notiz machen – und haben es vergessen. Es ist wie weggeblasen. Wir wissen nur noch, dass es dringend war. Also bleibt nichts anderes übrig, als unseren Bekannten noch mal anzurufen. Wir gehen zurück in die Telefonecke. Heben den Hörer ab – und plötzlich fällt es uns wieder ein: Richtig. Herrn Berthold sollten wir schreiben.

Was war da vor sich gegangen? Offenbar war die Erinnerung also nicht nur mit dem Namen Berthold verknüpft, sondern auch mit dem ganzen Drumherum, dem Ticken der Uhr, der blauen Vase mit der Rose und deren Duft, mit dem warmen Holz, auf das wir unsere Hand gelegt hatten, dem weichen Sessel, dem Bücherregal, auf dem unser Blick ruhte, also offenbar doch mit allen gleichzeitig aufgenommenen Empfindungen. Im Grunde ist das eine ganz natürliche Hilfe beim *Verankern* und *Abrufen* eines Lernstoffs. Während der vergessene Name ja nur über *einen* Eingangskanal gespeichert wurde – über das Ohr –, war die Gesamtinformation über mehrere Eingangskanäle in unser Gehirn gelangt: über das Auge, das Fühlen der Hand, über die Nase und vielleicht die schöne Erinnerung, die mit der Rose verknüpft ist –

und von dort jeweils zu entsprechend *vernetzten Assoziationen.* Erst als wir wieder zurückgingen, das Milieu-Erlebnis wiederholten, aktivierten wir auch alle diese Assoziationen von neuem, die gleichen Gefühle tauchten auf, und mit ihnen steht nun auch plötzlich der Name Berthold wieder vor uns. Wir konnten ihn vorher nicht erinnern, obwohl die Motivation da war (denn wir wollten ihm ja schreiben), obwohl die Aufmerksamkeit auf die gesuchte Information gerichtet war (denn wir dachten ja angestrengt nach) und obwohl die Information selbstverständlich schon leicht im Kurzzeit-Gedächtnis verankert war (sonst hätten wir uns ja später nicht daran erinnert). Doch alles das reichte nicht aus. Der Name Berthold war verdeckt, in unterschwellige Assoziationen verpackt. Und erst durch deren Aktivierung kam er wieder ans Tageslicht.

Ebenso wie die Assoziationswelt eines ganzen Milieus, hier der Telefonecke, eine bestimmte Information, den Namen Berthold, abruft, läuft die Sache natürlich auch umgekehrt. So kann eine

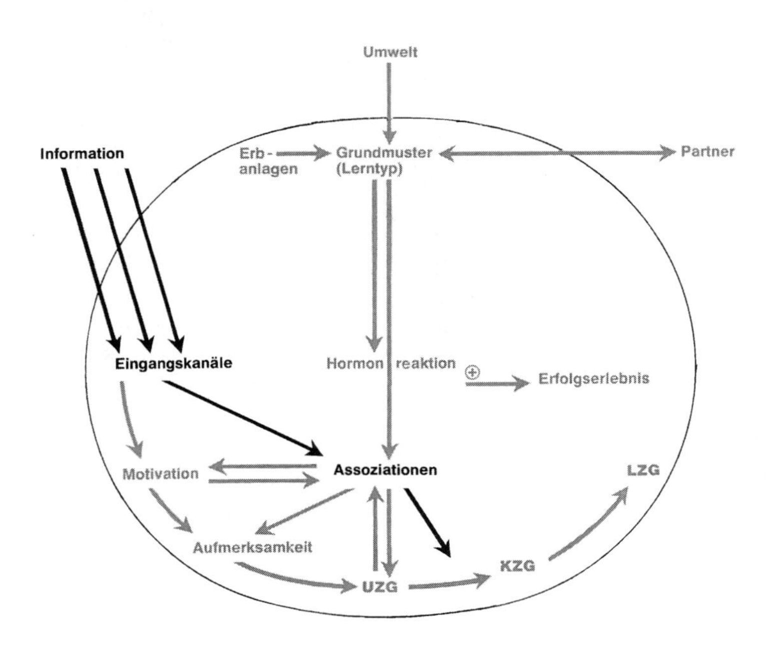

einzelne Information durchaus auch eine ganze Gefühlswelt wieder entstehen lassen, etwa alle Erinnerungen, Gedanken und Gefühle, die an eine bestimmte Melodie geknüpft sind. Erste Liebeserlebnisse, Enttäuschungen, Parties, Wanderungen, Meer, Gebirge und so weiter. Neben Melodien sind es vor allem auch oft Gerüche, die ganze Szenen aus der Vergangenheit wieder hervorrufen können. Man riecht zum Beispiel ein bestimmtes Sonnenschutzöl, und sofort tauchen wieder die Bilder einer Ferienreise auf, Strand, Bootfahren, Pinienhaine werden gegenwärtig. Ein bestimmtes Bohnerwachs lässt einen ganzen Lebensabschnitt wieder erstehen. Es war der Geruch, der dem Raum des Kindergartens anhaftete, in dem man vor vielen Jahren spielte. Und so wie Gerüche und Melodien gibt es unzählige angenehme und unangenehme Wahrnehmungen und Gefühle, die sofort die damit verbundenen Assoziationen wecken und umgekehrt.

Hierbei scheint vor allem wieder der *Hippocampus* die unterschiedlichen Elemente der verschiedenen Gehirnbereiche kombinieren zu können, die dann einen »Abdruck« des jeweiligen Ereignisses ergeben. Ist dieser Abdruck einmal gemacht, so kann ein Ausschnitt davon die gesamte Erinnerung auslösen. Da ein und dasselbe Element aber mit mehreren verschiedenen Mustern zusammenhängen kann, gibt es für dieses auch mehrere Assoziationsmöglichkeiten, die sich dann allerdings unter Umständen auch wieder durch Interferenz gegenseitig blockieren können.

Was haben diese *Sekundärassoziationen* nun für Konsequenzen für das Lernen? Sie sind gewaltig. Denn sie können sowohl das Lernen ungemein fördern, wenn man sie richtig einsetzt, als auch ein Lernen völlig unmöglich machen. Wie gesagt, hier wird keineswegs nur der Lernstoff als Information aufgenommen, sondern ebenso eine große Menge von Wahrnehmungen aus dem Milieu. Wenn wir zum Beispiel Englischwörter pauken, dann gehört zu der Gesamtinformation eben auch die Musik, die wir gerade dabei hören, der Kaffeeduft aus der Küche, die quietschenden Räder der Autos auf der Straße und vielleicht, dass wir Kaugummi dabei kauen. Unser Gehirn ist kein Lagerraum, in dem alles streng getrennt voneinander aufgehoben wird: hier das englische Wort *awareness,* dort der Kaffeeduft und wieder woanders der Rhythmus der Bluesmelodie. Wie wir schon bei unserem Vergleich mit dem Hologramm gesehen haben, sind *alle* Erinnerungen »überall und nirgends«, das heißt über die ganze Großhirnrinde verteilt; dazwischen Kreuz- und Querverbindungen (Assoziationen, die sich, wie hier, oft schon bei der Aufnahme ausbilden, oft aber auch erst später beim Erinnern, beim nachträglichen Einprägen und Verarbeiten).

Weil nun Primär- und Sekundärinformationen nicht einfach voneinander zu trennen sind, verknüpft sich der eigentliche Lerninhalt durch die während des Lernens vorhandenen Wahrnehmungen und Gefühle mit einer Vielzahl weiterer Gehirnzellen und Erinnerungsfelder. Diese Verknüpfung ist *dann* für das Lernen vorteilhaft, wenn der neue Lerninhalt mit vertrauten, angenehmen Begleitinformationen verbunden ist. Er lässt sich dann weitaus besser im Gehirn verankern und später wiederfinden, als wenn etwa zum fremden Stoff auch noch eine fremde Verpackung käme. Wir empfangen ja auch einen uns bisher unbekannten Menschen ohne Angst und feindliche Gefühle, wenn er uns von einem guten Freund vorgestellt wird. Ebenso lassen die *vertrauten* Begleitumstände beim Lernen weit weniger eine Abwehr, eine Abneigung gegen den unbekannten neuen Stoff aufkommen. Ja, die vertraute Verpackung vermittelt sogar ein kleines *Erfolgserlebnis:* das Gefühl des Wiedererkennens. All dies bedeutet einen deutlichen Trend in Richtung der »positiven« Hormonlage, weit weg vom Stressmechanismus. Durch die Vielfach-Verankerung schwingen außer-

Situationen, in denen man erschrickt, rufen noch immer eine automatische Fluchtbewegung unter gleichzeitiger Denkblockade hervor, die für den urzeitlichen Menschen – wie beim Tier – lebensrettende Funktion hatte.

dem auch andere Eingangskanäle mit. Wahrnehmungsfelder im Gehirn, die von der – vielleicht nur verbal-abstrakten – Information selbst gar nicht genutzt wurden, aber nun indirekt doch beteiligt sind.[82]

Die Schule aber ist arm an solchen Assoziationshilfen, ja diese sind geradezu verpönt, weil sie nach der herkömmlichen Meinung der meisten Pädagogen und Eltern nur ablenken vom »Eigentlichen«. Und so kommt es, dass die besprochene Verknüpfung der Lerninformation mit den Begleitinformationen des Unterrichts nicht nur keinen Vorteil bringt, sondern sogar das Lernen verhindern kann. Die Schulatmosphäre und die Art, den Lernstoff »unverpackt« oder sogar durch Abstraktion zusätzlich verfremdet anzubieten, erzeugen vielfach Angst, Abwehr, feindliche Haltung und damit eine »negative« Hormonlage.[83]

In vielen Fällen – je nach der persönlichen Struktur und dem Grundmuster – setzt dann wieder der in vielen hunderttausend Jahren genetisch in uns verankerte Stressmechanismus ein, der zwar schlagartig die Energiereserven des Körpers mobilisiert, jedoch zu ganz anderem Zweck als zum Lernen. Im Gegenteil. Die Stressreaktion erfolgt in jedem Fall auf Kosten des Lernens und Denkens. Und zwar, wie wir schon sahen, ganz im Sinne der Natur. Denn in solchen Fällen sollen andere, weit schnellere Reaktionen als das Denken stattfinden, damit wir im Kampf ums Dasein überleben können. Also: Denkblockade zu Gunsten rascher, reflexartiger Körperreaktionen, die natürlich heutzutage – weder bei Stresssituationen in der Schule noch sonst im Leben – wirklich stattfinden können.[84]

Stellen wir uns auch diesen Mechanismus an einem Beispiel vor. Eine Frau kommt nach Hause. Es ist schon dunkel. Sie steckt den Schlüssel ins Türschloss, schließt auf, öffnet die Tür, geht in den dunklen Korridor, sieht etwas Furchtbares, erschrickt, schreit auf. Wie zur Abwehr reißt sie die Hände hoch und ist wie der Blitz wieder draußen. Die Tür schlägt zu. Sie flieht bis zum Gartentor, wo sie erschöpft stehen bleibt.

Als sie die Tür geöffnet hatte, sah sie ein großes, unbekanntes Etwas in der dunklen Flurecke stehen. Da sie es nicht einzuordnen wusste, wirkte es wie alles völlig Unbekannte zunächst feindlich.

Die Wahrnehmung signalisierte über den Hypothalamus und den Sympathikusnerv prompt heftigen Schrecken und automatische Fluchtbewegung. Warum? Beim Anblick eines unbekannten Etwas ist es für den Organismus zunächst lebenswichtig, dass er über den Stressmechanismus sofort auf die höchste Muskelleistung präpariert wird, in diesem Fall auf Flucht, denn das Unbekannte, Fremde könnte gefährlich sein. Am Gartentor, außerhalb des Hauses – die unmittelbare Stresssituation ist abgeklungen –, bleibt die Frau schließlich stehen. Sie verschnauft und beginnt nachzudenken. Allmählich lichtet sich das Dunkel. Eine Erklärung beginnt sich abzuzeichnen. Sie geht den Weg zurück, schließt die Türe auf, öffnet sie vorsichtig, knipst das Licht an – ja, natürlich, jetzt erkennt sie, wovor sie Angst gehabt hatte. Es war der von der Reinigung zurückgekommene Teppich. Sie hatte vergessen, dass sie die Nachbarin gebeten hatte, ihn in ihrer Abwesenheit in den Flur zu stellen.

Wie in vielen ähnlichen Fällen – ob beim Aufrufen in einer Prüfung, bei der ersten Panik, wenn ein Feuer ausbricht, oder bei

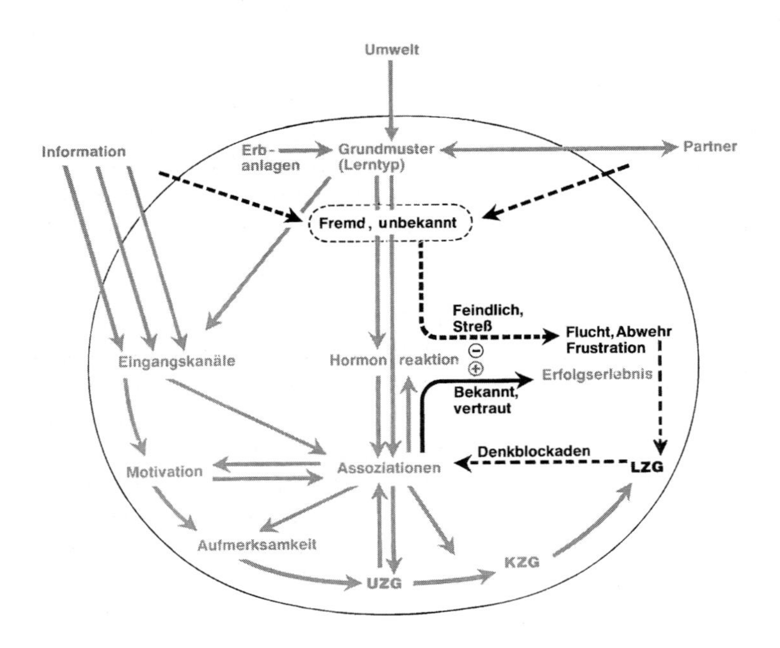

Wirkung verschiedener Stressoren beim Abfragen von Lernstoff
In mehreren Tests wurden vier Fragenpakete auf vier verschieden »stressende« Weise bei Schülergruppen abgefragt, die diesen Stoff längere Zeit zuvor gelernt hatten. Einzelfragen und Abfrageart wurden dabei untereinander wie auch in ihrer Reihenfolge von Mal zu Mal vertauscht. So wurden zumindest die Schwankungen durch den individuellen Intelligenzgrad und Lerntyp wie auch durch den unterschiedlichen Schwierigkeitsgrad und das verschieden gute »Sitzen« der jeweiligen Antworten ausgeglichen. Wenn dadurch auch nicht alle eventuell verfälschenden Fehlerquellen ausgeschaltet wurden (schließlich kann man nicht ein und demselben Schüler auf vier verschiedene Arten die gleiche Frage stellen), so scheint uns doch auf Grund der krassen Zahlenunterschiede das Ergebnis durchaus signifikant zu sein: Die Assoziationsfähigkeit wird durch Stressoren eindeutig blockiert.

STRESS FAKTOR	ANTWORT GEWUSST	DENK-BLOCKADE
Keiner	91 %	
Angst machen	50 %	X
fremd	41 %	X
abstrakt	33 %	X

einem unerwarteten Geräusch in der Einsamkeit – war auch hier das Denken zunächst blockiert. Erst später, beim Nachlassen des ersten Schrecks und Absinken des Adrenalinspiegels, konnte es wieder einsetzen. Übrigens können nicht nur real erlebte Schrecksekunden, sondern auch bloße Gedanken und Erinnerungen an unangenehme oder belastende Situationen Denkblockaden oder Fehlleistungen verursachen. Denn für das Gehirn ist es ganz gleich, ob diese Wahrnehmungen von außen oder von innen kommen, da in Wirklichkeit niemals äußere Informationen direkt verarbeitet werden. Es werden lediglich interne Relationen miteinander verrechnet. Daher gibt es für das Nervensystem keine Innen-Außen-Unterscheidung.[85] So kann in der Tat auch beim Unterricht lediglich die Sekundärinformation »fremd«, »unbekannt« und somit »feindlich« das Lernen und Erinnern verhindern, und zwar genauso, wie wenn jemand von einem Lehrer direkt angebrüllt wird.[86]

In einem Test mit mehreren Schülergruppen verschiedener Klassen wurde ein gut durchgearbeiteter Stoff – es waren, für Münchner Schulen nur allzu nahe liegend, der Hopfenanbau und das Bierbrauen – einige Wochen später wieder abgefragt. Und zwar auf vier verschiedene Arten, nach einem ausgeklügelten Verteilungsschlüssel, der eine gesicherte Aussage erlaubte. Einmal sehr freundlich, ermutigend, in plaudernder, anschaulicher Fragestellung. Zum anderen unter Einschüchterung, Anschnauzen des Schülers (er merkte gleich, dass der Lehrer nicht viel von seinem Wissen hielt), jedoch in anschaulicher Weise und mit den gewohnten Ausdrücken. Drittens wieder freundlich wie beim ersten Mal, jedoch in ungewohnter Ausdrucksweise unter fremdartigem Verhalten des Lehrers, obgleich in den Fragen selbst durchaus anschaulich und klar. Viertens zwar wieder freundlich und auch in der vertrauten Weise, jedoch nunmehr völlig abstrakt, das heißt nur in Begriffen ohne anschauliche Beziehung – und damit, ohne andere Eingangskanäle anzuregen.

Das Ergebnis war verblüffend. Im ersten Fall wurden zu 91 Prozent richtige Antworten gegeben. Durch Angstmachen – zweiter Fall – fielen die richtigen Antworten von 91 auf 50 Prozent ab. Wurde dann in der dritten Version die vertraute Art zu fragen – wie gesagt, auch hier freundlich, ohne zusätzliches »Angstmachen« – durch eine unbekannte, fremdartige Ausdrucks- und Verhaltensweise des Lehrers ersetzt, so war das Ergebnis mit 41 Prozent noch schlechter, und wurden schließlich – vierter Fall – anschauliche Fragen durch assoziationsarme abstrakte Formulierungen ersetzt, obgleich in sonst vertrauter Weise, so führte die erzeugte Frustrati-

Sofortige Umsetzung eines Geräusches in Fluchtbewegung durch den Stressmechanismus.

Der Anblick eines ungewohnten Gegenstandes wird zunächst mit Flucht beantwortet und dann mit Neugierde, dem Grundtrieb des Lernens.

on zu einer noch stärkeren Denkblockade: Nur 33 Prozent wussten die Antwort. Gegenüber dem ersten Fall war in allen übrigen Fällen die Denkblockade durch den erzeugten Stress offensichtlich. Das Ganze ist also ein natürlicher Abwehrmechanismus gegenüber allem Fremden – auch wenn keine feindliche Haltung zu erkennen ist –, den wir praktisch bei allen höheren Tieren finden.

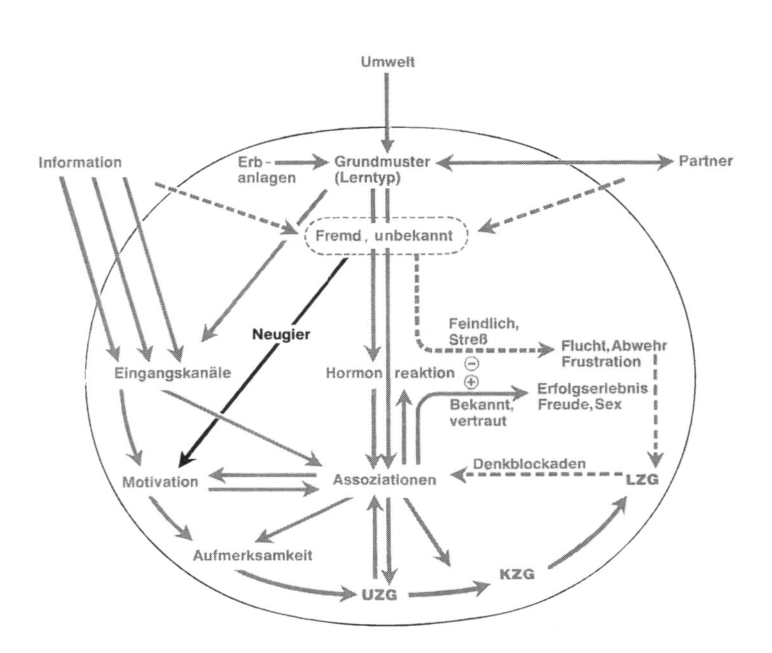

Der Text des Lehrers stammt aus einem Schulbuch über Infinitesimalrechnung für die Mittelstufe (1972). Als Bearbeiter werden genannt: ein Ministerialrat, zwei Oberstudiendirektoren und vier Gymnasialprofessoren.

Bei solchen deplatzierten Schulbuchtexten signalisiert das Gehirn des Schülers: fremd! verworren! feindlich! Vorsicht!

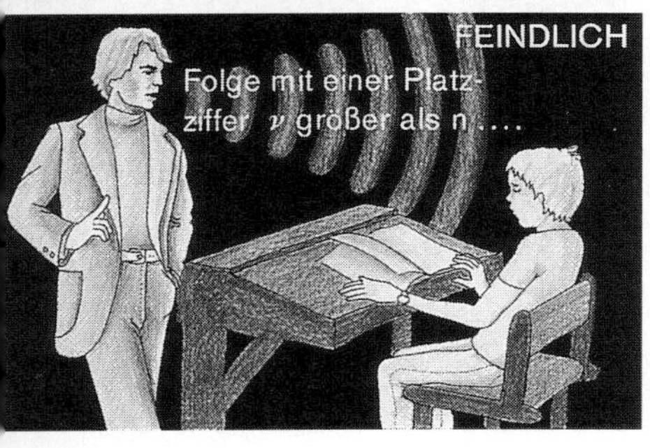

Die Schaltstellen im Gehirn werden gestört. Synapsen und Transmitterstoffe arbeiten nicht mehr wie gewohnt.

Die Stressreaktion hat eingesetzt. Die Worte des Lehrers prallen an dem Schüler ab. Er sitzt wie unter einer Glasglocke.

Der Sympathikusnerv hat die Nebenniere und bestimmte Gehirnregionen erregt. Adrenalin und Noradrenalin werden ausgeschüttet.

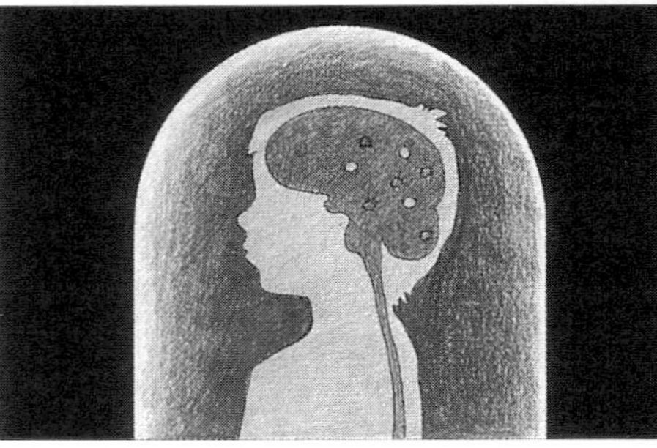

Die Impulse können nicht mehr weiterlaufen. Mögliche Assoziationen bleiben aus – Denkblockade!

Gehen wir zum Beispiel in einen Park, in dem sich einige Tauben tummeln. Wir können Brot ausstreuen, hin- und hergehen, laut sprechen – die Tauben lassen sich nicht stören. Für sie sind es vertraute Wahrnehmungen. Doch klatschen wir plötzlich in die Hände, so flattern die Tauben augenblicklich auf und schwirren davon. Das ungewohnte Geräusch wird sofort in körperliche Bewegung umgesetzt – in einen Fluchtreflex. Und doch ist diese Stressreaktion nur der erste Teil eines größeren Programms. Denn die Welt wäre arm dran, würden alle Lebewesen vor allem zunächst Unbekannten immer nur fliehen. Damit das Gehirn gegenüber etwas Neuem nicht nur blockiert ist, sondern es gegebenenfalls auch aufnehmen und verarbeiten, also lernen kann, wird dieser Fluchtmechanismus bald durch eine ganz andere Reaktion abgelöst.

Im Tierpark Hellabrunn legte unser Kamerateam einen bunt gestreiften Ball in ein Antilopengehege. Sobald die Tiere den ungewohnten Gegenstand erblickten, stoben sie auseinander. Das Gleiche geschah bei den Gazellen, beim Zebra, ja sogar beim Nashorn. Nachdem dann der Ball einige Minuten dort lag, näherten sich die Tiere zögernd, sprangen gelegentlich zurück, näherten sich wieder und beschnupperten ihn schließlich. Wir sehen also, dass die Natur jene grundlegende Abneigung gegen alles Fremde zu überwinden weiß – durch *Neugierde.* Sie ist der Grundtrieb des Lernens überhaupt. Ein Trieb, der bei allen höheren Tieren vorhanden ist und die Abwehr gegen alles Fremde überwinden kann.[87]

Und genau hier müssen wir auch in der Schule die Neugierde einsetzen. Sie bildet den Antrieb, die Motivation, auch einen fremden, unbekannten Stoff aufzunehmen, ihm Aufmerksamkeit zu widmen und geeignete Assoziationen für ihn zu suchen. So bildet die Neugier auf unserem Netzplan eine wichtige Brücke von »fremd-unbekannt« zur »Motivation«, ohne dass der hemmende Weg über Stress, Flucht oder Frustration eingeschlagen werden muss.

Wem kommt hierbei nicht die Erinnerung an die gähnende Langeweile so mancher Unterrichtsstunde! Eigentlich sollte es selbstverständlich sein, dass wir sämtliche schon von Natur aus vorhandenen, tief in uns eingewurzelten Hilfen des Lernens für den Unterricht nutzen und nicht in so eigenartiger Weise *gegen* sie arbeiten, wie es leider mit dem typischen Lernstoff heute immer noch geschieht. Veranschaulichen wir uns, was in solchen Fällen in unserem Organismus vor sich geht. In der Bilderfolge auf S. 152/153 versucht ein Lehrer einem Schüler »klar«zumachen, was eine Nullfolge ist, indem er den Begriff definiert: »Eine Zahlenfolge ist eine Nullfolge, wenn sich zu jeder noch so kleinen positiven Zahl ε eine natürliche Zahl n so bestimmen lässt, dass alle Glieder der Folge mit einer Platzziffer ν größer als n ihrem Betrage nach kleiner als ε sind.«

Der Schüler, der das Prinzip einer auf Null zustrebenden Zahlenfolge vielleicht schon vorher halbwegs erkannt hatte, versucht krampfhaft dem Text zu folgen, doch schon nach den ersten Worten rauscht der Rest dieser genialen Satzkonstruktion nur noch an ihm vorbei. Wenn er geglaubt hatte, etwas von der Nullfolge begriffen zu haben, so versteht er nun gar nichts mehr. Für ihn ist der Text fremd, verworren, ohne Aufhängemöglichkeit, nirgendwo einzuordnen. Das Gehirn signalisiert: unbekannt, feindlich – Vorsicht! Und wieder die gleiche Folge im Organismus: Die befremdlichen Worte werden über das Ohr in bestimmten Gehirnzellen registriert. Die unbewusste Begleitinformation »das ist alles unverständlich« wird an den Hypothalamus weitergeleitet, der daraufhin über den Sympathikus Impulse zur Nebenniere und in bestimmte Hirnregionen schickt. Prompt reagieren die angeregten Drüsenzellen mit Ausschüttung der Stresshormone Noradrenalin und Adrenalin. Erröten, beschleunigter Herzschlag oder Muskelverspannungen deuten auf eine leichte Stressreaktion. Der Hormonspiegel steigt weiter an, auch im Gehirn, wo unsere Synapsen als Schaltstellen arbeiten. Ihre Schaltfähigkeit wird, wie schon beschrieben, vermindert. Das Gehirn unseres Schülers kann nun auch *vertraute* Informationen nicht mehr richtig aufnehmen, assoziieren, speichern. Die Worte prallen an ihm ab – Denkblockade. Er sitzt wie in einem Glaskasten und schaltet ab. Und das alles nur wegen eines Verwirrung stiftenden Textes. Da hilft auch kein nochmaliges und abermaliges Wiederholen, kein stundenlanges Büffeln über dem Text, kein noch so guter Wille, im Gegenteil: Gewaltanstrengung kann Denkblockade und Frustration nur noch verstärken.

Dabei hätte der Zugang zum Inhalt unseres hübschen Satzes von der Nullfolge viel einfacher geschaffen werden können – wenn es überhaupt sinnvoll ist, solche Definitionen zu geben. Je nach der Unterrichtsstufe könnte man z. B. damit beginnen, dass man sagt: »Eine Folge von Zahlen geht dann auf Null zu, wenn die Zahlen nach und nach der Null immer näher kommen, ohne sie je ganz zu erreichen.« Eine Formulierung, die notwendigerweise unvollkommen, für bestimmte Fälle sogar falsch ist, die aber zunächst das Wesentliche des Prinzips erkennen lässt und auch beim später notwendigen Abstrahieren und exakten Formulieren den Rückweg zum eigentlichen Phänomen immer offen hält. Ja, die Schüler werden bald merken, dass diese vorläufige Definition nicht immer zutrifft, sie werden neugierig, versuchen entsprechende Beispiele zu finden und sind motiviert, die Formulierung zu ergänzen[88] – ganz im Gegensatz zu dem, was bei dem demotivierenden Schulbuchtext des Lehrers passiert.

Ein anderes Beispiel: So haben wir einmal den einfachen Satz: *»Die Mutter kocht in der Küche«*, unter dem man sich ja durchaus etwas Bildhaftes vorstellen kann, ins Schulbuchdeutsch übersetzt. Er heißt dann: *»Der weibliche Elternteil ist im Begriff, die für Nahrungszubereitungsmaßnahmen reservierte Raumeinheit im Sinne der entsprechend dafür vorgesehenen Arbeitsabläufe der Nutzung zuzuführen.«* Es ist klar, dass diese Information, obwohl sie den gleichen Inhalt hat wie vorher, sich eigentlich nur an abstrakten Wortbegriffen, aber gewiss nicht an einem bildhaften Muster aufhängen kann und daher weder verarbeitet noch gespeichert wird. Ähnlich ist es mit folgendem authentischen Satz aus der Umweltpolitik: *»Zur Vermeidung dilatorischer Formelkompromisse fordert eine optimalisierte Umweltpolitik die Institutionalisierung rationaler Zielfindungsprozesse, die operational definierbar sind und divergierenden Zielen im Sinne praktikabler Konkordanz angepasst werden können.«* Wenn man diesen Satz aus dem Artikel eines Umweltjuristen übersetzt, heißt das lediglich folgendes: »Damit es mit den Umweltgesetzen vorangeht, müssen erreichbare Ziele gefunden werden, die man mit den bestehenden Zielen vereinbaren kann.« Das entpuppt sich dann übrigens als so trivial, dass man es auch ganz weglassen kann. Manche Lehrbücher würden so sicher etwas weniger umfangreich.

»Mehrkanaliges« Lernen: Tasten, Schmecken, Riechen zum Beispiel sind Erlebnisse, die für den Lernprozess wichtig sind. Eine Unterrichtsstunde über den Hopfenanbau und das Bierbrauen. Der Lehrer hat Hopfendolden verteilt. Die Kinder nehmen sie in die Hand, zupfen sie auseinander ...

und zerreiben sie zwischen den Fingern.

Sie lecken an dem bitteren Pulver ...

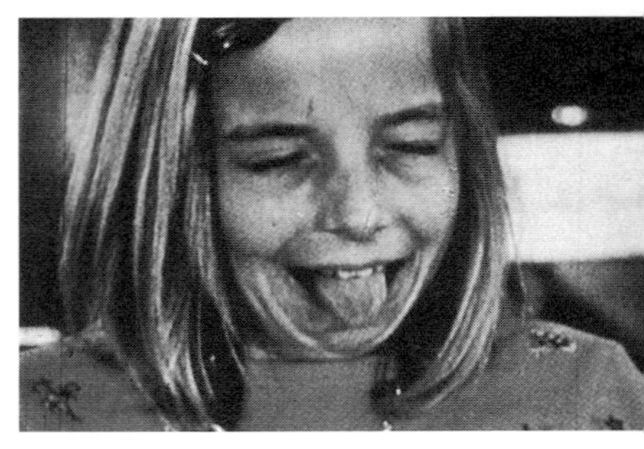

und ziehen Grimassen.

Der große Allgemeinsemantiker Hayakawa schreibt hierzu: »Der akademische Jargon hat offenbar zwei Aufgaben. Einmal die Kommunikationsaufgabe, schwierige Sachverhalte auszudrücken und sie genau zu definieren, zum andern eine gesellschaftliche Aufgabe, nämlich einem Teil seiner Leser Ansehen zu verschaffen (weil sie das Vokabular verstehen) und Respekt und Ehrfurcht bei denen zu erwecken, die es nicht verstehen. Man kann feststellen, dass die Kommunikation leidet und der Jargon immer dann überhandnimmt, wenn die gesellschaftliche Aufgabe des gelehrten Vokabulars für seinen Benutzer wichtiger wird als die der Kommunikation.«[89]

Welche Möglichkeiten haben wir nun noch, die natürlichen Denkblockaden gegen einen neuen Stoff zu vermeiden? Das geht bestimmt nicht, indem man die neue Information wie in dem gerade gezeigten Beispiel noch mehr verfremdet, sondern indem man sie, wie wir schon sahen, in einer bekannten Verpackung anbietet, damit sie im Gehirn einen Aufhänger findet – ähnlich wie die Vielkanalinformation aus der vertrauten Telefonecke, die den Namen Berthold begleitete. Das Prinzip der begleitenden Vielfachinformation sollte man daher im Unterricht bewusst anwenden. Doch woher die richtige Verpackung nehmen? Nun, wir haben da eine ganz bestimmte *bekannte* Verpackung zur Verfügung, die ständig vorhanden ist und alle anderen Aufhänger aussticht: unseren eigenen Körper. Fordern wir also, das rein begriffliche Lernen dadurch zu ergänzen, dass man – wie es gute Lehrer längst tun – andere Sinnesorgane mit einbezieht.[90]

Nehmen wir wieder eine der Klassen, die das Thema »Bierbrauen« behandeln. In dieser Stunde wird gerade der Hopfen besprochen. Die Kinder haben erfahren, wo und wie er angebaut wird, wie er aussieht, zu welcher Pflanzenfamilie er gehört, wie er geerntet wird, dass er Bitterstoffe enthält und wozu er verwendet wird. Nun teilt der Lehrer Hopfendolden aus. Jeder Schüler bekommt ein, zwei Dolden. Die Kinder nehmen sie auseinander und zerreiben sie intensiv auf der Hand. Das tun sie ganz spontan – vorausgesetzt, man lenkt sie nicht durch Erklärungen ab oder verbietet es ihnen gar. Denn besonders das Anfassen, die körperliche Bewegung, also das haptische Lernen, bietet ja automatisch für jeden neuen Stoff eine solche bekannte Verpackung – wie gesagt, uns selbst. Ganz abgesehen davon, dass der Lerninhalt, weil er nun über mehrere Eingangskanäle verläuft, auch intensiver gespeichert wird. Der Drang bei Kindern, etwas Neues, Unbekanntes anzufassen, ist wahrscheinlich ganz einfach ein Drang, über den eigenen Körper damit vertrauter zu werden. In unserer Hopfenstunde bleibt es aber bei den Kindern natürlich nicht nur beim Zerlegen und Zerreiben der Dolden. Sie stecken ihre Nase hinein, schnuppern, riechen an ihrem Finger, stecken ihn in den Mund. »Na, wie schmeckt das?« »Scheußlich«, »ganz bitter«. »Seht ihr, das ist jetzt dieses Lupolin, was ihr da schmeckt, dieser Bitterstoff, der gibt dem Bier dann später die Würze.« Es schmeckt wirklich bitter. Die Kinder schneiden Grimassen, strecken die Zunge heraus. Das Ganze macht riesigen Spass. Über das Zerreiben zwischen den Fingern, die Geschmacksempfindung, das Herausstrecken der Zunge, das Grimassenschneiden sind jetzt nicht nur die Bitterstoffe des Hopfens, sondern auch all die anderen neuen Informationen, die damit zusammenhängen, über die zusätzlichen Eingangskanäle und Assoziationsfelder intensiv verankert und auch untereinander mehrfach verknüpft.

Die Möglichkeiten, im Unterricht mehrere Eingangskanäle anzusprechen, sind heute Legion. Neben die klassische Form des Unterrichts durch die Medien Lehrer, Buch und Tafel treten andere Formen mit vielen, praktisch kostenlosen Möglichkeiten – siehe obiges Beispiel –, ganz abgesehen von den bekannten modernen Medien wie den Over-Head- und Dia-Projektoren, den Video- und Tonbandgeräten, Computerterminals und verschiedensten manuellen Lehrmitteln, etwa den großartigen »Phaen-Objects« von Hugo Kükelhaus und anderen. Alles zusammen also eine große Fülle von »Hardware«-Angeboten, von denen allerdings gerade die hochtechnisierten mit einer leider allenthalben noch miserablen »Software« verknüpft sind, einem miserablen Inhalt, wie ihn viele Medienverlage und Hardware-Firmen mit den neuen Geräten unbekümmert auf den Markt werfen (und sich dann wundern, dass die dazugehörigen Apparate keinen Absatz finden). Dabei würde die zur Verfügung stehende revolutionäre Technik durchaus auch eine revolutionäre Lehrmethodik erlauben. Statt durch die Vielzahl schlechter Lehrer den Schülern und Studenten die Lust am Lernen zu nehmen, könnte man – vielleicht ausgenommen in Sonderschulen und bestimmten Berufsschulklassen – mit einem Zehntel dieser Zahl, jedoch zehnfach bezahlt, wirkliche *Meister der Didaktik* entstehen lassen, die qualitätsmäßig ein Vielfaches unseres jetzigen Lehrer- und Hochschullehrerstammes leisten könnten. Eine Aufgliederung in Chefpädagogen mit mehreren Hilfskräften (auch Schülern!), darunter solchen, die speziell die Vorbereitung von Lehrmitteln, die Bedienung von Medien und die Durchführung von Übungen vornehmen. Also Multiplikation, wo es möglich ist, individuelle Betreuung, wo nötig, was dann alles zusammen bei wieder gleicher Personalstärke nicht nur einen effektiveren Unterricht, sondern auch kleinere Klassen und weniger Schulstunden für den Schüler zur Folge hätte. Durch jene Techniken vervielfacht, könnten die Fähigkeiten von wenigen hervorragenden Didaktikern allen zugänglich gemacht werden.[91]

Natürlich verändert ein solcher Einsatz neuer Medien, wenn sie gut sind, auch ganz entscheidend das Lehrer-Schüler-Verhältnis zum Positiven. Sie nehmen dem Lehrer einerseits einen Teil seiner Mittlerfunktion ab, machen ihn aber andererseits – gerade bei den Vervielfältigungsmedien – frei für den so notwendigen persönlichen Kontakt zu den Schülern während des Lernprozesses. Und dies auf einmal weniger vom Podest eines durch seinen Informationsvorsprung *überlegenen Gegners,* sondern eher als *Lernpartner* und *-helfer* gegenüber einer psychisch-neutralen Informationsquelle von dritter Seite. Eine Stunde am Tag im anregenden Kontakt mit einem begabten, glänzend dafür ausgebildeten Lernpartner könnte genügend intellektuelle und menschliche Impulse für den Rest des mit anderen Medien und Mitteln bestrittenen Schultages liefern (statt wie heute noch vielfach von Stunde zu Stunde neue Frustration). Auf diese Weise käme mit weniger Kosten eine Qualität und eine Effizienz des Unterrichts für alle Lernenden zustande, von der man heute kaum zu träumen wagt.

Doch wieder zurück zu unseren biologischen Lernhilfen: Auch die Reihenfolge des angebotenen Lernstoffs spielt eine Rolle. So bleiben Aufmerksamkeit und Einordnung für einen neuen, fremden Stoff aus, wenn man ihn nicht so aufbaut, dass zunächst einmal der größere Zusammenhang, der ihm seinen Sinn gibt, aufgezeigt wird. Dass man am besten lernt, wenn man vom Ganzen zum Detail geht, praktiziert zum Beispiel mit großem Erfolg eine neue Schule im Züricher Oberland. Da im Zentrum des Unterrichts immer sogenannte Kernideen stehen, werden auch bei schwierigen Details die Kinder nie gelangweilt. Wenn man dagegen in den bekannten Fehler verfällt, mit den Details eines neuen Stoffes zu beginnen: mit Vokabeln, Geschichtsdaten, Namen, chemischen Formeln und Fachausdrücken, die man, wenn überhaupt, nur notdürftig irgendwo im Gehirn assoziieren kann, und meist an der falschen Stelle, wird sich in unseren grauen Zellen wenig tun. Da das Erfolgserlebnis des Wiedererkennens und Einordnens ausbleibt, setzen zusätzliche Frustration und Stress ein und damit wiederum Denkblockaden und vermehrte Assoziationsschwierigkeiten. Selbst wenn nun endlich – hinterher – der größere Zusammenhang erklärt wird, wenn das Skelett für all diese Details angeboten wird, ist es dafür nun zu spät. Das Ultrakurzzeit-Gedächtnis ist längst abgeklungen, die Details sind nicht mehr greifbar. Die Zeit, in der die Schüler mit solchen neuen Einzelinformationen, Vokabeln und Spezialausdrücken berieselt werden, ist also vertane Zeit, wenn nicht vorher die Möglichkeit gegeben wird, diese Informationen sinnvoll zu verankern.

Auch dies führt wieder zu einer Grundforderung: vor neuen Einzelinformationen immer den größeren Zusammenhang, sozusagen das Skelett des Ganzen anzubieten. Die nicht allzu fremde Information eines solchen größeren Zusammenhangs wird sich auf vielen Ebenen im Gehirn verankern und nun ein empfangsbereites Netz für die ankommenden Details bieten. Ja, es wird diese – statt dass sie, wie im anderen Fall, in den Kopf hineingepresst werden müssen – direkt *saugend* in sich aufnehmen. Ganz gleich, ob über das Auge, über das Ohr oder das Gefühl – so, als wenn man zu einem Spiel interessante Regeln hat und nun auch gern die Steinchen hätte, damit man endlich spielen kann.

Wir haben bereits eine ganze Reihe von Hilfen, eine unbekannte Information im Gehirn besser zu verankern: indem man die Neugier weckt, den unbekannten Stoff in einer bekannten Information verpackt, bestimmte zusätzliche Eingangskanäle einsetzt, die neue

Information mit vertrauten Sinneswahrnehmungen verknüpft, was wiederum ein erneutes Wecken von Neugier nach sich zieht. Das alles zusammen sorgt über eine positive Hormonreaktion, über Freude, Spass und Erfolgserlebnis für ein reibungsloses Funktionieren der Synapsen und des Kontakts zwischen den Gehirnzellen.

Es kann nicht deutlich genug betont werden, dass all diesen Lernhilfen – etwa dass eine Information, wenn sie mit Freude, Erfolgserlebnis, erotischer Anregung, mit Neugier, Spaß oder Spiel verbunden ist, weit besser verankert wird – ganz konkrete biologische Mechanismen zu Grunde liegen und dass wir damit ein in unseren Schulen und Universitäten sträflich vernachlässigtes Lerngesetz berühren: die Aktivierung der positiven Hormonreaktion. So wichtig es ist, den Lernprozess von unangenehmen Begleiterscheinungen zu befreien, so wichtig ist es auch, das Lernen mit schönen und angenehmen Ereignissen zu verknüpfen. Die Ausschüttung von Stresshormonen durch die Nebennieren und im Gehirn wird weiter verringert, und nur so können die vorhandenen Assoziationsmöglichkeiten für das Denken und Lernen voll genutzt werden. Der Effekt ist sogar ein doppelter. Beim späteren Abrufen, beim Erinnern der so gespeicherten Information wird ja auch die Freude wieder erinnert, der Spaß, die Begeisterung, die wir dabei hatten. Alles Empfindungen, die bei der gesamten inneren Verarbeitung des Stoffes positiv abfärben und somit auch beim Abfragen, bei Examen und Schularbeiten den Organismus wieder in den gleichen hormonellen Zustand bringen, ihn sozusagen »entstressen«. Ein Zustand, in dem die Schalterverbindungen des Gehirns besonders gut funktionieren.[92]

So ist der Lernvorgang – das sagte ich bereits zu Anfang – schon rein biologisch auf eine Atmosphäre der Vertrautheit, der Entspannung, des Sichwohlfühlens zugeschnitten. In einer Konstellation, die Freude verspricht, Lustgefühle und Erfolgserlebnisse, in der wir unbekümmert spielen und ausprobieren können, da funktioniert er optimal. Auf eine solche Umwelt sollten wir neugierig sein, sie erforschen, uns in ihr zurechtfinden, sie »erlernen«. Eine Umwelt, die Gefahr ausstrahlt, Stress und Angstsignale vermittelt, die soll dagegen verständlicherweise gemieden werden. Sie soll uns fremd bleiben – nicht erlernt werden –, damit wir sie automatisch fliehen.

Hier finden wir auf einmal auch die Erklärung dafür, dass diejenigen Ereignisse viel besser im *Langzeit-Gedächtnis* behalten werden, die mit positiven Erlebnissen verbunden sind. Allenthalben hören wir ältere Leute zum Beispiel ihre Erlebnisse aus der Kriegs- und Nachkriegszeit erzählen. Ist es nicht eigentümlich, dass vorzugsweise immer wieder von lustigen oder schönen Augenblicken innerhalb des grausamen Gesamtgeschehens berichtet wird? Das Schöne, das Angenehme ist nicht nur erinnerungs- und erzählenswerter, sondern von ihm weiß man auch viel eher ausführliche Details zu erzählen, wogegen von Strapazen und Ängsten weit weniger gut berichtet werden kann. Das soll nicht etwa heißen, dass wir über ausgestandene Ängste, vor allem über Situationen, in denen unser Leben unmittelbar bedroht war, nichts mehr wissen; nur, angenehme Dinge können einfach wegen der mit ihnen verbundenen positiven Hormonlage weit vielfältiger assoziiert werden als unangenehme Ereignisse. Damit können sie im Allgemeinen auch geistig besser verarbeitet und ausführlicher zurückgerufen

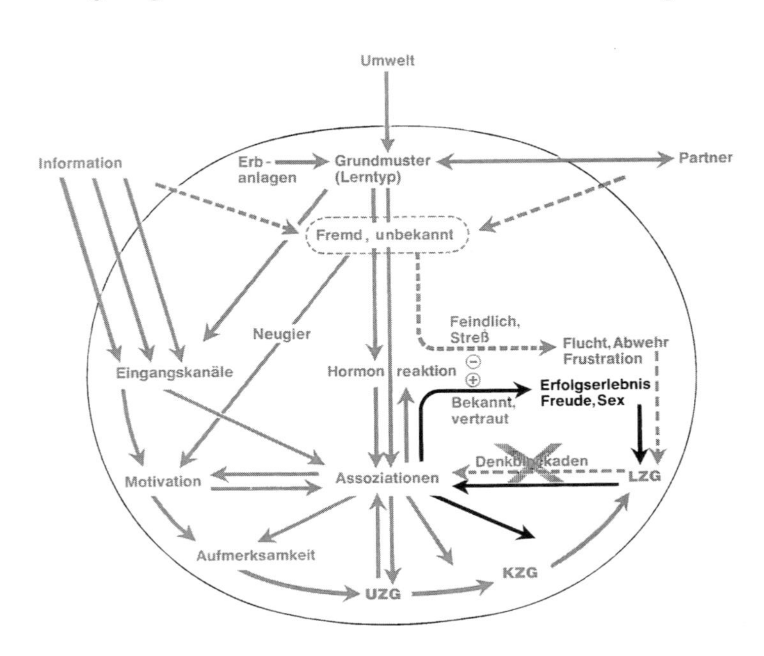

werden als solche, die mit Frustrationen und Spannungen verbunden sind. Diese sind zwar auch verankert, aber weniger über unseren Intellekt und seine vielfältigen Assoziationen als vielmehr über entsprechende Warnreflexe und oft nur schwer kontrollierbare unterbewusste Reaktionen.

So erkennen wir schließlich, dass es sich bei unangenehmen *Sekundärassoziationen,* bei Spannungen mit dem Lehrer, bei Hungergefühl, bei Kälte oder wenn man mit jemandem zerstritten ist, schon rein biologisch nicht nur schlechter lernt als bei angenehmer Atmosphäre, sondern dass auch das spätere Abfragen aus dem Langzeit-Gedächtnis, auch wenn dann selbst kein Stress erzeugt wird, vereitelt werden kann, und zwar durch die ursprünglich mit dem Stoff gespeicherten Stresssignale, die nun ebenfalls wieder mit abgerufen werden.

Leider sind nun in der Praxis auch diese Beziehungen kaum bekannt. Und so mancher Lehrer und manche Eltern glauben im Gegenteil, ausgerechnet durch Stressfaktoren Erfolge erzielen zu können. Zum Beispiel Lehrer Sauer. Er brüllt durch die Klasse, schlägt knallend mit der Hand auf den Tisch: »Jetzt aber Ruhe, los, Hermann, komm mal an die Tafel. Jetzt schreibst du mir fein säuberlich hier rechts neben die Jahreszahlen die Ereignisse aus der Reformationszeit hin. Aber ein bisschen dalli, jetzt geht's nämlich um die Zeugnisnote!« Lehrer Sauer lässt den Schüler an sich vorbeigehen, folgt ihm dann zur Tafel. Plötzlich dreht er sich zur Klasse um und brüllt: »Wer blättert denn da? – Ach, der Theo! Sieh mal einer an. Was hast du denn da?« Theo legt etwas betreten sein Französischbuch zur Seite – sieht scheu zum Lehrer, weiß nicht so recht, woran er ist. Da dröhnt es auf ihn ein: »Steh auf, wenn ich mit dir rede, du Idiot. Was ist denn das?« Er nimmt das Buch hoch. »Wir haben doch Geschichte und kein Französisch!« Sauer knallt das Buch wieder auf den Tisch, es fällt herunter, verlegen lächelt Theo. »Grins nicht so blöd!« Sauer wendet sich von Theo ab, geht wieder zur Tafel – und schon wieder fährt er herum: »Wer kichert denn da, sieh an, unsere liebe Gaby. Los, Klassensprecher, aufschreiben: Gaby stört den Unterricht.« Er schaut sie wütend an: »Dein Verweis ist auch bald fällig, meine Dame!« Die Klasse wird unruhig. Sauer scheint die Fassung zu verlieren. Er beginnt zu schreien: »Ihr denkt wohl, ich lass den Affen aus mir machen? Was glaubt ihr denn, wofür ich da bin?« Er deutet auf die Tafel. »Hier, das muss in eure Köpfe rein, nicht in meinen.« Hermann druckst noch immer an der Tafel herum. »Aha, du bist wohl am Ende, wollen mal sehen, was der Hermann fertig gebracht hat. Sieh da, 1525 – Luther, ausgerechnet! Ist wohl alles, was du weißt, was? Nie was von der Schlacht von Pavia gehört? Karl V.? Und hier! – Fehlanzeige!« Sauer hakt die Jahreszahlen ab, zu denen Hermann nichts hingeschrieben hat. »Fehlanzeige! Fehlanzeige! Fehlanzeige!« Er kommt zur letzten Zahl: 1546. »Schmalkaldischer Krieg – wohl das Einzige, was du weißt? Das kennt doch jeder. Setzen! Sechs! – Also ihr Kanaken, wenn ihr nicht mehr fertig bringt ...« Da klingelt es zum Ende der Stunde. Unruhe entsteht, die Schüler stehen auf. Sauer brüllt noch einmal in die Klasse: »Also, für die nächste Stunde Kapitel sieben!« Er packt seine Mappe und verschwindet. Die Schüler strömen ihm nach aus der Klasse. (Nach einem typischen Unterrichtsablauf 1973 in einem Münchner Gymnasium.)

Nun, vielleicht fragen wir jetzt einmal, wo unser guter Lehrer Sauer überall versagt hat. Seine Methode bestand darin, einzuschüchtern, herumzubrüllen, Angst einzuflößen, unverständlich zu reden und an der Tafel die Fehler des Schülers abzuhaken (und somit das hervorzuheben, was dieser *nicht* wusste). *Seine* »Fehlanzeigen« waren anderer Art und wohl weit schwerwiegender: Hat Sauer Motivation geliefert? Nein. Neugierde geweckt? Nein. Erfolgserlebnis vermittelt? Bestimmt nicht. Angenehme Gefühlsassoziationen zur besseren Verankerung mitgeliefert? Nein. Größere Zusammenhänge angeboten? Nein. Mehrere Eingangskanäle angesprochen? Auch nicht. Wenn jemand eine dicke Sechs verdient hat, dann auf jeden Fall Lehrer Sauer.

Indem er ganz im Gegensatz zu seinen Aufgaben Frustration vermittelt hat, Angst erzeugt hat und Unverständnis, die Aufmerksamkeit vom Stoff abgelenkt hat, tat er Dinge, die vielleicht für die Stressforschung interessant wären, die jedoch für die Vermittlung und Überprüfung des Geschichtsverständnisses völlig belanglos sind. Doch auch wenn er in netter Weise Geschichtszahlen abfragte und Namen aneinander reihen ließe, so wäre auch dies wiederum nur interessant, wenn er die Fähigkeit der Kinder prüfen wollte,

Begriffe auswendig zu lernen. Über die eigentliche, mit dem Thema verbundene Fähigkeit, nämlich das Geschichtsverständnis, gibt auch dies immer noch keine Auskunft.

Mit diesen heute weniger denn je überwundenen Methoden wird aber noch etwas weit Schlimmeres angestellt als solche vorübergehenden Denkblockaden. Auf die gleiche Weise werden darüber hinaus ganz spezifische Dauerblockaden erzeugt, die entweder mit bestimmten Themen verknüpft oder gar auf das Lernen als solches gerichtet sind – das Denken setzt aus, sobald irgendetwas als Lernen empfunden wird. Eine Blockade, die meist mit dem unter Stress und Frustration unterrichteten Fach zusammenhängt oder auch mit der gesamten Schulatmosphäre. Auf die gleiche Weise lassen sich übrigens die Mechanismen erklären, mit denen Tabus aufrechterhalten werden: Dinge, die im wahrsten Sinne des Wortes »undenkbar« sind.[93]

Wir verstehen nun, warum jemandem durch die Schule im späteren Leben die Mathematik, die Chemie, die Geschichte, das Schreiben oder Lesen – ja das Lernen überhaupt – für immer verleidet werden kann. Einfach deshalb, weil mit der Speicherung des Stoffes, mit dem Lernvorgang selbst, auch die negativen Sekundärinformationen mitgespeichert werden und unter Umständen das ganze Leben damit assoziiert bleiben.

Schulbücher, die das Lernen verhindern

Nun sind es aber nicht nur schlechte Lehrer, die in diesem Sinne einen Unterricht ins Gegenteil verkehren. Es ist ebenso grauenvoll, was manche Schulbücher leisten. Denn was nutzen die gewaltigen, in einen Schulbuchtext eingepackten Stoffmengen, wenn sie die Lernfähigkeit töten? Was nutzt die exakteste akademische Formulierung, wenn sie sämtliche biologischen Lerngesetze verletzt? Denken wir nur an eine so verklausulierte Regel wie die oben zitierte von der Nullfolge. Viele solcher Formulierungen werden, gerade weil sie im akademischen Sinne exakt und vollständig sind,

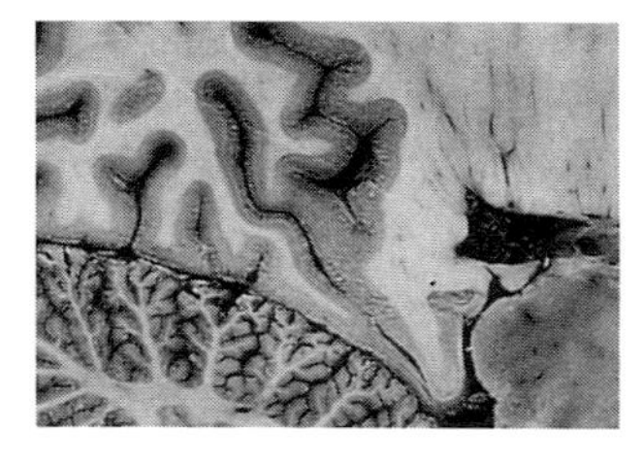

Die »kreative Schnittstelle« zwischen Großhirn, Hypothalamus, Kleinhirn und limbischem System. (Menschliches Gehirn, Längsschnitt)

äußerst inexakt assoziiert. Sie verwirren den Schüler, nehmen die Lust am Lernen, blockieren die Aufnahme und das Verständnis, da nur sehr wenige Schüler auf Grund ihres Lerntyps darauf ansprechen können.

In der Ausbildung kommt es daher sehr darauf an, inwieweit wir auch die »Querverdrahtungen« unserer verschiedenen Gehirnareale und Wahrnehmungsfelder nutzen, so wie hier etwa zwischen den verschiedenen Steuerungsfeldern der Bewegung, des bildhaften, des motorischen oder des logischen Erfassens zwischen Kleinhirn, Großhirnrinde und limbischem System.

Bei manchen Schulbüchern ist es gar zweifelhaft, ob sie überhaupt mit irgendeinem Grundmuster auf der gleichen Wellenlänge liegen. Immer wieder springt einem dort ein unsinnig abstrakter Stil ins Auge, der wissenschaftlich zu sein glaubt, weil er möglichst alles mit Fachwörtern spickt, in geschraubter Weise alles in lauter Hauptwörtern ausdrückt und möglichst unanschaulich bleibt. Wir müssen uns fragen, was das eigentlich für Fachleute sind, die unsere Schulbücher mit solch einem verbalen Ballast voll stopfen und damit jede wirkliche Orientierung verhindern. Da werden in einer Fremdsprachengrammatik schon die Anfänger mit Ausnahmeregeln überschüttet, wie sie allenfalls fürs philologische Staatsexamen nötig sind. Da wimmelt es in Algebrabüchern von sinnlosen und daher verwirrenden Anmerkungen wie: »Die Bezeichnung Grundgesetz für die Sonderfälle der Umstellungs- und der Verbindungsregeln rührt daher, dass man mit Hilfe der Grundformeln alle komplizierteren Umstellungs- und Verbindungsformeln beweisen, das heißt ohne Berufung auf Zahlenbeispiele oder geometrische Veranschaulichungen ableiten kann.« Da wird nicht einfach gesagt, dass man beim Rechnen mit einer Klammer jedes

Glied in der Klammer extra multiplizieren oder dividieren muss, sondern es wird eine »Verteilungsregel« hingeschrieben, die so heißt: »Verteilungsregel: Ein Rechenausdruck erster Stufe wird mit einer Zahl multipliziert beziehungsweise durch eine Zahl dividiert, indem man die Zahl jedem Glied des Ausdrucks als Faktor beziehungsweise als Divisor zuteilt.«

Text aus einem Physikschulbuch für die Mittelstufe:
Entscheidend für die Fernrohrwirkung ist die Umwandlung des Sehwinkels ε in den Sehwinkel ε' ...

... also die Umwandlung der Neigung des parallelen Lichtbündels vor dem Instrument in die größere Neigung des parallelen Lichtbündels hinter dem Instrument. Dies lässt ...

sich auch erreichen, wenn man für L_2 eine Zerstreuungslinse statt einer Sammellinse wählt und ebenfalls $F_1 = F_2$ macht. So ergibt sich das Opernglas.

Was sind das für Pädagogen, die so auf jede Seite gewaltige, überflüssige Stoffmengen packen und damit die Lernfähigkeit töten, die sich beim Ringen um die exakteste akademische Formulierung verkrampfen und sich keinen Deut darum kümmern, was beim Lesen im Schüler vorgehen wird? Was sind das für Schulbuchredaktionen und Kultusminister, die solchen Büchern ihren Lauf lassen, ja sie sogar empfehlen? Ganz gleich, wo man manche Schulbücher auch aufschlägt, auf Schritt und Tritt begegnet einem jener lernfeindliche Stil. Etwa hier ein Physikbuch für die Mittelstufe, da heißt es: »Entscheidend für die Fernrohrwirkung ist die Umwandlung des Sehwinkels ε in den Sehwinkel $\acute{\varepsilon}$, also die Umwandlung der Neigung des parallelen Lichtbündels vor dem Instrument in die größere Neigung des (schmäleren) parallelen Lichtbündels hinter dem Instrument. Dies lässt sich auch erreichen, wenn man für L_2 eine Zerstreuungslinse statt einer Sammellinse wählt und ebenfalls F_1 gleich F_2 macht. So ergibt sich das Opernglas.«

In dem Absatz wimmelt es von Hauptwörtern: Vierzehn Substantive tragen die ganze Aussage. Daneben stehen nur fünf »Hilfs«-Verben, und die dürfen lediglich aus*helfen,* nichts aus*sagen:* ist, lässt sich erreichen, wählt, macht, ergibt sich. Der Eindruck: Es klingt gelehrt. Der Erfolg: Dem Durchschnittsschüler bleibt für immer schleierhaft, wie sich so das Opernglas ergeben soll.

Solche Texte vermitteln kein Verständnis für den Stoff und schon gar nicht die Fähigkeit, damit umzugehen. So kommt es, dass aus unseren Schulbüchern auf die Dauer so lächerlich wenig hängen bleibt. Viele Untersuchungen mit ehemaligen Abiturienten habendas erschütternd deutlich bewiesen. Für wen also werden diese Bücher geschrieben? Wer soll sie verstehen? Eigentlich doch wohl jeder. Wir können uns aber die Reaktion des Schülers, der solche Texte lesen muss, ganz gut vorstellen. Es ist die gleiche Reaktion, die wir in unserer Skizze zur Erläuterung der Nullfolge festgehalten haben. Durch einen solchen abstrakten, pseudowissenschaftlichen Jargon werden beim Lesen im Schüler von Anfang an wichtige Verbindungen zu den Assoziationsfeldern des visuellen Bereichs, des Bewegungsbereichs und des Gefühlsbereichs blockiert, so dass auch andere Eingangskanäle gar nicht erst mitschwingen können. Motivation und Aufmerksamkeit verschwinden.

Ganz anders in einem aus dem Englischen übersetzten Sachbuch für Jugendliche über die »Wunderwelt der Zahlen«.[94] In diesem Buch wird zum Beispiel gezeigt, wie die alten Ägypter beim Pyramidenbau den Grundriss genau im rechten Winkel konstruierten. Dort steht, dass der geringste Fehler im Winkel einer einzigen Ecke die Form des ganzen Gebäudes zerstört hätte. Geometrische Regeln in Assoziation mit einer »zerstörten« Pyramide – das weckt Neugier und Spannung. Dann wird beschrieben, wie an zwei Pfählen der einen Grundrisskante zwei gleich lange Schnüre befestigt wurden. Damit wurden dann Kreisbögen gezogen und die in den Sand gezeichneten Schnittpunkte dieser Bögen verbunden. Die neue Linie verlief dann genau senkrecht zu der alten. Dazu Bilder von Tätigkeiten beim Pyramidenbau, Menschen, die den Winkel konstruieren, Schnüre spannen, Bewegungen und Dinge, die einen an eigene Tätigkeiten erinnern, die man in Gedanken nachvollziehen kann. Eine solche Darstellung kann man miterleben. Man vergisst sie nicht so leicht, weil sich das abstrakte geometrische Modell über einen solchen »Raster« an unserem Grundmuster vielfach assoziieren und verankern lässt. Leider ist das kein Schulbuch. In einem ebensolchen, über die Geometrie für Dreizehn- und Vierzehnjährige, geht es nicht darum, wie die Pharaonen ihre Pyramiden so schön gerade bauten, sondern dort heißt dasselbe geometrische Prinzip: Fundamentalkonstruktion zur Achsenspiegelung. Lösung: »Nach Fundamentalsatz 8;3 sind nur Achsenpunkte von zwei zueinander symmetrischen Punkten P und Q gleich weit entfernt. Gleich große Kreise um P und Q können sich demnach nur auf der Symmetrieachse zu P und Q schneiden. Wegen Fundamentalsatz 1

Zweimal der gleiche Lehrstoff
Oben aus einem herkömmlichen Schulbuch. Unten aus einem Sachbuch, wie es für den Schulgebrauch verpönt ist. Während im ersten Fall die meisten Schüler sofort mit einem Gefühl der Unsicherheit und Abneigung reagieren (»abstrakt«, »fremd«, »verworren«) – mit entsprechender Hemmung der Assoziations- und Schaltfähigkeit im Gehirn –, arbeitet das zweite Beispiel mit Neugier, Spass, vertrauten Erfahrungen und somit Erfolgserlebnissen. All das erhöht über eine entsprechende Hormonstimulation die Aufnahmefähigkeit, das Behalten und das Wiedererinnern schlagartig um ein Vielfaches – und darauf dürfte es ja wohl ankommen!

2. Fundamentalkonstruktion zur Achsenspiegelung

Konstruiere zu zwei gegebenen Punkten P und Q die zugehörige Symmetrieachse a!

Lösung (Fig. 50): Nach FS. 8; 3 sind nur Achsenpunkte von zwei zueinander symmetrischen Punkten P und Q gleich weit entfernt. Gleich große Kreise um P und Q können sich demnach nur auf der Symmetrieachse zu P und Q schneiden. Wegen FS. 1 legt bereits ein solches Kreispaar die gesuchte Achse eindeutig fest.

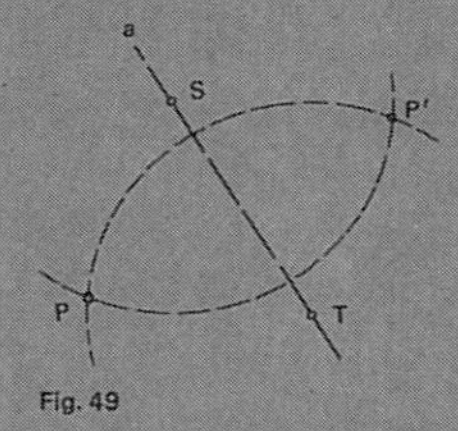

Fig. 49

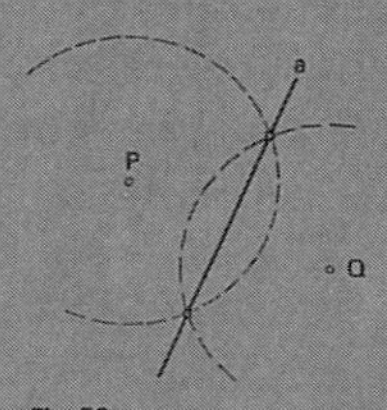

Fig. 50

Anmerkung: Daß es zu P und Q nicht mehr als eine Achse geben kann, folgt aus der Tatsache, daß die Strecke [PQ] nur *einen* Mittelpunkt hat und in diesem Punkt nur *ein* Lot zu PQ errichtet werden kann[1].

[1] Eine von der Anschauung unabhängige Begründung ergibt sich aus FS. 2 und 4.

darüber hinterlassen, wir können aber vermuten, wie sie diese Schwierigkeit meisterten.

Wahrscheinlich zogen sie zunächst eine lange Gerade, indem sie eine Schnur zwischen zwei in die

Jeder Block wurde behauen und mit einem Maurerwinkel geprüft

Schwere Blöcke wurden über Rollen die Sandrampen hochgezogen

Ein Bleilot stellte fest, ob die Blöcke genau senkrecht standen

Erde gesteckten Pfählen spannten. An jeden Pfahl banden sie gleich lange Stücke Schnur, die länger als die Hälfte der eben gezogenen Geraden waren. Sie zogen mit den straffgespannten Schnüren Kreisbogen um die Pfähle. Diese Teilkreise schneiden sich in zwei Punkten. Wenn der Baumeister die beiden Punkte durch eine Gerade verband, schnitt sie die erste Gerade im rechten Winkel und teilte sie in zwei gleich lange Strecken.

Der Baumeister mußte auf dem flachen Boden rechte Winkel schlagen können, um seine Fundamente quadratisch zu machen. Um zu prüfen, ob seine Mauern auch genau senkrecht standen, mußte er auch in der Luft rechte Winkel schlagen können. Hierfür hatten die ägyptischen Baumeister ein Bleilot. Wenn die Schnur von der oberen Kante einer Mauer so herunterhängt, daß das Bleigewicht frei schwingen kann, schlägt es einen Kreisbogen und

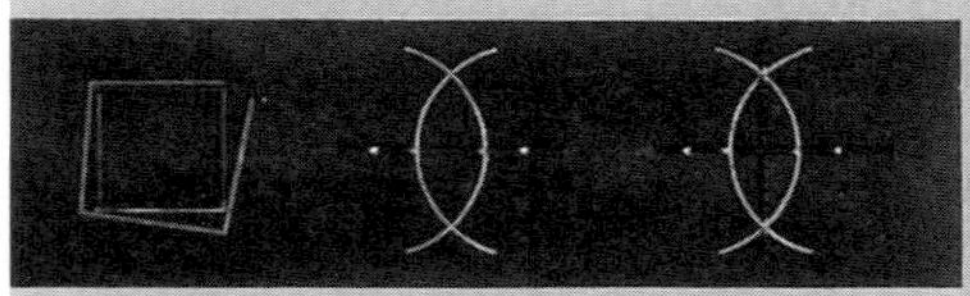
Ein falscher Winkel in der unteren Lage bedeutete einen fehlerhaften Grundriß. Man erhält rechte Winkel, indem man von zwei beliebigen Punkten einer Geraden aus Halbkreise von gleichem Radius schlägt und ihre Schnittpunkte miteinander verbindet

legt bereits ein solches Kreispaar die gesuchte Achse eindeutig fest. Anmerkung: Dass es zu P und Q nicht mehr als eine Achse geben kann, folgt aus der Tatsache, dass die Strecke [PQ] nur *einen* Mittelpunkt hat und in diesem Punkt nur *ein* Lot zu PQ errichtet werden kann.« Dazu ist nicht mehr viel zu sagen. Die erste Konstruktionszeichnung wird im Gehirn in vielfältiger Weise an dem Bau von Pyramiden verankert. Was im zweiten Fall mit genau der gleichen Konstruktion im Gehirn passiert, kann man sich nach den vorangegangenen Erkenntnissen schon selbst ausmalen – nämlich nichts, außer vielleicht Frustration.

Nun, wie kommt es zu solchen Schulbüchern? Offenbar war es für unseren Schulbuchautor im Gegensatz zu seinem englischen Kollegen weitaus wichtiger zu zeigen, was er alles auf der Universität gelernt hat, als seine eigentliche Aufgabe zu erfüllen, nämlich Kindern eine mathematische Regel nahezubringen[89]. Der Erfolg: Der Stoff bleibt unbekannt, fremd, feindlich. Keine Assoziationsmöglichkeit, kein größerer Zusammenhang, Neugierde wird nicht

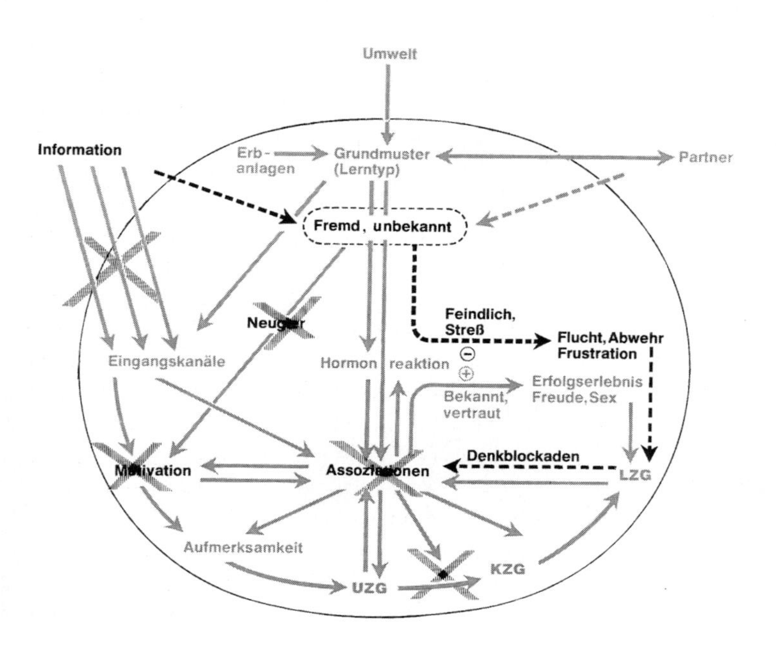

geweckt, und damit fehlt auch die Motivation. Durch den unnötigen Anhang über die »Eindeutigkeit« kommt es im Ultrakurzzeit-Gedächtnis zu Interferenzen – Fehler noch und noch! Doch die Fehler, die erst dadurch wiederum beim Schüler entstehen, werden dann diesem angekreidet.

Dabei gäbe es eine so einfache Möglichkeit, viele dieser grundlegenden Fehler zu vermeiden: und zwar, indem man Text und Layout von Schulbüchern grundsätzlich von den Schülern mit erarbeiten lässt. Wir haben einen solchen Versuch gemacht und eine Schülerin mit einem Biologen als Schulbuchredakteur zusammengesetzt und die Unterhaltung protokolliert. Es geht um ein Thema aus der Biologie. Der Biologe liest: »... jetzt zu den pelagischen Produzenten. Wichtig ist, dass manche Algen ihre Photosyntheseprodukte ...« Schülerin: »Moment mal! Kein Mensch weiß, was pelagische Produzenten sind.« Biologe: »Das ist aber in der Tabelle erklärt.« Schülerin: »Da schaut doch keiner hin, wenn er den Text liest.« Biologe: »Hm, dann lassen wir es doch hier besser raus. Also weiter: ... dass manche Algen ihre Photosyntheseprodukte zum Teil direkt in gelöster Form ins Wasser abgeben. Die meisten Erstkonsumenten gehören zum Fresstyp der Filtrierer. Sie nehmen außer Algen noch Bakterien und Moderstoffe auf. Zweitkonsumenten sind tierisches Plankton und Friedfische – ist doch klar. Ja?« Schülerin: »Nein, ist überhaupt nicht klar. Hier weiß man immer noch nicht, um was es überhaupt geht, warum das wichtig ist.« Biologe: »Tja, dann müssen wir vielleicht doch den Zusammenhang mit der Pflanzenwelt gleich an den Anfang stellen« (macht sich Notizen). »Also weiter: Die Stoffproduktion der höheren Pflanzen der Uferzone macht nur zwei bis fünf Prozent der Stoffproduktion der frei schwebenden Algen aus. Hast du's?« Schülerin: »Ja, aber das habe ich jetzt wieder nicht verstanden. Die Algenproduktion macht wie viel Prozent von was aus – was soll das heißen?« Biologe: »Warte mal, ja, das heißt – hm – ja, das heißt einfach, dass die Algen im Wasser bis zu fünfzigmal mehr Stoffe produzieren als die Pflanzen am Ufer.« Schülerin: »Ach so! Ja, warum *schreiben* Sie es dann nicht so?«

Soweit ein Ausschnitt aus unserem Protokoll. Eine solche Zusammenarbeit – wie hier in diesem wieder authentischen Text –

müsste für Schulbuchverlage zur Regel werden, um endlich solche Bücher zu entwickeln, die für die entsprechende Altersstufe kein Lernhemmnis, sondern eine Lernhilfe sind. Durch eine solche Bearbeitung wird ein Text entstehen, an den sich die Schüler auch leicht erinnern können, weil er im Aufbau, in der Satzkonstruktion und in der Wortwahl assoziierbar ist. Und nur dann ist der Schüler in der Lage, diesen Lernstoff im Langzeitgedächtnis zu verankern und auch darin zu verarbeiten: über das Speichern hinaus auch mit ihm zu *denken,* was ja wohl das Hauptziel der Schule sein müsste.

Man kann also Schulbücher – ganz unabhängig vom jeweiligen Grundmuster, vom jeweiligen Lerntyp – auch generell gut oder schlecht machen. So sollten zumindest die wichtigsten Gehirnfunktionen davon angesprochen werden, eine neue Information in jedem Fall immer in einem bekannten Gewand angeboten, die Sätze nicht substantiviert, Vorgänge nicht abstrahiert, sondern in Aktion beschrieben werden und so möglichst viele Assoziationsfelder auch der nicht benutzten Eingangskanäle mitschwingen können. Dafür sollte das Abstrahieren lieber als solches, als »Übersetzungstechnik« ebenso wie das Auswendiglernen als »Mnemotechnik« gelehrt werden und nicht, vom Thema her völlig verfehlt, letztlich für die Leistung und die Noten ganz anderer Fächer verantwortlich sein.

Solange Schulbuchautoren es nicht verstehen oder nicht für nötig halten, ihre eigentliche Aufgabe zu erfüllen – nämlich das Buch für den Schüler zum Gesprächspartner zu machen und Neugier, Staunen, Begeisterung, Beziehung zum Leben, Spass und Spannung bei ihm zu wecken –, so lange ignorieren sie die Gesetze der Gehirnfunktionen, und so lange müssen Schüler mit Büchern vorlieb nehmen, die ihnen oft mehr schaden als nützen. Damit der Schaden möglichst gering bleibt, sollten sich Schüler über drei Dinge klar sein:

1. Wenn ich von einem Text verwirrt werde, muss nicht ich der Dumme sein, sondern es kann am Schreiber des Buches liegen, der nicht fähig war, sich verständlich auszudrücken. Ich brauche also nicht an mir zu verzweifeln.

2. Wenn ein Text ungeheuer kompliziert ist (in Mathematik, Physik, Grammatik oder irgendeinem anderen Fach), muss keines-

wegs die Sache selbst so ungeheuer kompliziert sein. Der Autor konnte (oder wollte) sie vielleicht nur nicht in einfachen Worten und klaren Sätzen darstellen. Ich brauche also nicht vor dem Fach Angst zu haben oder gar zu glauben, ich sei dafür total unbegabt.

3. Wenn das Schulbuch unverständlich ist, hat es kaum Sinn, das Verständnis erzwingen zu wollen. Ich muss vielmehr versuchen, diesen Stoff aus anderen Quellen zu erarbeiten und ihn für meinen eigenen Lerntyp zugänglich machen: durch besonders aufmerksame Mitarbeit im Unterricht oder durch Zusammenarbeit mit anderen Schülern oder mit Hilfe eines besseren, eines anschaulicheren Buches über diese Materie.

Am besten freilich wäre es, Schulbehörden und Lehrer würden endlich und endgültig Abschied nehmen von Schulbüchern, die das Gegenteil von Lernhilfen sind, und würden nur noch solche auswählen, die für das Lernen der Kinder gemacht sind – nicht für das Fachprestige des Autors.

Was für Schulbücher gilt, gilt natürlich in gleicher Weise für alle anderen Medien, die für den Unterricht der verschiedenen Altersstufen entwickelt werden. In welcher Art der Lehrstoff aufbereitet und dargeboten werden muss, um den lernbiologischen Gesetzen einigermaßen zu entsprechen, ist daher noch einmal in stichwortartiger Form im Anhang auf S. 197 ff. zusammengefasst.

Das Gesamtnetz

Damit sind wir am Ende unseres *Netzwerks der Gehirntätigkeit* angelangt, jedoch noch lange nicht am Ende dessen, was wir als Konsequenz daraus ziehen können. In diesem knappen Überblick kam es zunächst darauf an, überhaupt einmal zu zeigen, was in unserem Gehirn doch alles miteinander verflochten ist – und wie sich das in der Praxis äußern kann.

Halten wir uns den Gesamtprozess dieses Netzwerks vor Augen, so sehen wir, wie in dem durch Erbanlagen, Umwelt und »Partner« gebildeten Grundmuster unseres Gehirns je nach Lerntyp die an-

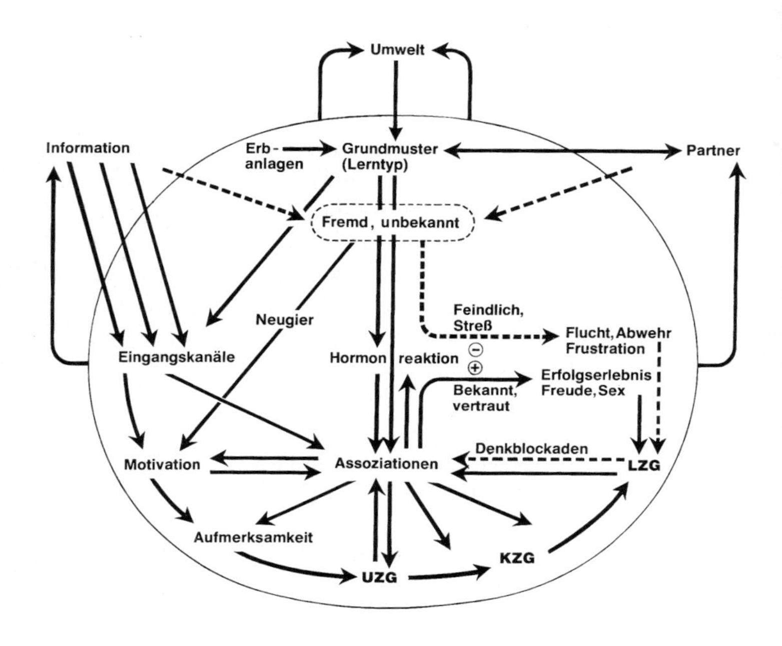

kommenden Informationen ihre Eingangskanäle suchen. Die entstehenden Wahrnehmungen, Gefühle und Intuitionen mögen dann gleichzeitig Stressimpulse über den Eindruck des Fremden, Unbekannten (und somit zunächst Feindlichen) erzeugen und auf diese Weise über neurohormonell gesteuerte Denkblockaden die Verbindungen zu vorhandenen Gedankeninhalten erschweren (Assoziationsblockade). Genausogut können aber auch positive Hormonreaktionen mitschwingen, Erfolgserlebnisse und Freude einsetzen und – ebenfalls wieder über die im Grundmuster verankerten neurohormonellen Funktionen – den Weg zu den entsprechenden Assoziationen und damit das Denken befreien. Trotz des Neuen mag Vertrautheit geweckt werden; Neugier und Entdeckerlust verstärken die Motivation, dass wir uns, d. h. unsere Gehirnzellen, sich intensiver mit jener ankommenden Information beschäftigen. Die Aufmerksamkeit wird wachgehalten und die im Ultrakurzzeit-Gedächtnis verarbeiteten Wahrnehmungen (sowohl die neu angekommenen als auch die aus Assoziation entstehenden) werden laufend durch das Kurzzeit-Gedächtnis abgerufen, welches dann im Laufe der weiteren Verarbeitung seinen Inhalt an das Langzeit-Gedächtnis abgibt. Sowohl im Fall der Abwehr und Verhärtung (negative Hormonlage) als auch im Fall der Öffnung und Aufnahme der Wahrnehmungen und Gedanken (positive Hormonlage) wirken wir, unser Denken, Fühlen und Tun dann auch entsprechend positiv oder negativ zurück: auf die anderen Menschen und ihre Gefühle, auf die Information, die wir durch das bessere Verständnis von Zusammenhängen in unser Tun und Handeln fließen lassen und damit nicht zuletzt auch darauf, wie wir unsere Umwelt verstehen und gestalten.

Unsere Schule kann und darf heute nicht zum Ziel haben, bloßes Wissen einzutrichtern, um lediglich irgendwelchen aus den Fingern gesogenen Stoffanforderungen zu genügen. Sie muss dazu anleiten, ein ganzheitliches Verstehen von Zusammenhängen zu erreichen, bei dem auch das bildhafte Erfassen der Wirklichkeit nicht zu kurz kommt. Ein Verständnis, mit dem alleine wir in der Lage sind, das Gelernte umzusetzen, die Wirklichkeit in ihrer realen Vernetzung zu verstehen und unsere großen Probleme zu meistern. Genau das gelingt aber nur, wenn wir das Zusammenspiel aller Glieder unseres Lebensraums erkennen, es nutzen und nicht tölpelhaft zerstören. Und dazu brauchen wir neben einem Grundwissen vor allem eine Schulung in Fähigkeiten: in der Fähigkeit weiteres Wissen zu erlangen, es flexibel zu halten, in der Fähigkeit zu abstrahieren, zu konkretisieren, Analogien zu bilden, eine Schulung im Vergleichen und Assoziieren, im Dokumentieren, im dynamisch Lesen, in der Fähigkeit Wirkungsgefüge zu erstellen, Systeme zu simulieren, Muster zu erkennen – um nur einiges zu nennen, was uns eine zukunftsträchtige Ausbildung vermitteln sollte.

Eine Reihe von sich aufdrängenden Fragen blieb bisher unbehandelt. Etwa die Konsequenzen, die wir aus diesen Gedanken zur Teamarbeit, zur Wechselwirkung mehrerer Gehirne ziehen müssten.

- Zum Beispiel *Teamarbeit:*

Alle sind wir in der Schule zu Einzelkämpfern erzogen worden: nicht vorsagen, nicht helfen, nicht abschreiben – ein zutiefst lebensfeindliches Verhalten für die Spezies Mensch, die auf Grund ihrer genetischen Ausstattung nur in der Gruppe überleben kann.

In der Schule werden so nicht nur die großartigen Möglichkeiten des »Lernens in kleinen Gruppen« verschenkt, wird nicht nur auf das Erfolgserlebnis einer Klasse verzichtet, wenn sie einem »schlechten« Schüler geholfen hat, wieder mitzukommen, wird nie die Freude erlebt, wenn man gemeinsam eine für den Einzelnen zu große Aufgabe bewältigt hat, sondern es wird hier auch der Grundstein zu vielen Stress erzeugenden Verhaltensweisen gelegt: etwa zu einer im späteren Familien- und Berufsleben häufigen Isolierung vom Partner, vom Kollegen oder zu der so mühsamen und krank machenden Verteidigung des eigenen Prestiges gegenüber den Mitmenschen oder zu dem auf völlig unwesentliche »Errungenschaften« und Scheinerfolge gerichteten Ehrgeiz.

• Zum Beispiel *Fehler:*

Auch die völlig andere Haltung, die wir in unseren Schulen gegenüber dem *Fehler* einnehmen müssen, wäre eine Abhandlung wert. Vom Schreib- und Rechenfehler bis zum Denkfehler, zum mangelnden Weitblick und zur Fehleinschätzung wird der Fehler ja heute immer noch nur als Beweis für Versagen angesehen, anstatt ihn als das zu benutzen, was er ist, als Orientierungshilfe. Bevor meine Kinder in der Schule im Saarland Französisch hatten, konnten sie sich beim Urlaub in Südfrankreich sehr bald verständigen, fehlerfrei einkaufen und Freunde gewinnen. Im nächsten Jahr – inzwischen hatten sie Französisch als Schulfach – war es damit aus. Blockiert, verkrampft, hilflos brachten sie kein einziges Wort über die Lippen: Angst vor dem Fehler. So ergibt sich die große positive Bedeutung des Fehlers wieder aus biologischen Wechselwirkungen. Nur indem wir uns an Fehlern entlangtasten, lernen wir als Säugling das Köpfchen heben, laufen, uns in der Umwelt zurechtfinden. So ist die Rückkoppelung mit dem Fehler, die ja nichts anderes als das Tasten eines Lebewesens in seiner Umwelt ist, der Grundvorgang des Lernens überhaupt. Ihn wieder als solchen einzusetzen, den Fehler vom Frustrationserlebnis zum Erfolgserlebnis umzuwandeln, wäre eine der wichtigsten Aufgaben einer Schulerneuerung. Hieraus ergeben sich wieder Konsequenzen für das gesamte System der Benotung, des Versetzens und der Art und Weise von Prüfungen.[95] »Aus Fehlern lernen« heißt dann nicht, ihn das nächste Mal vermeiden, sondern ihn verstehen und einordnen;

heißt herausfinden, warum es ein Fehler ist, wie weit er vom richtigen Tun abweicht usw. Wird dagegen derjenige, der ihn begeht, zum Versager abgestempelt, so werden Frustration, Angst und Stress das Erkennen wie auch das weitere Lernen blockieren, das immer über das Probieren läuft, ein Probieren, vor dem man sich nunmehr hüten wird.

- Zum Beispiel *Schulatmosphäre:*

Ein anderer Bereich, für den aus all dem Gesagten Konsequenzen zu ziehen wären, ist der äußere Rahmen des Lernens: die Schulgebäude und ihre Einrichtungen. Wenn wir Erfolgserlebnisse, Freude, Spass, Neugier, Staunen und die Möglichkeiten, unseren individuellen Lerntyp einzusetzen, in den Unterricht einbauen wollen, wenn wir also – wie anfangs gefordert – das Lernen *mit* dem Menschen und nicht *gegen* ihn gestalten, so darf die Schulatmosphäre dabei am allerwenigsten vergessen werden. Wir sehen ja, wie wichtig alle Begleitwahrnehmungen während des Lernens und der Verarbeitung des Gelernten sind. Es dürfte nicht schwer fallen, die oft so fehlerhafte und teilweise verbrecherische Architektur moderner Schulen und Schulzentren mit ihrer erlebnisarmen Atmosphäre anhand der Wechselwirkung mit unserem biologischen Organismus – wahrscheinlich sogar regelrecht messbar – aufzudecken. Eine Bauweise, Struktur, Gestalt, Farbe, Einrichtung und Einteilung, die das Lernen, Denken und Verstehen fördert, würde sich so grundlegend von dem unterscheiden, was heute den Kindern geboten wird und ihre Lernbereitschaft sowie ihre zunächst meist lernfreudige Grundhaltung abwürgt, und könnte dabei weitaus billiger sein, so dass allein die bloße Aufzählung der davon betroffenen Veränderungen ein ganzes Kapitel füllen würde.

- Zum Beispiel *Lehrplan:*

Warum arbeitet man nicht längst statt blutleerer Curricula solche aus, die dem Lernenden Einblicke in die Wirklichkeit geben? Arbeitsbögen für einen Objektunterricht, einen Projektunterricht – und in Kooperation mit Universitäten auch ein Projekt*studium,* wie ich es für ein Field-School-College in Israel und ein Projekt der Cornell University schon vor vielen Jahren mitkonzipiert habe, und das dort ganz außergewöhnliche Lernerfolge zeitigt.[96] Inzwischen gibt man dort in guten Highschools Schülerteams längst projektartige Aufgaben, die sie dazu motivieren, Informationen selbständig einzuholen – außerhalb der Schule, sei es in Verwaltungen, in der freien Natur oder in der Industrie, um auf diese Weise – allein durch den Kontakt mit dem »Leben« – Denkhemmungen zu überwinden, Vergleiche zu bilden, Ähnlichkeiten herauszufinden und das Wissen vernetzt einzuordnen[97]. Auch das neue Konzept der Ingenieurschule Oensingen im Schweizer Kanton Solothurn – inzwischen zur Fachhochschule Aargau avanciert – pflegt mit einem fachübergreifenden Projektstudium eine neue Lernkultur auf der Basis des »vernetzten Denkens« und lernt so an realen Projekten nicht nur technische, sondern auch ökologische, soziale und ökonomische Faktoren von Anfang an berücksichtigen.

- Zum Beispiel *Lernalter:*

Man sollte die neueren Erkenntnisse über die Umstrukturierung bestimmter Gehirnbereiche ab einem Alter von etwa 10 Jahren in die Lehrplangestaltung einbeziehen. So sahen wir, dass sich die Einwirkungen aus der Umwelt entgegen der bisherigen Auffassung nicht nur bis zum Kleinkindalter, sondern z. B. in der Pubertät noch einmal erneut in anatomischen Veränderungen der Gehirnverdrahtung niederschlagen. Während in dieser Zeit sowohl bestimmte neue Fähigkeiten im Sozialverhalten, des Planens und Organisierens erlernt werden, gehen gleichzeitig andere Neuronen-Verknüpfungen für bisherige Fähigkeiten und Fertigkeiten stark zurück, etwa das leichte Erlernen von Fremdsprachen, von motorischen und künstlerischen Fertigkeiten. Es ist daher nachgerade ein Unding, ausgerechnet erst dann, nämlich ab 10 Jahren, wenn die dafür zuständigen, aber nicht genutzten Gehirnfunktionen zurückgehen, eine zweite Sprache zu erlernen – statt schon im Kindergarten. Ähnliches gilt für das Spielen eines Musikinstruments oder sportliche Fertigkeiten wie Schwimmen, Radfahren, Balancieren usw.

So wie anhand dieser fünf Beispiele könnten noch viele andere Grundprobleme angeschnitten werden, die hier weggelassen werden mussten, obwohl sie wichtige Forschungsthemen eines biologisch sinnvollen Lernens darstellen. Doch habe ich die Hoffnung, dass die Leser dieses Buches ebenso wie die Zuschauer unserer Filme angeregt werden, entlang den aufgeworfenen Zusammenhängen weiter zu denken, zu forschen und zu praktizieren.

V Spielen hilft verstehen
Die wirksamste Lernhilfe – sträflich verkannt

Einführung

Wer je mit dem Lernen, mit Schule, Unterricht und Ausbildung zu tun hatte, wird schnell festgestellt haben, dass hier strikt zwischen Arbeit und Spiel unterschieden wird. »Du musst erst deine Aufgaben machen, dann darfst du spielen.« Und wenn in der Schule mal gelacht wird, dann klopft der Lehrer aufs Pult: »So, Kinder, nun wieder Spaß beiseite, genug gespielt, jetzt wird wieder gelernt.«

Was geht da eigentlich vor? Wer sagt, dass Lernen und Spielen nicht zusammengehören? Wenn wir nach dem ursprünglichen Ziel des Lernens fragen, so dürften wir uns darüber einig sein, dass es letztlich darin liegt, uns zu helfen, mit der Wirklichkeit besser zurechtzukommen. Die Schule und auch die Universität scheinen aber genau diesem Anspruch mit ihren Lehrmethoden immer weniger gerecht zu werden. Sonst würde der Praxisschock nicht umso größer, je länger eine Ausbildung dauert! Und das, obwohl dabei doch wirklich ernsthaft versucht wird, die in Fächer eingeteilte Welt bis ins letzte Detail zu analysieren, während man auf Spaß und Spiel – wobei man ja, wie es heißt, nichts lernen kann – mit Verachtung herabschaut.

Warum also? Ist das irgendwie bewiesen? Entfremdet uns das Spielen grundsätzlich von der Wirklichkeit, oder führt es uns eher zu ihr hin? Dürfen wir wichtige Lernvorgänge wie das Verstehen von Zusammenhängen oder gar die Schulung im Denken überhaupt dem spielerischen Umgang anvertrauen, oder sollten wir sie einer sogenannten seriösen Fachausbildung vorbehalten? Denken wir mal ganz pragmatisch: Wenn es um das wirkliche Verständnis dieser Welt geht, dann dürfte ja wohl grundsätzlich gerade diejenige Methode gut sein, die den größten Lerneffekt hat. Und an dem hat das Spiel in der Tat einen entscheidenden Anteil.

Genau diese Erkenntnis geht, wie wir gesehen haben, aus der modernen Lernbiologie hervor, die über die neurohormonellen Zusammenhänge unserer Gehirntätigkeit eine Menge in Erfahrung gebracht hat. So ist das Lernen einer der tiefgreifendsten Vorgänge in der Kommunikation eines Lebewesens mit seiner Umwelt. Denn es hilft diesem Lebewesen, mit seiner Umwelt vertraut zu werden, sich ihr anzupassen, Gefahren rechtzeitig zu vermeiden, kurz, sich in ihr auf die möglichst effizienteste Art zum eigenen Wohl zurechtzufinden. Interessanterweise läuft nun dieser lebenswichtige Vorgang in der Natur ganz anders ab als in der Schule. In der Natur findet er, abgesehen von durch Schockwirkung einprogrammierten Reflexen, ausschließlich in den Phasen der Entspannung statt. Und dass das so ist, liegt, wie wir nun wissen, an der Funktionsweise des Gehirns selbst. Denn eine feindliche Umwelt, die unter Stress erlebt wird, soll ja nicht erlernt, sondern möglichst gemieden werden – und im Ablauf des Stressmechanismus unterscheiden wir uns da eben in keiner Weise von einer Ratte oder einem Baumspitzhörnchen.

So zeigte uns das Netzwerk des Gehirns, dass das assoziative Denken unter dem Stress von Gefahrensituationen weitgehend blockiert ist. Hier kommt es ja auf möglichst reflexartige Reaktionen an und nicht auf lange Überlegungen, auf Vergleiche oder gar spielerisches Ausprobieren. Erst wenn wieder Entspannung eingetreten ist, beginnen die Assoziationsfelder des Gehirns erneut zu arbeiten, das Lebewesen beginnt wieder mit der Umwelt zu »spielen«, das Lernen kann weitergehen.

Somit ist der Mechanismus des Lernvorgangs schon rein biologisch auf eine Atmosphäre der Vertrautheit, der Entspannung, des Sichwohlfühlens zugeschnitten. In einer Konstellation, die Freude verspricht, Lustgefühle und Erfolgserlebnisse, in der wir unbekümmert spielen und ausprobieren können, da funktioniert er optimal. Auf eine solche Umwelt sollten wir neugierig sein, sie so erforschen, uns in ihr zurechtfinden, sie »erlernen«.

Doch was tun wir in der völligen Verkennung solcher Grundtatsachen der Lernbiologie, ja der menschlichen Natur überhaupt? Ausgerechnet den Unterricht, die Einführung in ein neues Gebiet, die Vermittlung von Wissen verknüpfen wir vielfach mit Angst, Stress, Frustration und Prestigekämpfen – alles typische Lernkiller, unter denen wir mit gewaltigem Einsatz und gegen die Funktionen unseres Organismus dann logischerweise nur ein lächerliches Ergebnis erzielen können. Was herauskommt, ist ein wenig Auswendiggelerntes und Gemerktes, doch niemals ein begreifendes Erfassen von Zusammenhängen, das uns die einzig sinnvolle Aufgabe des Lernens erfüllen hilft: uns in der Wirklichkeit besser zurechtzufinden, sie zu meistern. Ganz zu schweigen von der sinnlosen Quälerei, die viele Menschen zu permanent Lerngeschädigten macht.

Als Naturwissenschaftler, der gewohnt ist, Erkenntnisse durch das Experiment zu erlangen, durch Beobachten, durch Selbertun, habe ich auch schon ganz persönlich immer wieder erfahren, dass ein tieferes Verstehen, ein Aha-Erlebnis, in der Tat am ehesten durch persönliche Erfahrung bei Versuch und Irrtum, das heißt durch Erleben, also im »Spiel im weitesten Sinne«, geschieht, und keineswegs in einer trockenen Abhandlung, die statt Freude und Neugier oft nur Stress und Frust vermittelt. Bei diesem »Lernen« mag man sich zwar, wenn auch mühsam, eine Reihe von Daten und Fakten merken. Aber merken ist eben noch lange nicht verstehen. Die Komplexität unserer Welt als »vernetztes« System wird so niemals erfasst. Und was dieses Manko bedeutet, bekommen wir immer mehr zu spüren.[105]

Leider liegt das Dilemma aber noch tiefer. Die das Spiel ausklammernden Lebensformen unserer Schulen und Universitäten haben uns nicht nur der Wirklichkeit unseres Lebensraumes als komplexem System entfremdet, sondern auch der Wirklichkeit unserer sozialen Beziehungen. Gerade jenes Abfragen und Zensierenmüssen trägt auch dazu bei, dass wir zu jenem Einzelkämpfer erzogen werden, der nicht helfen soll, nicht vorsagen, sich nicht helfen lassen darf.

Je länger die Schule dauert, desto tiefer rutschen wir in die Isolierung, in die Lebensuntüchtigkeit. Der Praxisschock wird, wie gesagt, immer größer. Die Freude am Helfen, am sinnvollen Tun müssen wir, da sie uns während der Ausbildung ausgetrieben wird, im Beruf erst mühsam wieder erlernen. Der steigende Aufwand für die innerbetriebliche Ausbildung ist der Wirtschaft nur allzugut bekannt. Oft ist es zu spät dazu. Anders als in der heutigen Schule, die uns, wie gesagt, zum Einzelkämpfer erzieht, bedeutet dagegen ein »Lernen durch Spielen«, dass automatisch auch die Kommunikation untereinander, die so sträflich vernachlässigte Fähigkeit zur Kooperation geübt wird.[99]

Eine ähnliche Umkehrung erreicht das Spiel bei der Verkrampfung gegenüber dem Fehler. Wenn wir, wie weiter oben gefordert, den Fehler nicht mehr als Versagen, sondern als Orientierungshilfe nehmen, so erweist sich auch hier der Wert des Lernens im Spiel. Denn wie wohltuend ist es, dass man beim Spielen ruhig Fehler machen kann. Man wird nicht durch eine andere Person bestraft, sondern erfährt die realen Konsequenzen durch den Fehler selbst. Wie gesagt, ein Feedback ergibt sich, an dem man sich orientieren kann. So werden Fehler nicht verdrängt, sondern als Erfahrung genutzt. Trotz Fehlermachens entsteht so ein Erfolgserlebnis.

Jeder gute Lehrer weiß, dass zur Auflockerung der Lernatmosphäre nicht zuletzt auch der Humor wie eine »Vitaminspritze« wirken kann. In der Tat aktiviert er aber ganz gezielt die rechte Hirnhälfte und damit die Kreativität. Jeder Witz lässt nämlich zunächst einmal eine Erwartungshaltung entstehen. So weit die Leistung der linken Hemisphäre. Dieser Erwartung wird dann aber mit der überraschenden Pointe des Witzes der Boden entzogen. Der erste Schritt, der Sinn für den Überraschungseffekt, verbleibt damit in der linken Hirnhälfte. Diese ist jedoch völlig außerstande, den entstehenden Widerspruch durch eine neue, erheiternde Sinnstiftung aufzulösen, so dass – ob man will oder nicht – die rechte Hemisphäre in Aktion treten muss. Ihre Leistung besteht nun darin, die Pointe auf einer höheren Ebene mit dem vorher Gehörten unter Lustgewinn zu vereinen. Die positive Hormonlage und das damit verbundene Erfolgserlebnis halten nun ihrerseits die Aufmerksamkeit und das kreative Denken weiter in Aktion.[107]

Solche psychischen Einflüsse sind ja beim Lernen oft ausschlaggebend. Man kann also nicht oft genug wiederholen, dass unsere Denkbahnen nicht nur innerhalb der kognitiven Bereiche unserer

Großhirnrinde verlaufen, sondern auch zwischen diesen und allen anderen Gehirnarealen, auch denen, über die das vegetative System und die verschiedenen Hormondrüsen mit dem übrigen Organismus verbunden sind. Dazu zählen die Hypothalamus-Region und das limbische System, der Schläfenlappen, das Ammonshorn und die *Formatio reticularis,* der in das Rückenmark übergehende Teil unseres Stammhirns. Es geht also um ganz bestimmte, lokalisierbare Teile unserer Gehirnareale, die man im EDV-Jargon als »Interface« zum restlichen Organismus bezeichnen würde.

Die Realität als Medium

Dass das immer geht, auch bei ganz abstrakten Themen, habe ich unter anderem mit mehreren Wanderausstellungen gezeigt.[106]

Gerade mit dem Medium Ausstellung kann man abstrakte Inhalte nicht nur mit Worten und Formeln, sondern auch durch visuelle und vor allem haptische Darstellungen und Experimente *begreifbar*, das heißt über die Sinnesorgane erfahrbar machen (vgl. die Abb. auf S. 187).[109] Analogiebildung, Simulation und Mustererkennung spielen hier eine große Rolle. Im Unterricht und in der Erwachsenenbildung setzen wir sie kaum ein.

Und das ist sehr bedauerlich. Denn wenn wir optische, haptische und motorische Elemente miteinbeziehen, werden dadurch die Lerninhalte nicht etwa weniger exakt, als wenn wir sie nur in Begriffen und Formeln anbieten, sondern im Gegenteil: Sobald sie mit Motorik, Empfindung und visuellem Erleben gekoppelt werden, werden sie ja auch mit einem Teil der Realität gekoppelt – und das gibt schon gleich wieder eine Resonanz zwischen dem Grundmuster unseres Gehirns und der äußeren Umwelt, die ja diese Grundmuster geprägt hat. Wir sahen, dass damit die so empfangenen Informationen automatisch weit besser verankert und verstanden werden, als wenn ein Lerninhalt isoliert eintrifft. Auf dieser Basis lässt sich dann im Anschluss an das Erlebte mit Leichtigkeit eine Fülle selbst abstrakter Details sozusagen »saugend« im Gehirn aufhängen und einordnen. Nach unseren Untersuchungen kann man so die Effizienz eines Unterrichtes auf das Vier- bis Fünffache erhöhen, das heißt einen – dazu noch qualitativ besseren – Lerneffekt in einem Bruchteil der Zeit erzielen.

Eine Gruppe von Münchener Medizinstudenten konnte zum Beispiel die Vorbereitungszeit auf das erste Staatsexamen dadurch auf ein Fünftel abkürzen (von 7 Monaten auf 6 Wochen), dass man nicht – wie vorgeschrieben – Anatomie, Neurologie, Physiologie und Biochemie jeweils für sich lernte und so immer wieder eine neue Ebene des menschlichen Organismus getrennt von den anderen Ebenen anging, sondern dass man von der sichtbaren Betrachtung eines Körperteils, zum Beispiel der linken Hand, ausging. An ein und demselben Objekt wurden so erst einmal alle Fächer rundum abgetastet und nur die dieses Objekt betreffenden Bruchteile des Lernstoffs sozusagen »spielerisch« aufgenommen. Das war zunächst sehr ungewohnt und aufwändig. Beim nächsten Körperteil ging es schon einfacher, vieles war auf einmal schon bekannt, man begann analoge Schlüsse zu ziehen. Und so baute sich das medizinische Prüfungsgebäude nicht mehr als heterogene Stoffsammlung, sondern als Gesamtbild auf, das mit der Realität – dem menschlichen Organismus – fest verbunden war. Disziplinorientiertes Lernen war in systemorientiertes Lernen übergegangen. Der Erfolg des Experiments war eindeutig: die betreffenden Studenten hatten in der Prüfung immer genügend Assoziationen parat und bestanden sämtlich mit guten Noten.[98]

Danach ist ein spielerisch-assoziatives Erlernen der Wirklichkeit auch – weil es die Möglichkeiten unseres Denkapparates voll nutzt – ohne Zweifel die ökonomischste und effizienteste Art zu lernen, die es überhaupt gibt. Die Verkrampfung, die unser Schulwesen, unsere Lehrbücher, das Zensurengeben, ja die ganze Erziehung zum Einzelkämpfer in das Lernen hineinbringt, aber eben auch die Einteilung der Wirklichkeit in voneinander abgeschottete Fächer, weicht von diesem ökonomischen Prinzip weit ab. Leider ist ein Lernen mit dem ganzen Organismus, mit Körper, Seele und Geist im herkömmlichen Unterricht jedenfalls kaum durchzuführen. Und so weicht man dort bequemerweise in die reine Abstraktion aus – unter Vernachlässigung wichtiger Gehirnpartien.

Medium Ausstellung

In meiner Wanderausstellung ›Unsere Welt – ein vernetztes System‹ werden komplexe Zusammenhänge durch aktive Betätigung der Besucher visuell und haptisch erlebbar gemacht.

Am »Abfallkarussell« versuchen Kinder die günstigste Kombination von Produktion, Kosten, Energieverbrauch und Umweltschutz einzustellen.

Die Entstehung von »Strudelformen« lässt uns die Bildung des menschlichen Organismus unter dem Einfluss von Umweltkräften nachvollziehen.

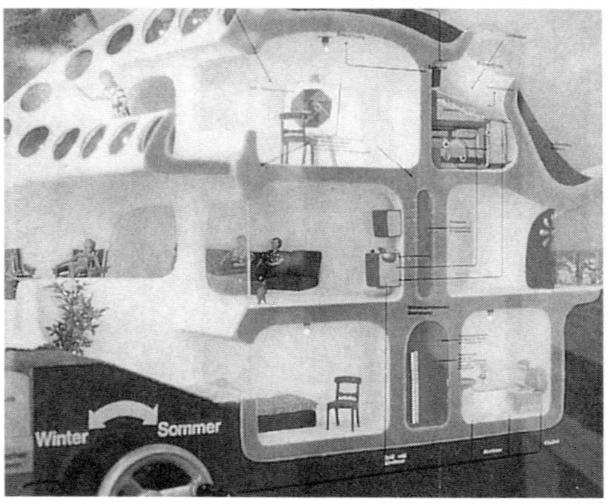

Hier zeigt das Modell eines kybernetischen Hauses, wie es Sommer und Winter durch Solarenergie mit Windgeneratoren koppelt und sich durch Dachbegrünung, Abfallrecycling und Algentechnologie selbst ver- und entsorgt.

Es ist daher nicht verwunderlich, dass es in unseren Unterrichtsstätten, fern von der Wirklichkeit, außerordentlich viel schwerer ist, das Wesen einer Sache zu erfassen und etwas zu lernen, das über das bloße Merken hinausgeht. Viel schwerer als im Spiel, wo Neugier, Faszination, Erlebnis und Bildhaftigkeit weit mehr Verankerungen ermöglichen. Die geistige Verarmung, die dadurch eintritt, dass aus dem Unterricht, aber auch vielfach aus der Berufsausbildung das Spiel prinzipiell verbannt ist, setzt sich dann oft bis in die spätere Praxis fort, wo die Arbeit im Grunde ja auch nicht Spass machen darf. Damit fehlen auch dort wichtige Voraussetzungen für ein weiteres effizientes Lernen, ebenso wie für kreative Prozesse.

Gefahrloses Ausprobieren der Wirklichkeit

Die biologische Funktion des Spiels ist damit klar. Doch nicht nur deshalb wird es von der Natur so favorisiert. Ein weiterer Grund liegt im Wesen des Spiels selbst: Spiele sind Modelle. Modelle der Wirklichkeit. Als dynamische Modelle sind Spiele auch Simulationen der Wirklichkeit. Beim Lernen im Spiel kommt also zu dem Pestalozzischen »Learning by watching« noch das Fröbelsche »Learning by doing« hinzu. So nutzt man beim Spiel den *Vorteil* der Abstraktion, nämlich den wirklichen Gefahren nicht ausgesetzt zu sein, ohne jedoch ihren *Nachteil,* also den Verzicht auf die Mitarbeit eines Großteils unserer Gehirnfunktionen, in Kauf nehmen zu müssen.

Darüber hinaus reißt eine Simulation die Wirklichkeit nicht auseinander, teilt sie nicht in Fächer ein, sondern versucht sie ja gerade in ihren Wechselwirkungen zu erfassen, ihr »Muster« zu erkennen. All dies fesselt die Aufmerksamkeit, weil es Resonanz mit dem eigenen Grundmuster erzeugt. Tatsächlich wird ja auch nichts intensiver betrieben als das Spiel, nichts mit mehr Konzentration, die wiederum eben nur in der Geborgenheit einer entspannten Situation möglich – ja biologisch statthaft ist.

Diese Überlegungen sprechen dafür, dass ein spielerisches »Ausprobieren« der Wirklichkeit aus vielen Gründen die Welt besser verstehen hilft. Zum Beispiel die zwischenmenschlichen Beziehungen, etwa in Wettbewerbsspielen, wo man »durchspielt«, was Konkurrenz, Erfolg, Misserfolg in einer Gruppe bedeuten. Aber auch Glücksspiele simulieren die Wirklichkeit. Ein Glücksspiel ist eine Übung, mit dem Zufall fertigzuwerden. Ohne Bitterkeit. Ein Zufall, der uns auch im Leben vielfach überrascht. Schließlich auch Ereignisspiele, Entscheidungsspiele, die die Folgen eines Eingriffs – obgleich mit aller Logik vorausberechnet – dann doch an der simulierten Wirklichkeit zu etwas anderem werden lassen als ursprünglich beabsichtigt.

Das war mit der Grund, weshalb ich eine so wichtige neue Denkschulung wie den Umgang mit komplexen Systemen nicht nur in Büchern, sondern auch in verschiedenen Wanderausstellungen und natürlich auch in einem Spiel, dem Umweltsimulationsspiel *Ökolopoly* und dem CD-ROM-Nachfolger *ecopolicy*, verarbeitet habe.[100]

Die komplexen Steuerungs- und Selbstregulationsvorgänge in einem Lebensraum, zum Beispiel einer Stadt, lassen sich eigentlich überhaupt nur in einer Simulation erfahren. Und weil uns ein Lernen im Umgang mit komplexen Systemen fehlt, brauchen wir heute mehr denn je solche Übungsfelder, um selber zu verfolgen, wie beispielsweise noch so gut durchdachte Entscheidungen letztlich doch eine Katastrophe herbeiführen können. Im Simulationsspiel erleben wir daher ohne den Stress der realen Gefahren – und somit ohne den Lernvorgang zu blockieren, aber dennoch in voller Aktion –, wie die komplexen Vorgänge in der Umwelt, in Wirtschaft und Landesentwicklung ablaufen, wie die Dynamik eines vernetzten Systems dazu führt, dass Eingriffe ganz woanders ihre Folgen zeigen als dort, wo man eingegriffen hat.

Diese neue Spielform zeigte in ihrer »manuellen« Ausführung als doppelseitiges Brettspiel, ähnlich wie in der auf S. 191 abgebildeten Großversion, die verschiedenen Bereiche eines Industrie- bzw. eines Entwicklungslandes, hinter denen neun Drehscheiben versteckt sind, die man am Rand auf verschiedene Positionen einstellen kann. Dabei erscheinen in diesen Fenstern unterschiedliche Zahlen. Das sind die *Wirkungen*, die nach ganz bestimmten mathematischen Funktionen dann auf die anderen Bereiche *einwirken*. Diese muss man an den Drehscheiben vor- oder zurückdrehen, so wie es in den Fenstern angegeben ist.

Auf diese Weise hängt die Produktion mit der Umweltbelastung und der Lebensqualität zusammen, die Umweltbelastung mit Aufklärung und Politik, die Aufklärung mit der Bevölkerungszunahme und Lebensqualität und so weiter, so dass eine ähnliche Vernetzung entsteht wie in der Wirklichkeit.

Greift man nun an einer Stelle, zum Beispiel an der Produktion oder der Lebensqualität mit bester Absicht ein, so hat dieser Eingriff auch, wie in der Wirklichkeit, eine Kette von Wirkungen und Rückwirkungen zur Folge. Und dann kommt – oft erst mit Zeitverzögerung – auf einmal ganz woanders, wo man überhaupt nichts »Böses« getan hat, etwas Furchtbares heraus. Ein eindrucksvolles Erlebnis, aus dem man eine Menge über Vernetzung und Kybernetik lernen kann. Deshalb dient unser *Ökolopoly* zum Beispiel auch in der »Bundeszentrale für politische Bildung« als Rollenspiel zur Einführung in parlamentarisches Handeln und ökologisch-ökonomische Entscheidungsprozesse. Das Spiel ist inzwischen natürlich auch längst als Computerspiel im Einsatz und in verschiedene Sprachen übersetzt.[99] In der neuesten, multimedial weiterentwickelten Version *ecopolicy* auf CD-ROM für PC war es möglich, den Spieler nicht nur durch Fakten, sondern auch mittels künstlerischer Qualität und eine neue Transparenz des Simulationsvorgangs das Erkennen von komplexen Zusammenhängen erleben zu lassen.[100]

Vermittler zwischen Theorie und Praxis

Hier taucht natürlich immer die Frage auf, ob nicht doch die Realität selber der beste Lehrmeister ist. Im Detail ist das sicher der Fall. Nicht aber, wenn es wie hier um ein grundsätzlich neues Verständnis geht. In der rauen Wirklichkeit, das zeigt die politische Praxis, erzeugen zum Beispiel sich häufende Rückschläge eher Panik oder

Veranstaltung des Hessischen Naturschutzbundes mit einem motorgetriebenen »Riesen-Ökolopoly« – ein typischer Workshop zum vernetzten Denken, wie er unter anderem auch im Programm der Bundeszentrale für politische Bildung angeboten wird.

Lähmung als ein Verstehen der Zusammenhänge. Denn Panik erzeugt wiederum Denkblockaden, und der Lerneffekt bleibt erneut aus. Soweit gewisse Lernhemmnisse im *direkten* Umgang mit der Realität.

Ähnlich steht es aber auch mit dem anderen Extrem, mit der grauen Theorie. Die gleichen Dinge im Sozialunterricht lediglich theoretisch oder an Fallbeispielen zu erläutern, motiviert nur einen kleinen Teil unserer Intelligenz. Zum wirklichen Verstehen und Begreifen gehören jedoch alle sinnlichen Wahrnehmungen, gehört unser Sehen und Fühlen, unsere bildhafte Vorstellung und gehört die Enttäuschung und das Erfolgserlebnis, die Erwartung, Versuch und Irrtum, Zufälle und Fehler (wie gesagt, beim Lernen sind Fehler kein Versagen, sondern Orientierungshilfen!), kurz, gehört der ganze Organismus. Nur er kann wirklich »erleben« und damit das Erlebte in den gesamten Beziehungen seiner Zellen verankern. Erst das ist dann wirkliches Lernen.

Dazu ein Zitat aus einem Buch des Bamberger Psychologen Dietrich Dörner:

»Daher mein Plädoyer für das Simulationsspiel! Die Zeit in einem computersimulierten System läuft schnell. Ein computersimuliertes System ist ein Zeitraffer. Die Konfrontation mit einem solchen Zeitraffersystem macht triviale Fehler, die wir im Umgang mit Systemen machen, sichtbar. Ein Simulationssystem führt uns die Neben- und Fernwirkungen von Planungen und Entscheidungen schnell vor Augen. Und so gewinnen wir Sensibilität für die Realität.

Fehler sind wichtig. Irrtümer sind ein notwendiges Durchgangsstadium zur Erkenntnis. Beim Umgang mit ›wahren‹ komplexen vernetzten Systemen haben wir es aber schwer, unsere Irrtümer festzustellen. Sie zeigen sich dort erst lange Zeit, nachdem wir sie begangen haben, und wir erkennen sie vielleicht gar nicht mehr als Konsequenzen unseres Verhaltens. Das Zeitraffersystem eines Simulationsspiels bringt hier Abhilfe. Es zeigt die Kontingenzen, die Zufälligkeiten. Es kann uns sensibilisieren für solche Fehler und vielleicht etwas vorsichtiger und nachdenklicher machen oder auch wagemutiger.«[101]

Dörner bestätigt damit, dass das Spiel lernbiologisch eine optimale Position zwischen harter Praxis und grauer Theorie einnimmt – auch wenn es die Wirklichkeit nur symbolisiert. Für ein lernendes Erfahren der Wirklichkeit, so wie sie ist, sei es im Psychologischen, in den Sozialbeziehungen, ja selbst in der Technik und, wie wir immer mehr sehen, auch im politischen Entscheidungsraum, sind daher in der Realität auf der einen Seite viele Vorgänge zu riskant, um ihr Erlernen einfach dem »Praxisschock« zu überlassen. Andererseits sind sie auch zu wichtig, man könnte sogar sagen zu ernst, um ihre Vermittlung den Schulen und Universitäten allein zu überlassen und damit ihr Verständnis wieder der Wirklichkeit zu entfremden. Das Spiel gehört als ganzheitliche Übung unbedingt dazu.

So habe ich auch noch eine andere Variante versucht, um komplizierte Inhalte auf eher spielerische Weise an den Mann zu bringen. Und zwar in meinen *Fensterbüchern*. Wenn man nämlich schon gleich mit der ganzen Komplexität eines Problems konfrontiert wird, ist man leicht verwirrt und versteht nun gar nichts mehr. Die *Fensterbücher* zeigen deshalb erst einmal nur den zentralen Kern der komplexen Wirklichkeit, zum Beispiel einen Vogel oder einen Baum oder ein Kernkraftwerk. Also genauso isoliert, wie man die Dinge ja zunächst einmal kennen lernt.

Öffnet man das Fenster durch Umblättern, dann erscheinen die ersten Beziehungen zu anderen Teilen der Wirklichkeit. Immer mehr Fenster gehen dann auf, so dass man Schritt für Schritt das ganze Netz aufbaut. Blickt man dann wieder im letzten Bild auf den ersten Ausschnitt, dann hat sich in unserem Gehirn das unsichtbare Netz der vielen Fäden aufgebaut, die die Dinge miteinander verbinden, der größere Zusammenhang ist nun präsent, ist einem bewusst, und man sieht auf einmal auch das Einzelding mit ganz anderen Augen. So versteht man zum Beispiel, warum der Wert eines Vogels im Gesamtgefüge tausendmal größer ist als sein Materialwert, und warum ein Baum weit mehr ist als ein Baum. Denn wenn er stirbt, geht es nicht nur um den Holzwert, sondern um seine tausendmal wertvolleren Leistungen für die Umwelt. Und ein Kernkraftwerk ist dann auf einmal nicht mehr das »Ei des Kolumbus«, sondern im Gesamtgefüge unseres sozioökologischen Lebensraums wird es zum faulen Ei.[103]

In dem Drehscheibenbuch *Wasser = Leben* schließlich habe ich versucht, das Prinzip der Kreisläufe anhand von Drehscheiben spielerisch erlebbar zu machen, so dass durch die Bewegung der Scheiben sich überall Zustände verändern, in den Kreisläufen neue »Teilnehmer« auftauchen, und man so von dem linearen Denken wegkommt, das immer nur in eine Richtung peilt. Auch hier sind mit Humor und Einfühlungsvermögen gezeichnete Bilder ein ganz wesentliches Element, da sie, wenn man auf ihnen »spazieren geht«, noch viel mehr als Worte vermitteln.[102] So viel zu ein paar eigenen Versuchen, theoretische Inhalte »begreifbar« umzusetzen.

Ob man durch Spiele *lernen kann?* Keine Frage! Ich wollte auch zeigen, dass wir noch viel weiter gehen dürfen, dass im Grunde unser Organismus schon von Natur aus so strukturiert ist, dass der Mensch eigentlich überhaupt *nur* dann, wenn er *spielt,* wieder ein Stück mehr von der Welt tiefer verstehen lernt.

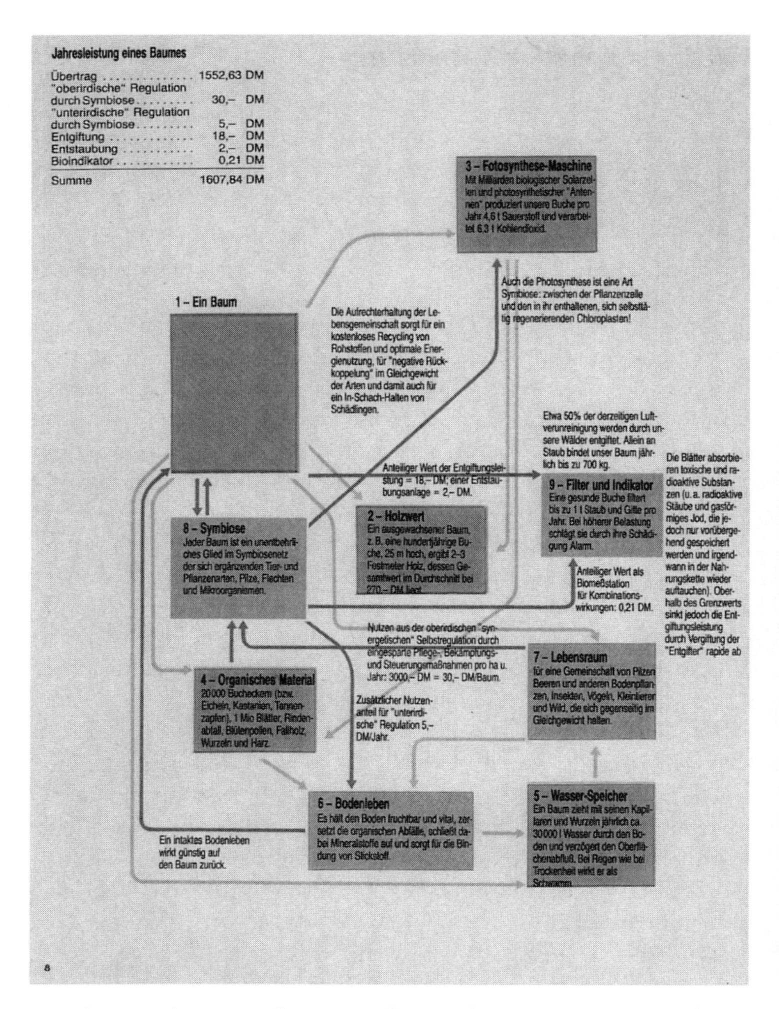

Eine der typischen Doppelseiten aus dem Buch ›Ein Baum ist mehr als ein Baum‹ mit den sich beim Umblättern öffnenden Fenstern, die im Verlauf des Buchs immer mehr von der realen Vernetzung freigeben.

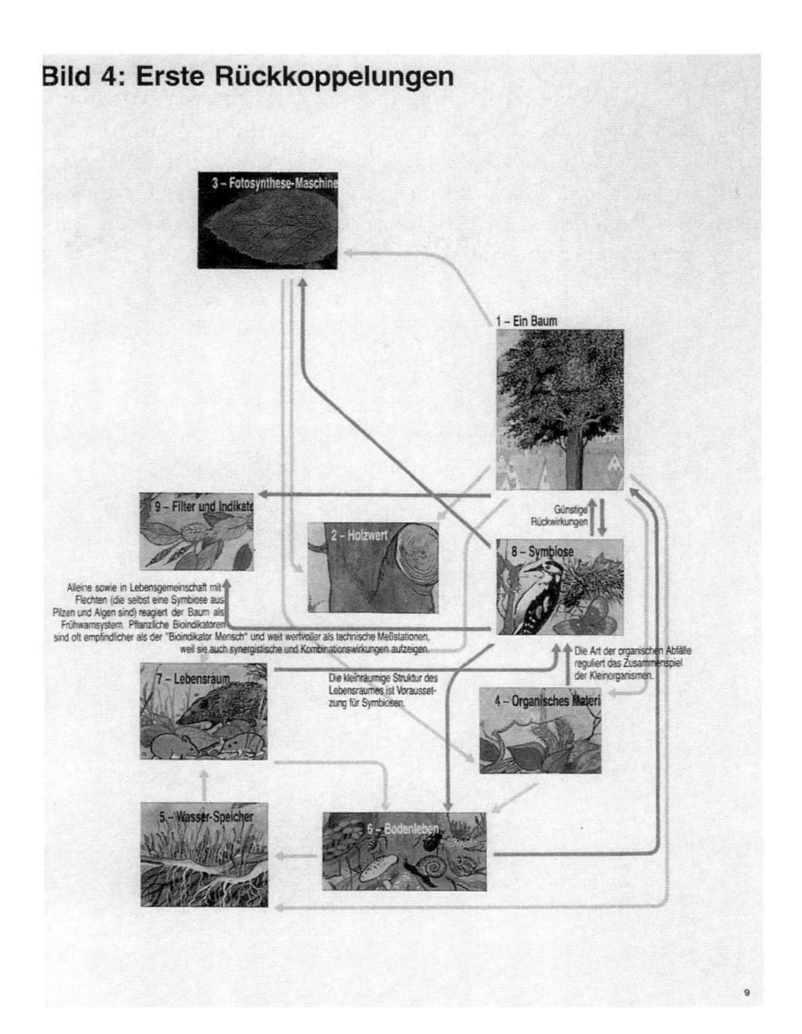
Bild 4: Erste Rückkoppelungen
3 – Fotosynthese-Maschine
1 – Ein Baum
9 – Filter und Indikat
2 – Holzwert
Günstige Rückwirkungen
8 – Symbiose
Alleine sowie in Lebensgemeinschaft mit Flechten (die selbst eine Symbiose aus Pilzen und Algen sind) reagiert der Baum als Frühwarnsystem. Pflanzliche Bioindikatoren sind oft empfindlicher als der "Bioindikator Mensch" und weit wertvoller als technische Meßstationen, weil sie auch synergistische und Kombinationswirkungen aufzeigen.
Die Art der organischen Abfälle reguliert das Zusammenspiel der Kleinorganismen.
7 – Lebensraum
Die kleinräumige Struktur des Lebensraumes ist Voraussetzung für Symbiosen.
4 – Organisches Materi
5 – Wasser-Speicher
6 – Bodenleben
9

Dies zeigt auch der zunehmende Einsatz unserer Simulationsspiele in der Managerausbildung und im Rahmen der Anwendung des computergestützten Planungsinstrumentariums »Sensitivitätsmodell«,[104] welches mittlerweile u. a. von Hochschulen über große Unternehmen wie Daimler-Benz und Versicherungen bis hin zu einzelnen Kommunen in Forschung und Praxis einen neuen Umgang mit Komplexität ermöglicht.[105]

Anhang

I Der Lernstoff und seine Aufbereitung 13 Regeln aus der Lernbiologie

1. Lernziele kennen
   Dem Lernenden müssen zu jedem Zeitpunkt Wert und Bedeutung eines Lernstoffs persönlich einsichtig sein. Nur dann werden Antrieb und Aufmerksamkeit geweckt, der Schüler zum Lernen motiviert, der Organismus auf »Aufnahme« gestimmt und der Inhalt sinnvoll gespeichert. Die Information wird »tiefer« verankert, weil dann über die kognitiven Verarbeitungsregionen der Gehirnrinde hinaus z. B. auch das limbische System »emotional« mitbeteiligt ist.

2. Sinnvolles Curriculum
   Lernstoff, dessen Nutzanwendung weder aus seiner Beziehung zur Wirklichkeit noch aus vorhergehenden Lerninhalten einsehbar ist, wird bereits schlecht im Gedächtnis verankert (siehe oben). Zum andern ist er später wertlos, da er isoliert gespeichert und für weitere Gedankenverbindungen dann nicht verfügbar ist. Reihenfolge und Aufbau eines Themas oder Unterrichtsgebiets sind daher nach *realen* Lernzielen und nach ihrer Verständnisfolge zu gliedern und nicht nach historischen oder fachsystematischen Gesichtspunkten.

3. Neugierde kompensiert »Fremdeln«
   Wo Neugier, Faszination und Erwartung fehlen, wird die so wichtige Lernbereitschaft für einen zunächst fremden Stoff nicht geweckt. Vielmehr löst die Konfrontation mit dem Ungewohnten dann über das Zwischenhirn und den Sympathikusnerv eine direkte Stimulation von Catecholaminen – auch in bestimmten Gehirnregionen – aus, was bei geringen Stressreizen vielleicht noch das Behalten, aber nicht das Verstehen

ermöglicht und bei stärkeren Reaktionen zudem die Abwehrhaltung gegen den Lernstoff zementiert. Die Konsolidierung und Verarbeitung der aufgenommenen Information kann nicht mehr erfolgen.

4. Neues alt verpacken
   Unbekannt = feindlich = Stress. Die dadurch ausgelöste negative Hormonlage blockiert wie oben erwähnt das Denken und Kombinieren und verhindert, dass sich der Stoff assoziativ verankert. Vertraute »Verpackung« mildert dagegen die Abwehr gegen das Unbekannte und vermittelt darüber hinaus durch das Gefühl des Wiedererkennens ein kleines Erfolgserlebnis, und der Trend geht in Richtung lernpositiver Hormonlage.

5. Skelett vor Detail
   Größere Zusammenhänge hängen selbstredend immer irgendwie mit der alltäglichen Erlebniswelt, also mit Vertrautem zusammen. Eine solche Information ist daher im Gegensatz zu den Details nie allzu fremd. Sie wird sich eher auf vielen Ebenen im Gehirn verankern können und ein empfangsbereites Netz für später angebotene Details bieten, so dass diese »saugend« aufgenommen werden.

6. Interferenz vermeiden
   Zusatzwahrnehmungen ähnlichen Inhalts stören oft das Abrufen der innerhalb des Ultrakurzzeit-Gedächtnisses kreisenden Erstinformation. Sie lassen diese ohne feste Speicherung abklingen und verhindern so das Behalten. Besser ist es, die Erstinformation zunächst ins Kurzzeit-Gedächtnis abzurufen, d. h. an bekannten Gedankeninhalten zu verankern, und dann erst »Variationen über das Thema« anzubieten.

7. Erklärung vor Begriff
   Durch eine Erklärung von Tatsachen oder Zusammenhängen (ohne noch den zu erklärenden Begriff zu nennen) werden entsprechend unserer fünften Regel bereits bekannte Assozia-

tionsmuster geweckt, an denen dann der eigentliche neue Begriff – auf den man nun neugierig ist – fest verankert werden kann.

8. Zusätzliche Assoziationen
   Durch veranschaulichende Begleitinformation und Beispiele erhält eine neue Information gleichsam ein Erkennungssignal für das Gehirn. Operationale (anschauliche) Darstellung lässt weitere Eingangskanäle und sonst nicht benutzte haptische und motorische Gehirnregionen mitschwingen. Das garantiert bessere Übergänge ins Kurzzeit- und Langzeit-Gedächtnis und bietet vielseitigere Möglichkeiten, die Information später abzurufen.

9. Lernspaß
   Spaß und Erfolgserlebnisse sorgen für eine lernpositive Hormonlage und damit für ein reibungsloses Funktionieren der Synapsen und des Kontaktes zwischen den Gehirnzellen. Daher werden mit positiven Erlebnissen verknüpfte Informationen besonders gut verarbeitet und verstanden und ebenfalls wieder vielseitig (und somit »anwendungsbereiter«) im Gedächtnis verankert.

10. Viele Eingangskanäle
    Den Lernstoff über möglichst viele Eingangskanäle anbieten, einprägen und verarbeiten. Je mehr Wahrnehmungsfelder im Gehirn beteiligt sind, desto mehr Assoziationsmöglichkeiten für das tiefere Verständnis werden vorgefunden, desto größer werden Aufmerksamkeit und Lernmotivation, und desto eher findet man die gelernte Information wieder, wenn man sie braucht.

11. Verknüpfung mit der Realität
    Den Lerninhalt möglichst viel mit realen Begebenheiten verbinden, so dass er wie in Punkt 10 »vernetzt« verankert wird. Werden reale Erlebnisse angesprochen, so wird der Lerninhalt trotz zusätzlicher Information eingängiger (Aufnahme als

»Muster« statt als »lineare Folge«). Bei der anschließenden Verfestigung des Gelernten (Konsolidierung) wirkt dann die reale Umwelt als unentgeltlicher und unbemerkter »Nachhilfelehrer«, weil sie das Gelernte zum Mitschwingen bringt.

12. Wiederholung neuer Information
    Jeden Lernstoff in Abständen wiederholt aufnehmen. Wenn eine Information wiederholt über das Ultrakurzzeit-Gedächtnis (aber nicht innerhalb der Zeitspanne des UZG) aufgenommen wird, kann sie mit mehreren vorhandenen Gedächtnisinhalten assoziiert werden. Vorstellungen und Bilder werden geweckt, die die vielen Wahrnehmungskanäle eines echten Erlebnisses teilweise ersetzen und eine Einkanal-Information wenigstens innerlich zur Mehrkanal-Information machen, quasi zu einem inneren Erlebnis.

13. Dichte Verknüpfung
    Eine dichte Verknüpfung aller Fakten eines Unterrichts, eines Buches oder einer Aufgabe miteinander stärkt die Punkte 4, 5, 8, 10 und 11, vermittelt Erfolgserlebnisse und fördert das Behalten wie auch das kreative Kombinieren ohne zusätzlichen Aufwand. Eine solche Verknüpfung und Abstimmung gilt natürlich auch für diese dreizehn Punkte selbst. Man sollte sie für jeden praktischen Fall abwägen und mit dem jeweiligen Lerntyp in Einklang bringen.

II Lerntyptest
Wie kann ich mein Lernverhalten kennen lernen?

Die folgenden Fragen sollen die Beschäftigung mit dem eigenen Lernverhalten anregen, Interesse an den unterschiedlichen Funktionen des Gehirns wecken und entsprechende Hilfen geben, den Lernvorgang von »höherer Warte« und dadurch mit mehr Gelassenheit zu betrachten.

Der folgende »Ausflug« in die eigene Lernwelt ist für den Lernenden und nicht als Auswertungsmittel für Lehrer gedacht, um etwa Schüler in dieser oder jener Hinsicht einzustufen. Im Gegenteil, es soll hier noch einmal die Abhängigkeit der Lernfähigkeit von so vielen anderen Bedingungen – und eben nicht nur vom Intelligenzgrad deutlich werden.

Die Fragen sind nach folgenden Kategorien geordnet:

I. Art und Darbietung des Lernstoffs
II. Beziehung zum Lernstoff
III. Eingangskanäle
IV. Lehrperson
V. Lernatmosphäre
VI. Lernkontrolle

I. Die Art und Darbietung des Lernstoffs:

Ich verstehe bzw. behalte besonders gut (+), mittel (o), schlecht (–):

	Verstehen	Behalten
1. wenn der Lernstoff mit Worten vorgetragen wird		
2. wenn Dias gezeigt, Bilder an die Tafel gemalt oder an die Wand gehängt werden		
3. wenn ein Film darüber gezeigt wird		
4. wenn mir Schemata wie Grafiken, Kurven etc. zum Lerninhalt geboten werden		

	Verstehen	Behalten
5. wenn ich mir selbst solche Schemata zeichne		
6. wenn ich aus meinem Schulbuch lerne		
7. wenn ich aus anderen Büchern lerne		
8. wenn ich aus meinem Heft lerne		
9. wenn ich mir alles in Ruhe selber gründlich erarbeite		
10. wenn ich Informationen in einem Gespräch erfahre		
11. wenn der Lernstoff einfach ist		
12. wenn der Lernstoff kompliziert ist		
13. wenn die größeren Zusammenhänge des Lerninhalts gebracht werden		
14. wenn Details gebracht werden		
15. wenn mir der Lerninhalt nur nach einer ganz bestimmten Methode beigebracht wird		
16. wenn der Lernstoff auf eine einzige Weise oder an einem Beispiel erklärt wird, statt auf mehrere Arten wiederholt wird		
17. wenn der Lerninhalt in ganz bestimmter Weise und Reihenfolge aufgebaut ist		
18. wenn der Lernstoff nicht aus vielen Einzelinformationen besteht		
19. wenn etwas humorvoll oder komisch formuliert ist		
20. wenn der Lernstoff mit realen Vorgängen zusammenhängt		
21. wenn der Lernstoff zufällig mit meinen persönlichen Erfahrungen zusammenhängt		
22. wenn ich über den Lernstoff ein gewisses Vorwissen habe.		

Aus diesen Fragen geht hervor, welche Unterrichtsart mir am ehesten entspricht und wann ich mir einen »falsch« angebotenen Lernstoff für mein persönliches »Empfangsnetz« aufbereiten muss.

Hierbei können für »Verstehen« und »Behalten« recht unterschiedliche Ergebnisse herauskommen, weil beides ja auch mit recht verschiedenen Gehirnfunktionen zu tun hat.

II. Die Beziehung zum Lernstoff:

Ich verstehe bzw. behalte etwas besonders gut: Kreuzen Sie an, was zutrifft:

	Verstehen	Behalten
23. wenn ich mir dazu eigene Notizen mache, Zusammenfassungen schreibe		
24. wenn ich etwas auf meine Weise umgeschrieben habe		
25. wenn ich mir zum Lernstoff selbst etwas ausdenke		
26. wenn ich den Lernstoff nach großen Zusammenhängen ordne		
27. wenn ich den Lernstoff komplett auswendig lerne		
28. wenn ich etwas über das Thema lese		
29. wenn mir jemand im Zusammenhang mit dem Lernstoff etwas erzählt		
30. wenn es mich an etwas Angenehmes, Schönes oder Lustiges erinnert		
31. wenn es mich an etwas Unangenehmes oder Aufregendes erinnert		
32. wenn mir das Thema Spaß macht und ich das Gefühl habe, es geht wie von selbst		
33. wenn ich mich anstrengen muss und viel von mir verlangt wird.		

Aus diesen Fragen kann ich für mich brauchbare Lernhilfen und »Übersetzungshilfen« erschließen, an die ich vielleicht bisher nicht dachte und die natürlich auch hier wieder für das unmittelbare Verstehen einerseits und das spätere Behalten andererseits unterschiedlich sein können.

III. Die Eingangskanäle:

Kreuzen Sie an, was zutrifft:

34. Wenn ich einen Gegenstand anfasse und damit spiele, kann ich ihn viel besser beschreiben, als wenn ich ihn nur genau angeschaut habe.
35. Erst wenn ich einen Papierflieger selbst gebastelt habe, weiß ich, wie das geht. Vom Zuschauen allein behalte ich das nicht.
36. Wenn man mir an einem Gerät oder an einer Maschine erklärt, wie sie bedient wird, oder wenn ich bei einem Experiment im Unterricht zuschaue, dann behalte ich es besser, als wenn ich es mit den Händen nur ausprobiert oder nachgemacht habe.
37. Einen Weg durch die Stadt finde ich besser, wenn ich ihn nicht nur erklärt bekomme oder auf dem Stadtplan angeschaut habe, sondern auch mit dem Finger darauf nachgezogen habe.
38. Den Bau einer Blüte oder eines Blattes verstehe ich besser anhand der Abbildungen in einem Buch, als wenn ich sie selbst zerlege.
39. Ich erinnere mich besser an Erlebnisse als an Gespräche und Gelesenes.

Mit diesen und ähnlichen Fragen mache ich mir klar, über welche Eingangskanäle ich am besten lerne und wie ich zu einem zunächst unverständlichen Lernstoff am besten Zugang finde. Gegebenenfalls ausprobieren!

IV. Die Lehrperson:

Ich verstehe bzw. behalte besonders gut (+), mittel (o), schlecht (–):

	Verstehen	Behalten
40. wenn die Lehrperson vorträgt		
41. wenn die Lehrperson mir etwas persönlich erklärt		
42. wenn die Lehrperson streng ist		
43. wenn die Lehrperson nachgiebig ist		
44. wenn mir die Lehrperson sympathisch ist		
45. wenn mir die Lehrperson unsympathisch ist		
46. wenn wir Lernenden den Stoff gemeinsam üben		
47. wenn mir ein Nachhilfelehrer oder Tutor etwas erklärt		
48. wenn mir ein Kollege oder Schulfreund etwas erklärt		
49. wenn es mir zu Hause einer meiner Verwandten erklärt.		

Diese Fragengruppe klärt mich über manche Erfolge und Misserfolge auf, die von der Wellenlänge meines »Lernpartners« mitbestimmt sind. Also auch hier immer eine Situation wählen, in der man »mit« und nicht »gegen« den Partner lernt.

V. Die Lernatmosphäre:

Kreuzen Sie an, was zutrifft:
Ich lerne mit besonders gutem Ergebnis:

50. wenn beim Lernen Musik läuft	
51. wenn mich kein Geräusch ablenkt	
52. wenn ich allein im Raum bin	
53. wenn jemand im Raum ist, den ich sympathisch finde	

54. wenn ich mit meinen Mitschülern zusammen bin
55. wenn fremde Menschen um mich sind (Kaffeehausatmosphäre)
56. wenn ich vor dem Lernen gegessen habe
57. wenn ich beim Lernen etwas essen oder trinken kann
58. wenn ich gut gelaunt, in aufgeräumter Stimmung bin
59. wenn ich verärgert oder »frustriert« bin
60. wenn ich mich auf etwas freue, was ich nach dem Lernen tun werde.

61. Ich komme bei manchen Lehrern im Unterricht gut mit, bei anderen gar nicht.
62. Es gibt Lehrer, vor denen ich Angst habe.
63. Bei solchen Lehrern habe ich meist schlechtere Noten.
64. Bei solchen Lehrern habe ich meist bessere Noten.
65. Ich fühle mich vor meinen Mitschülern oder Kollegen gehemmt.
66. In bestimmter Umgebung kann ich mich gut konzentrieren, in anderer schlecht.
67. Ich habe oft Denkblockaden und verstehe trotz wiederholter Erklärung nichts.

Diese Fragen machen deutlich, welche Lernbedingungen für mich günstig sind und welche für mich Stress – und somit Assoziationssperren oder gar Denkblockaden bedeuten.

VI. Die Lernkontrolle:

Kreuzen Sie an, was zutrifft:

68. Meine Eltern (bzw. Partner) unterhalten sich mit mir über den Lernstoff.
69. Meine Eltern (bzw. Partner) interessieren sich vor allem für die Noten (Prüfungsergebnisse etc.).
70. Ich habe Angst vor meinen Eltern (Partnern), was die Noten (das Examensergebnis etc.) betrifft.
71. Meine Eltern (Partner) interessieren sich nicht für die Schule (Weiterbildung, Studium).
72. Ich brauche meist jemanden, der mich antreibt.
73. Ich habe lieber schriftliche als mündliche Prüfungen.
74. Mir sind schriftliche wie mündliche Prüfungen gleich recht.
75. Ich freue mich auf Prüfungen.
76. Ich hasse Prüfungen.
77. Bei Prüfungen ist das, was ich gelernt habe, oft wie weggeblasen.
78. Ich kann gerade während einer Prüfung gut denken.
79. Einen Stoff, den ich für eine Schulaufgabe oder eine Prüfung gelernt habe, vergesse ich hinterher meist sehr schnell.
80. Ich kann viele Dinge sehr fest und lange speichern, kann sie jedoch im geeigneten Moment oft nicht erinnern.
81. Von einem Stoff, den ich für eine Prüfung lernen musste, mag ich hinterher nichts mehr hören.

82. Ich mag nicht mehr über einen Stoff wissen, als das, was abgefragt wird.
83. Wenn ich einen Lernstoff einmal einige Stunden später noch weiß, ist er meist fest gespeichert und später gut abrufbar.
84. Bei Prüfungen erinnere ich mich meist an Zusammenhänge, aber nicht an Details.

Ich kann einen Lernstoff gut (+), mittel (o), schlecht (–) wiedergeben:

85. wenn mich die Lehrperson fragt
86. wenn mich ein Mitschüler oder Kollege abfragt
87. wenn mich meine Eltern oder ein Verwandter abfragt
88. wenn wenig davon abhängt, ob ich es weiß oder nicht
89. wenn ich unbekümmert bin
90. wenn ich mich vorher intensiv vorbereitet habe
91. wenn ich mir die möglichen Antworten vorher laut vorgesagt habe.

Aus den Fragen 68–91 erfahre ich, was Lernkontrolle für mich bedeutet, unter welchen Bedingungen ich den Lernstoff gut abrufen kann, welcher Prüfungstyp – und auch ein wenig, welcher »Stresstyp« – ich bin. Eine Reihe von Fragen zeigen vielleicht Möglichkeiten auf, ungünstige Bedingungen auf einfache Weise zu ändern.

Dieser mehr allgemein zugeschnittene Fragenkatalog kann selbstverständlich für keinen individuellen Lerntyp vollständig sein. Sicher finden Sie daher noch weitere (für Sie vielleicht besonders typische) Fragen zu den einzelnen Gruppen.

Neben der oben gewählten Einteilung lassen sich die 91 Fragen natürlich auch nach ihrem lernbiologischen Aspekt ordnen. Vielleicht versuchen Sie selbst einmal die acht angesprochenen Aspekte herauszufinden.

Sie beziehen sich:

1. auf die Tatsache, dass für die Bewältigung eines Lernstoffs das von Mensch zu Mensch unterschiedliche Grundmuster (die genetisch und postnatal bedingte »Hardware«) von wesentlicher Bedeutung ist,
2. auf das Funktionieren der einzelnen Eingangskanäle, welches weitgehend bestimmt, auf welchem Wege eine Information am besten aufgenommen wird,
3. auf Motivation und Lernziel, soweit sie das *unbewusste* Wechselspiel zwischen Gehirn und Organismus bestimmen,
4. auf Motivation und Lernziel, soweit sie das *bewusste* Wechselspiel zwischen Gehirn und Organismus bestimmen,
5. auf die Bedeutung der Assoziationsbildung, d. h. ob eine Information auf eine »innere Resonanz« trifft und verstärkt wird,[108]
6. auf die Bedeutung von »Interferenz«, d. h. ob durch andere Informationen Störungen hervorgerufen und die eigentliche Information verwischt oder gar gelöscht wird,[108]
7. auf die Bedeutung der jeweiligen Speicherstufe (Ultrakurz-, Kurz- oder Langzeit-Gedächtnis), bis zu welcher ein Lerninhalt gelangt ist und von welcher das Erinnerungsvermögen beim späteren Abrufen bestimmt wird,
8. auf die Bedeutung der Hormonlage, die Gedankenverbindungen und damit das Verstehen wie auch Erinnern fördern oder auch durch biochemische Störung der Impulsübertragung an den Synapsen zu Denkblockaden führen kann. Hier liegt im Übrigen auch einer der Gründe für den Unterschied zwischen Verstehen und Behalten, da in starken Stresssituationen sehr wohl Eindrücke stark eingeprägt und lange gespeichert werden – nicht zuletzt, um ein Lebewesen vor ähnlichen Situationen zu warnen. Dies geschieht jedoch wegen der herrschenden Assoziationsblockade meist isoliert und daher ohne dass der Inhalt der Information verstanden wird.

III Gedächtnistest
Wie gut ist mein Ultrakurzzeit- und mein Kurzzeit-Gedächtnis?

Dieser Test wurde von der Studiengruppe für Biologie und Umwelt für eine Artikelserie in der Zeitschrift *Schule* entwickelt. Er steht gewissermaßen im Zusammenhang mit dem Lerntyptest (S. 201–209), der dem Schüler, dem Studenten oder jedem, der sich für das Lernen interessiert, eine kleine Ahnung von der Vielfalt der Grundmuster und, daraus abgeleitet, der einzelnen Lerntypen geben sollte. Ein kleiner Ausschnitt aus den Lern- und Denkfunktionen ist das Gedächtnis. Mit diesem Test können Sie selbst Ihr Gedächtnis überprüfen. Natürlich kann das Ergebnis nur eine Tendenz angeben, denn zu viele von uns nicht beeinflussbare Faktoren gehen mit in das Testergebnis ein, zum Beispiel, zu welcher Tageszeit Sie die Aufgaben lösen, wie Ihr körperliches beziehungsweise seelisches Befinden ist, ob Sie gerade gegessen oder geschlafen haben oder ob Sie Angst vor Tests haben.

Versuchen wir trotzdem einige Grundbeziehungen herauszugreifen und an unserem Gehirn zu testen. Schon hier merken wir, wie vielschichtig und faszinierend im Grunde genommen ein solch alltäglicher Vorgang wie das Aufnehmen einer Information

Rechenbox
als Hilfe für die folgenden Tests

3 · 7	3:3	6 · 5	2 · 10	5 · 5
2+17	8 · 5	11−4	1+6	35−6
9−3	10−7	8 : 4	7 · 2	2 : 2
4 · 4	5 : 1	17−4	8 · 7	6 · 7
9+3	7 · 7	7+3	8 · 4	4−3
15−9	18+2	9 : 3	3 · 3	4 · 2

ist. Schon daran spürt man, wie grob eine Schule sein muss, die von den biologischen Vorgängen im Gehirn nicht die geringste Ahnung hat, und auch wie schwer es für die Wissenschaft sein muss, aus dem Gewirr von bei jedem Menschen unterschiedlichen Wechselbeziehungen allgemein gültige Richtlinien aufzustellen. Immerhin werden Sie aber herausfinden, wo einige Ihrer Stärken und Schwächen in Ihrem persönlichen Denknetz liegen.

Doch Achtung! Sie brauchen ab jetzt einen Partner, der die Tests mit Ihnen durchführt. Bitte lesen Sie also, wenn Sie selbst getestet werden wollen, ab hier nicht mehr weiter, sondern geben Sie Ihrem Testpartner das Buch.

Test I: Grundlerntyp
(Übergang vom Ultrakurzzeit-Gedächtnis zum Kurzzeit-Gedächtnis in Abhängigkeit vom Eingangskanal)

Verehrter Testpartner, zunächst vielen Dank für Ihre Mithilfe. Hier erfahren Sie, über welchen von vier Eingangskanälen eine Information im Gedächtnis der zu testenden Person am besten Fuß fasst. Und welche Lernarten am besten miteinander kombiniert werden. Dauer: etwa eine halbe Stunde. Die Auswertung finden Sie nach Teilaufgabe 5.

1. Testen Sie das Lesegedächtnis
   (Dauer: etwa 2 Minuten).
   Geben Sie der Testperson bitte die folgenden zehn Wörter zu lesen. Sie darf sich jedes Wort zwei Sekunden lang anschauen. Gleich anschließend stellen Sie ihr aus nebenstehender Rechenbox 30 Sekunden lang Kopfrechenaufgaben und geben ihr dann 20 Sekunden lang Zeit, sich an die Wörter zu erinnern (auf die Uhr schauen!)

Handtuch	Decke
Klavier	Griff
Fingerhut	Mantel
Fenster	Rasen
Ofen	Kamin

Tragen Sie bitte die Zahl der gewussten Wörter in Kästchen 1 des Auswertungskastens ein (S. 226)!

2. Testen Sie das auditive Gedächtnis (Hören) (Dauer: etwa 2 Minuten).
Bitte lesen Sie Ihrem Partner die folgenden zehn Wörter laut und deutlich im Abstand von zwei Sekunden vor. Anschließend stellen Sie ihm wieder 30 Sekunden lang Rechenaufgaben und geben ihm 20 Sekunden Zeit, sich an die gehörten Wörter zu erinnern.

Dose	Tusche
Pantoffel	Zucker
Teppich	Lampe
Krug	Waage
Federball	Schrank

Bitte notieren Sie die Zahl der gewussten Wörter in Kästchen 2 des Auswertungskastens.

3. Testen Sie das visuelle Gedächtnis (Sehen) (Dauer: etwa 7 Minuten).
Sammeln Sie bitte in einer Schüssel die zehn Haushaltsgegenstände der folgenden Liste (oder ähnliche), und legen Sie diese Ihrem Partner im Abstand von zwei Sekunden nacheinander auf den Tisch. Danach geben Sie ihm wieder 30 Sekunden lang Kopfrechenaufgaben und lassen ihm 20 Sekunden Zeit, sich an die gesehenen Gegenstände zu erinnern.

Pfennig	Messer
Waschlappen	Schallplatte
Schlüssel	Bleistift
Heft	Fingerhut
Apfel	Knopf

Tragen Sie bitte die Zahl der gewussten Gegenstände in Kästchen 3 des Auswertungskastens ein.

4. Testen Sie das haptische Gedächtnis (Anfassen) (Dauer: etwa 7 Minuten).
   Sammeln Sie wieder in einer Schüssel die zehn Haushaltsgegenstände der folgenden Liste, und verbinden Sie Ihrem zu testenden Partner die Augen. Nun geben Sie ihm alle zwei Sekunden einen Gegenstand so in die Hand, dass er ihn durch kurzes Betasten erkennen kann. Anschließend wieder 30 Sekunden Kopfrechenaufgaben und 20 Sekunden Zeit zum Erinnern.

Brille	Radiergummi
Gabel	Flasche
Zahnbürste	Armbanduhr
Glas	Schere
Buch	Schuh

   Tragen Sie bitte die Zahl der gewussten Gegenstände in Kästchen 4 des Auswertungskastens ein.

5. Testen Sie das kombinierte Gedächtnis (Dauer: etwa 7 Minuten).
   Diesmal darf die Testperson die verschiedenen Gegenstände sehen, hören, lesen und auch anfassen. Sammeln Sie bitte wieder zehn Gegenstände entsprechend der folgenden Liste. Schreiben Sie zusätzlich auf kleine Zettel die Namen dieser Gegenstände. Nun geben Sie Ihrem Partner alle zwei Sekunden einen Gegenstand in die Hand, legen gleichzeitig den Zettel mit dessen Namen vor ihn und sprechen diesen Namen laut und deutlich aus! Anschließend wieder 30 Sekunden Kopfrechenaufgaben und 20 Sekunden Zeit, sich an die Gegenstände zu erinnern.

Ring	Stein
Seife	Zettel
Hammer	Kugelschreiber
Hut	Teller
Pinsel	Brot

   Tragen Sie bitte die Zahl der gewussten Gegenstände in Kästchen 5 des Auswertungskastens ein.

Auswertung Test I:

Bitte markieren Sie die Zahlen aus Kästchen 1 bis 4 aus dem Auswertungskasten auf den entsprechenden Linien des Lernkreuzes S. 226. Verbinden Sie nun die vier Punkte zu einem Viereck. Unser Beispiel zeigt den Fall einer Testperson, die beim Lesen 1, beim Hören 2, beim Sehen 5 und beim Tasten 4 Punkte hatte (gestricheltes Viereck). Je gleichmäßiger sich das Viereck vom Mittelpunkt des Kernkreuzes aus nach allen Seiten ausbreitet, desto gleichwertiger sind die »Eingangskanäle« ins Gehirn (zum Beispiel Sehen, Hören). Jede Abweichung in eine Richtung bedeutet eine Bevorzugung des betreffenden Eingangskanals. Je größer das Viereck als solches, desto besser ist das Gedächtnis insgesamt. Die Testperson in dem unten stehenden Beispiel etwa behält sehr schlecht beim Lesen, dagegen recht gut beim Sehen und Anfassen. Sie sollte sich daher nicht wundern, wenn sie mit Schulbüchern Schwierigkeiten hat. Sie sollte sich einen Lernstoff möglichst in Bildern einprägen und großen Wert auf anschauliche Darstellungen legen.

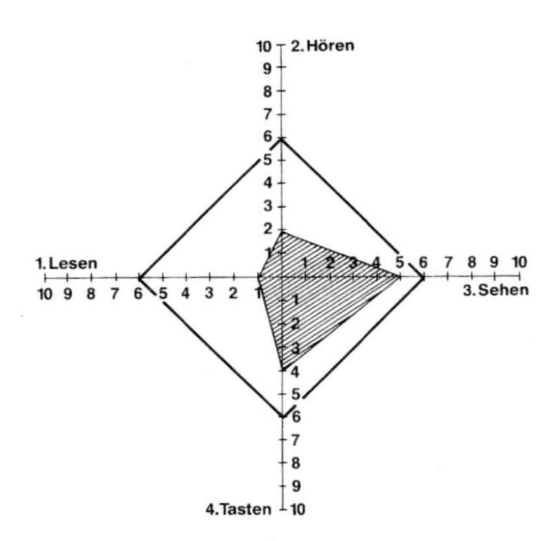

Um zu erfahren, wie gut das Gedächtnis bei Einsatz mehrerer Eingangskanäle ist, müssen Sie die Zahl aus Kästchen 5 auf allen vier Linien des Lernkreuzes markieren und die Punkte zu einem auf der Spitze stehenden Quadrat verbinden (im Beispiel 6 Punkte). Aus dem Unterschied zum ersten Viereck können Sie ablesen, wie wichtig es für Ihren Testpartner ist, beim Lernen mehrere

Eingangskanäle anzusprechen, und welche Eingangskanäle sich hierfür am besten eignen (im Beispiel: Sehen und Anfassen).

Test II: Die einzelnen Stufen des Gedächtnisses (Individuelle Verweildauer unzusammenhängender Informationen im Ultrakurzzeit- und Kurzzeit-Gedächtnis)

Haben Sie oder die Testperson Schwierigkeiten, zum Beispiel Daten, Namen, Vokabeln zu behalten? Können Sie manche Dinge nur für kurze Zeit behalten und vergessen Sie sie nach einiger Zeit wieder? Dieser Test soll Ihnen einen Weg zeigen, wie Sie beim Lernen die individuelle Aufnahmefähigkeit Ihres Gehirns richtig einsetzen und sich dadurch das Lernen zumindest sehr erleichtern. Der Test dauert je nach Gedächtnis 5 bis 20 Minuten (bei Supergedächtnissen bis zu 2 Stunden).

1. Wie lange ist das Sekunden-Gedächtnis (Ultrakurzzeit-Gedächtnis)?
   (Dauer: 2 Minuten)
   Lesen Sie Ihrem Partner die folgenden 5 Wörter zügig und ohne Zwischenpausen laut und deutlich vor. Nach einer Pause von 2 Sekunden lassen Sie sich die Wörter, die er noch behalten hat, nennen. Ist sein Gedächtnis in Ordnung, müsste er noch alle 5 Wörter gewusst haben.

Baum	Katze	Nadel	Bahn	Feld

   Nun verlängern Sie mit den nächsten Wortgruppen die Pause so lange um jeweils 5 Sekunden, bis Ihr Partner nicht mehr alle 5 Wörter weiß. Damit er in den Pausen nicht die vorher gehörten Wörter im Geiste wiederholen (aus dem Ultrakurzzeit-Gedächtnis abrufen!) kann, lassen Sie ihn zügig ungerade Zahlen aufzählen, bis die Pause vorbei ist. (Auf die Uhr schauen!)

Buch	Dach	Kreis	Dolch	Feder
Streichholz	Heft	Baum	Boden	Wand
Mist	Ziegel	Bleistift	Wasser	Hose
Stein	Band	Ring	Rose	Stuhl
Blatt	Kugel	Tisch	Hut	Haar

Tragen Sie bitte die längste Pausenlänge, nach der Ihr Partner noch alle 5 Wörter wusste, in Kästchen 6 des Auswertungskastens ein! Diese Zeit wollen wir seine UZG-Zeit nennen (Ultrakurzzeit-Gedächtniszeit).

2. Wie lange ist das Minuten-Gedächtnis (Kurzzeit-Gedächtnis)? (Dauer: 6 Minuten bis 2 Stunden)
   Bei der Testperson muss zunächst eine Wortgruppe mit Sicherheit in das Minuten-Gedächtnis gelangen. Lesen Sie ihr dazu die folgende Wortgruppe laut und deutlich vor. Lassen Sie sie danach zügig ungerade Zahlen aufsagen und gegen Ende ihrer oben gefundenen UZG-Zeit die Wörter aus dem Gedächtnis aufschreiben und laut aufsagen.

   Hand Blüte Sofa Eile Uhr

   Haben Sie die UZG-Zeit korrekt bestimmt, müsste Ihr Partner noch alle 5 Wörter gewusst haben – womit sie im Minuten-Gedächtnis wären.

   Nun merken Sie sich die Uhrzeit. Lassen Sie Ihren Partner 30 Sekunden lang zügig ungerade Zahlen aufsagen und sich dann so lange anderweitig beschäftigen (ohne an die Wörter zu denken), bis 5 Minuten vergangen sind. Nun lassen Sie sich die Wörter nennen, die er behalten hat. Weiß er nicht mehr alle 5 Wörter, verkürzen Sie die Pause mit den folgenden Wortgruppen um jeweils eine Minute, bis er alle Wörter erinnert. Weiß er dagegen noch alle obigen Wörter, verlängern Sie die Pause mit den folgenden Wortgruppen um weitere 5 Minuten und dann jeweils um weitere 10 Minuten, bis er nicht mehr alle Wörter aufzählen kann.

Wald	Liebe	Tinte	Berg	Blitz	Himmel
Träne	Knopf	Oma	Zeiger	Hemd	Faden
Wind	Licht	Vorhang	Nebel	Stein	Plastik
Ofen	Teer	Sommer	Finger	Farbe	Staub
Stab	Flasche	Rad	Seil	Turm	Lippe

Tragen Sie bitte die längste Pausenlänge, nach der die Testperson noch alle 5 Wörter wusste, in Kästchen 7 des Auswertungskastens ein. Diese Zeit wollen wir Ihre KZG-Zeit nennen (Kurzzeit-Gedächtniszeit).

Auswertung Test II:

So geht Ihr getesteter Partner in Zukunft am besten beim Lernen vor: Er muss die zu lernenden Wörter einmal konzentriert anschauen, dann vor Beendigung seiner UZG-Zeit aus dem Gedächtnis wiederholen und laut aufsagen. Das Gleiche macht er dann noch einmal gegen Ende seiner KZG-Zeit. Nun ist die Information im Stunden- bis Tage-Gedächtnis (Langzeit-Gedächtnis). Der Getestete wird feststellen, dass ihm auf diese Weise das Lernen wesentlich leichter fällt.

Übrigens: Diesen Test kann man auch als Gedächtnistraining verwenden, wenn man sich selbst Wortgruppen oder Vokabeln zusammenstellt und diese auf die besprochene Art lernt. Mit der Zeit kann dann die Menge an Stoff, die in einer bestimmten Zeit gelernt werden kann, um einiges gesteigert werden.

Test III: Maximale Merkfähigkeit
(Vergrößerung der Kapazität des Kurzzeit-Gedächtnisses durch Assoziationsnetze)

Muss Ihr Partner manchmal viel Stoff lernen, den er nirgendwo einordnen kann? Hat er überhaupt Schwierigkeiten, größere Mengen an Stoff zu behalten? Dann testen Sie die Wirkung von Gedankenverbindungen (Assoziationen) auf sein Gedächtnis. Vielleicht kann er dann um ein Vielfaches mehr Dinge im Kopf behalten als jetzt. (Dauer: 8 Minuten)

1. Wie gut kann sich Ihr Partner unzusammenhängende Dinge merken?
   (Dauer: 4 Minuten)
   Lesen Sie ihm die folgenden 20 Wörter im Abstand von jeweils 3 Sekunden laut und deutlich vor, aber sagen Sie ihm vorher, er

solle versuchen, sich jedes Wort einzeln einzuprägen, ohne mit anderen Wörtern Verbindung herzustellen.

Blei	Blase	Zelt	Kasten
Kasten	Kaktus	Gondel	Tusche
Rad	Sonne	Teppich	Zweig
Farbe	Puppe	Morgen	Gummi
Strumpf	Teich	Kopf	Ton

Geben Sie der Testperson nun 30 Sekunden lang Kopfrechenaufgaben aus der Rechenbox. Anschließend hat sie 60 Sekunden lang Zeit, sich an die Wörter zu erinnern. Lesen Sie ihr dann die Worte noch einmal vor (bei manchen Begriffen wird sich die Testperson wieder erinnern, andere wird sie meinen nie gehört zu haben – zwei Arten des Vergessens!). Die richtigen gewussten Worte werden nun unterstrichen (denn manchmal stehlen sich auch falsche dazwischen) und ihre Anzahl in Kästchen 8 des Auswertungskastens eingetragen.

2. Testen Sie nun die Wirkung von Gedankenverknüpfungen. (Dauer: 4 Minuten)
   Lesen Sie Ihrem Partner die folgenden Wörter im Abstand von drei Sekunden vor, aber bitten Sie ihn diesmal, zwischen den aufeinander folgenden Wörtern Gedankenverknüpfungen, möglichst komische, herzustellen. Ein Beispiel: Bei einer Wortgruppe, die mit »Statue, Nase, Haken, Pferd ...« anfängt, könnte man sich etwa eine dicke Statue vorstellen, aus der plötzlich eine lange Nase wächst. An die Nase wird ein Haken geschlagen, an diesen ein Pferd gehängt ... und so fort. Geben Sie Ihrem Partner zunächst einige Wörter eigener Wahl und lassen Sie ihn solche Gedankenverknüpfungen üben.

Kugel	Gras	Antenne	Tisch
Dach	Liebe	Zucker	Statue
Euter	Baum	Auto	Ballon
Wolke	Uhr	Blatt	Maus
Stuhl	Sand	Messer	Spitze

Lassen Sie die Testperson nun wieder 30 Sekunden lang Rechenaufgaben lösen, die Sie ihr aus der Box vorlesen, und geben Sie ihr dann 60 Sekunden Zeit, sich an die Wörter zu erinnern. Die Wörter werden wieder vorgelesen, unterstrichen und die Zahl der gewussten Wörter in Kästchen 9 des Auswertungskastens eingetragen.

Auswertung Test III:

Vergleichen Sie die Zahl aus Kästchen 8 mit der Zahl aus Kästchen 9. Ist letztere um 3 bis 5 Punkte größer als die Zahl aus Kästchen 8, dann ist es für Ihren Partner ratsam, in jedem neuen Stoff, den er lernen soll, nach möglichst vielen Querverbindungen und Zusammenhängen zu suchen und diese mitzulernen. Bei mehr als 6 Punkten Unterschied ist es sogar dringend notwendig, dass er sich, wenn er etwas lernen will, vorher klarmacht, mit welchen anderen Stoffgebieten und Lebensbereichen dieser Stoff zusammenhängt, wofür er nützlich sein könnte, wie er logisch aufgebaut ist und welche Beziehungen und Sinnzusammenhänge zwischen seinen einzelnen Abschnitten bestehen. Je interessanter diese Gedankenverbindungen sind, desto besser. Diese Mühe wird sich dann in Prüfungen vielfach lohnen.

Obgleich das Gehirn beim vernetzten Speichern durch die verbindende Information in der gleichen Zeit mehr Information speichern muss als beim bloßen Einprägen der Begriffe, werden diese im zweiten Fall durchschnittlich etwa doppelt so gut behalten wie einzeln aufgenommen. Die Erklärung liegt darin, dass sich beim vernetzten Speichern ein inneres Bild aufbaut, welches man dann anschließend abtastet und so von einem Begriff zum andern geführt wird. Ganz selten ist es bei einem Probanden einmal umgekehrt, hier führt die Zusatzinformation dann wahrscheinlich zur Interferenz, stört oder blockiert gar die Aufnahme des folgenden Begriffs.[108]

In diese Kategorie des bildhaften Speicherns zählt auch das inzwischen recht verbreitete »mind mapping«, etwa in der Managementschulung, wo komplizierte Gedankengebäude in Form von Bildern aus miteinander vernetzten Symbolen dargestellt werden, die dann als Gedankenstütze – oft für ganze in freier Rede gehaltene Vorträge dienen.[109]

Beispiel für Text III: Vernetztes und unvernetztes Speichern

Typische Verteilung der Erinnerungsleistung bei vernetztem und unvernetztem Speichern von jeweils 20 verschiedenen Begriffen (hier bei einer Versuchsgruppe von 52 Personen). Auch mit weniger Versuchspersonen (10–15) erhält man bereits ähnliche Kurven mit vergleichbarer statistischer Streuung. Meist wird beim vernetzten Speichern etwa die doppelte Anzahl von Begriffen (hier: 710) wie beim unvernetzten Speichern erinnert (hier: 379). Auch die Maxima liegen im ersten Fall meist bei 7, im zweiten bei etwa 14 Begriffen.

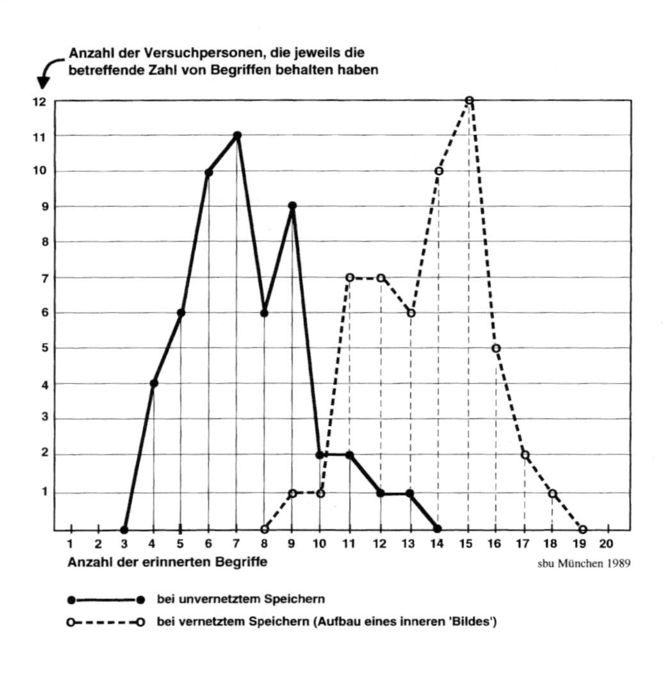

Test IV: Neugierde
(Wirkung von Aufmerksamkeit und Neugierde auf den Übergang vom Ultrakurzzeit- zum Kurzzeit-Gedächtnis)

Kann Ihr Partner nur mit Mühe Dinge behalten, die ihm langweilig und uninteressant erscheinen? Hat er Schwierigkeiten, einen Stoff zu lernen, in dem er keinen Sinn sieht? Durch diesen Test erfährt er, wie sehr sein Gedächtnis von der Neugierde abhängt. (Dauer: etwa 5 Minuten)

1. Testen Sie die Merkfähigkeit der Testperson für langweilige Informationen.
   (Dauer: 3 Minuten)
   Lassen Sie sie jedes der zehn Bilder auf S. 222 mit dem dazugehörigen Wort drei Sekunden lang anschauen. Anschließend stellen Sie ihr 30 Sekunden lang Kopfrechenaufgaben (Rechenbox). Sie hat dann 20 Sekunden Zeit, sich an möglichst viele der dargestellten Begriffe zu erinnern (auf die Uhr schauen!). Tragen Sie bitte die Zahl der behaltenen Begriffe in Kästchen 10 des Auswertungskastens ein.

2. Testen Sie die Merkfähigkeit Ihres Partners mit neugierig machenden Informationen.
   (Dauer: 3 Minuten)
   Lassen Sie Ihren Partner die zehn Bilder auf S. 223 im Abstand von drei Sekunden anschauen. Anschließend geben Sie ihm 30 Sekunden lang Kopfrechenaufgaben. Er hat dann 20 Sekunden Zeit, sich an die dargestellten Begriffe zu erinnern.
   Tragen Sie bitte die Zahl der diesmal behaltenen Begriffe in Kästchen 11 des Auswertungskastens ein.
   Prüfen Sie übrigens auch einmal, an welche Bilder Sie sich am nächsten Tag noch erinnern. Das Ergebnis wird Sie vielleicht überraschen und ganz anders ausfallen als dieser Kurzzeit-Test.

Buch
Lampe
Strand
Haare
Schreibmaschine
Tür
Hof
Turm
Bank
Rad

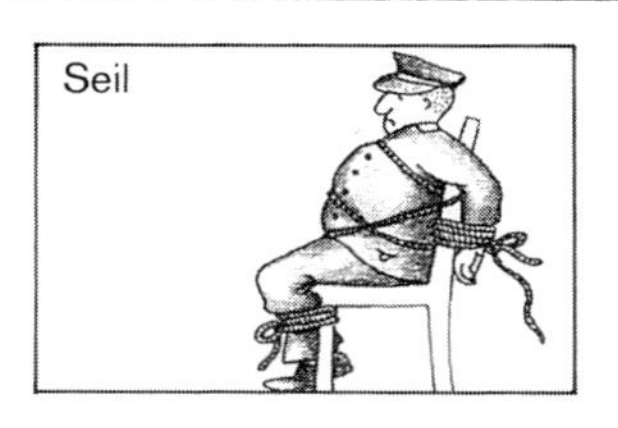
Seil

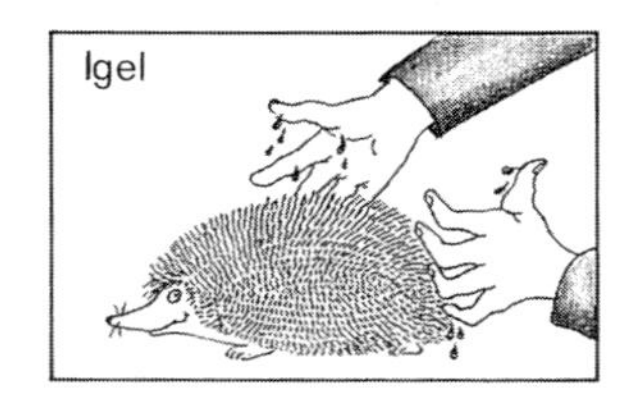
Igel

Spritze

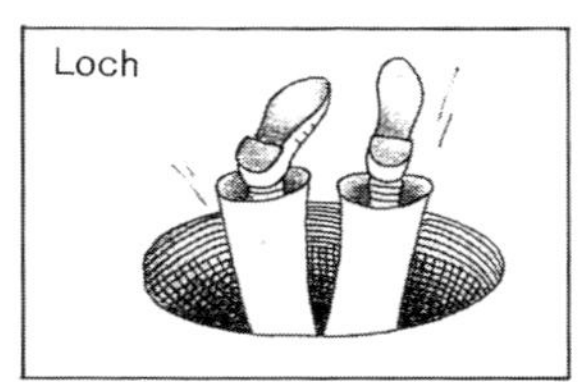
Loch

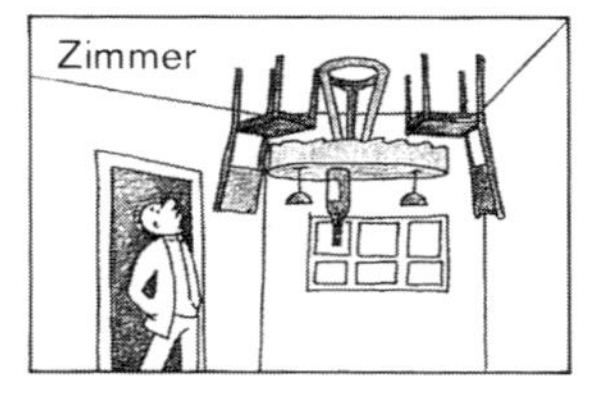
Zimmer

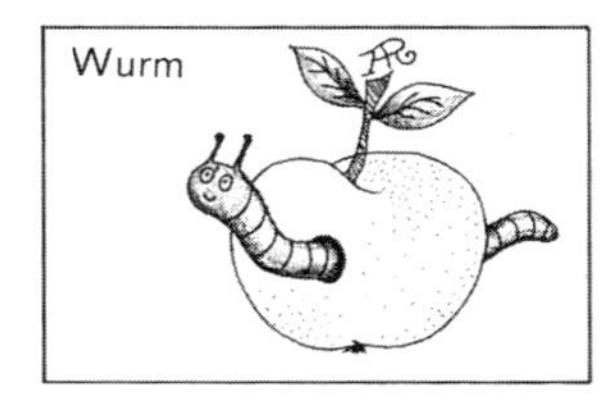
Wurm

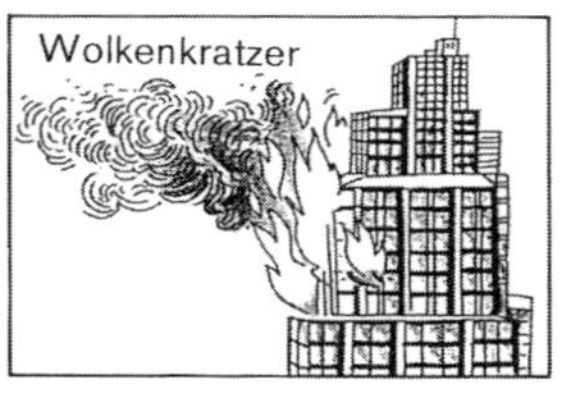
Wolkenkratzer

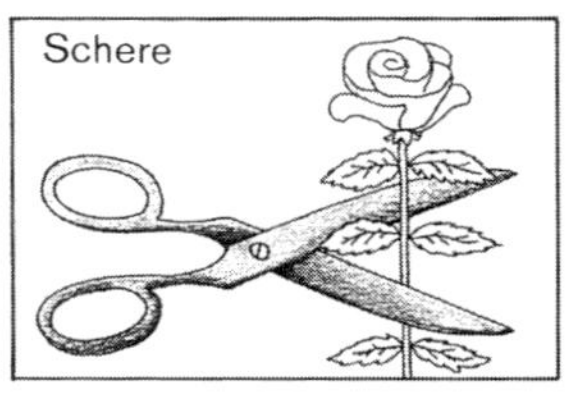
Schere

Gift

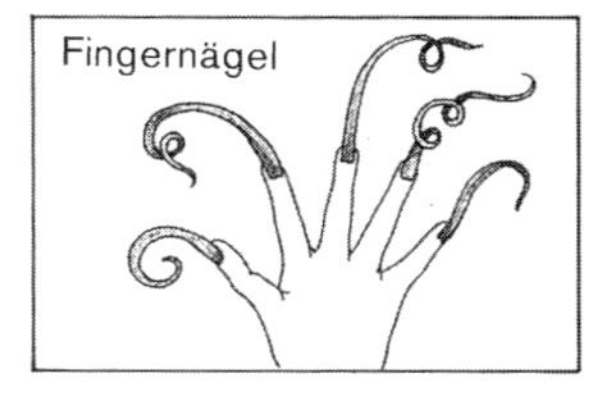
Fingernägel

Auswertung Test IV:

Bitte vergleichen Sie die Zahl der in Teilaufgabe 1 und 2 gewussten Begriffe. Wusste die getestete Person in Aufgabe 2 über zwei Wörter mehr als in Aufgabe 1, sollte sie sich vor dem Lernen genau klarmachen, wozu der Lernstoff dient, welchen Sinn er hat und was man damit alles anfangen könnte. Sie sollte nach möglichst vielen Anwendungsmöglichkeiten in Schule, Leben und Beruf suchen und interessante Beziehungen zu anderen Stoffgebieten knüpfen. Hier gilt übrigens auch das, was am Schluss von Test III gesagt wurde.

Test V: Interferenz
(Lernstörungen durch Überlagerung ähnlicher Informationen)

Beim Lernen können sich Informationen, die kurz hintereinander ins Gehirn aufgenommen werden, nicht nur gegenseitig verstärken, sondern auch, wenn sie sehr ähnlich sind, gegenseitig auslöschen (Interferenz).[108] Nimmt die Testperson manchmal viele Informationen auf einmal auf und weiß dann am Schluss keine einzige mehr? Lässt sie sich leicht ablenken und vergisst dadurch Dinge, die sie gerade eben gelernt hat? Mit diesem Test können Sie feststellen, ob Ihr Partner auf solche Interferenzen Acht geben muss, wenn er sich das Lernen nicht unnötig schwer machen will. (Dauer: ungefähr 3 Minuten).

Lesen Sie Ihrem Partner bitte die erste der folgenden Zeilen laut und deutlich vor – die einzelnen Zahlen und Wörter zügig, ohne Pause. Wenn er noch alle Zahlen in der richtigen Reihenfolge wusste, können Sie ihm die nächsten Zeilen vorlesen, so lange, bis er nicht mehr alle vor dem ersten Wort stehenden Zahlen behält. Ab Zeile vier sind nach dem ersten Wort zusätzlich zu den ersten fünf Zahlen weitere Zahlen eingestreut. Diese Zahlen sollen nun Interferenz erzeugen, brauchen also nicht behalten zu werden. Tragen Sie bitte die Nummer der Zeile, bei der die getestete Person noch alle Zahlen in der richtigen Reihenfolge wusste, in Kästchen 12 des Auswertungskastens ein.

1) 8-1-4-Ocker-Ocker-Ocker-Ocker-Ocker-Ocker-Ocker-Ocker

2) 5-3-8-6-Braun-Braun-Braun-Braun-Braun-Braun-Braun-Braun

3) 7-9-8-3-1-Blau-Blau-Blau-Blau-Blau-Blau-Blau-Blau

4) 6-5-2-8-7-Rot-5-Rot-Rot-Rot-Rot-Rot-Rot-Rot-Rot

5) 3-4-1-8-5-Grün-6-1-Grün-Grün-Grün-Grün-Grün-Grün

6) 6-8-4-7-2-Gelb-7-4-3-Gelb-Gelb-Gelb-Gelb-Gelb

7) 5-7-3-5-9-Schwarz-4-7-5-3-Schwarz-Schwarz-Schwarz

8) 4-5-9-1-7-Lila-6-7-8-3-9-Lila-Lila

9) 3-4-7-1-9-Grau-4-5-6-7-2-7-8-Grau

10) 7-5-4-8-3-Rosa-4-6-7-8-5-7-3-8

Auswertung Test V:

Kam die getestete Person mit den richtigen Antworten nicht weiter als bis Zeile drei, so hat sie ein sehr schlechtes Ultrakurzzeit-Gedächtnis (UZG), das obendrein noch leicht durch Interferenz gestört werden kann. Sie sollte daher nie zu viele Informationen auf einmal lernen und den Lernstoff immer nur in kleinen Häppchen aufnehmen. Erst wenn eine Information im Kurzzeit-Gedächtnis entsprechend verankert ist (hierzu am besten Test II und Test IV zu Hilfe nehmen), sollte neue Information aufgenommen werden. Wusste Ihr Partner dagegen noch alle Zahlen bis Zeile vier oder fünf, so hat er ein recht gutes UZG, muss aber aufpassen, dass er beim Lernen keine Informationen mit ähnlichem Klang oder Inhalt kurz hintereinander aufnimmt. Diese könnten sich leicht gegenseitig auslöschen. Sinnvolle Gedankenverknüpfungen zwischen den einzelnen Fakten setzen übrigens die Interferenz stark herab. Je mehr Zeilen Ihr Partner in diesem Test »schaffte«, desto besser ist natürlich sein Gedächtnis vor solchen störenden Interferenzphänomenen geschützt.

Auswertungskasten

Es liegt auf der Hand, dass mit diesen Tests erst ganz grobe Beziehungen bei der Aufnahme von Lernstoff untersucht werden. Zusätzliche Vorgänge laufen ab, wenn in einem Lerninhalt größere Gedankengänge zusammenhängen oder wenn er mit speziellen Gefühlen, Absichten oder anderen Zusammenhängen verbunden ist. Und auch das ist dann erst ein Teil des Gedächtnisses. Noch andere Denkvorgänge, wie etwa Vorstellungskraft, Kombination oder Einfälle, sind dabei gar nicht einmal berücksichtigt. Dies zeigt noch einmal mehr, wie wichtig es ist, dass diese Zusammenhänge systematisch in der Praxis untersucht werden.

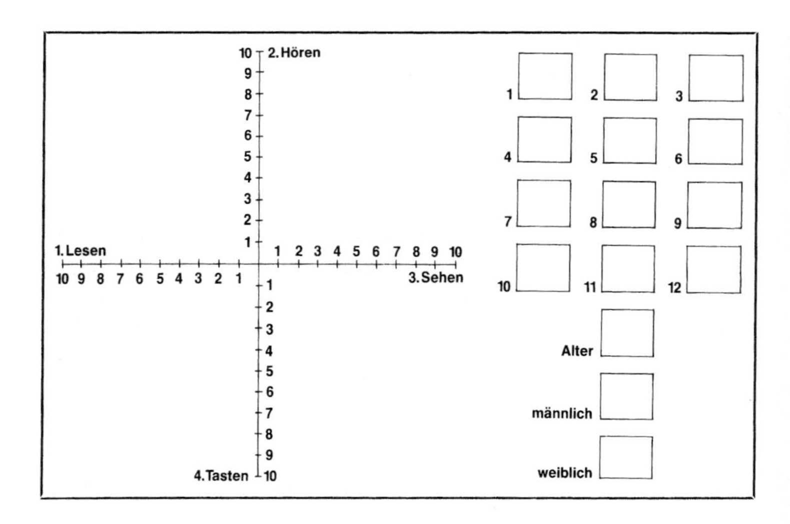

Statistische Auswertung des Gedächtnistests (Ein Zwischenergebnis mit Korrelationsberechnung aus den ersten 500 zugesandten Testberichten)

Allgemeines

Es dürfte klar sein, dass bei einer Testaktion mit dem Leserpublikum durch die sicher individuell oft unterschiedliche Handhabung des Tests nicht die gleiche Kontrolle gegeben ist, wie unter wissenschaftlichen Versuchsbedingungen. Dort kann z. B. die statistische Sicherheit eines solchen Tests schon dadurch erhöht werden, dass die Auswahl der Testpersonen nach einer Zufalls-Zuordnung geschieht. Die Durchführung der Tests würde, um einheitliche Bedingungen zu schaffen, unter genauer Anleitung normiert und kontrolliert werden müssen. Auch müsste wohl die Korrelation des Tests mit sich selbst überprüft werden, d. h. inwieweit eine Versuchsperson bei nochmaliger Durchführung eines vergleichbaren Testprogramms (natürlich mit anderen Merkworten) auch dieselben Ergebnisse erzielt und weiter, inwieweit z. B. Tageszeit, Stimmung, Aufmerksamkeit usw. in das Ergebnis hineinspielen.

Die Gesamtzahl der hier ausgewerteten Testergebnisse dürfte jedoch ausreichen, um solche Unterschiede und Schwankungen bereits auszugleichen. Ja, wir mussten und müssen immer wieder feststellen, dass das hier erhaltene Durchschnittsergebnis – und auch die beobachteten Streuungen an Lerntypen – bereits bei einer Gruppe von 30 Teilnehmern in den Grundzügen erkennbar ist.

Natürlich wären eine Reihe Verbesserungen denkbar. So gehen z. B. neben dem *abgefragten* Eingangskanal bei den Tests I–V auch gleichzeitig die individuell sehr verschiedenen Querverknüpfungen *zwischen* den Eingangskanälen in das Ergebnis ein. Wer etwa ein besonders gutes visuelles Gedächtnis hat, kann sich beim »Lesen«-Test den gelesenen Gegenstand bildhaft vorstellen, ihn sozusagen »innerhalb« sehen und damit sein vielleicht gutes visuelles Gedächtnis ausnutzen.

Diese und weitere Assoziationen ließen sich zwar vermeiden (und das auch nur zum Teil), wenn ausschließlich Nonsens-Wörter behalten werden müssten – eine beliebte Form wissenschaftlicher Gedächtnistests. Ein solcher »Lesen«-Test z. B. ließe sich dann aber schon nicht mehr mit dem »Sehen«- oder »Anfassen«-Test vergleichen. Denn wie sollte man sinnlose oder abstrakte »Gegenstände« darstellen? Das Problem, die verschiedenen Eingangskanäle exakt auseinanderzuhalten und die Wirkung »innerer« Verknüpfungen zwischen den Eingangskanälen getrennt zu erfassen, ist jedenfalls noch nicht gelöst.

Weiterhin würden sich beim Einzelnen, allein wenn man z. B. andere Begriffe als die hier verwendeten auswählt (etwa solche aus einem bestimmten Fachbereich, abstrakte statt gegenständliche Begriffe, Verben statt Substantiva usw.), andere Werte ergeben (zumindest würden die individuellen Unterschiede dann andere Ursachen haben). Doch auch dies wird natürlich durch die Auswertung statistisch großer Zahlen wieder weitgehend ausgeglichen.

Jedenfalls zeigte dieser kleine Test – ganz abgesehen von seiner Information für den, der ihn durchführt – schon deutliche Tendenzen sowohl in den Unterschieden der einzelnen Lerntypen, als auch in gewissen Gemeinsamkeiten; etwa was die häufigste Dauer der Speicherung im Ultrakurz- und Kurzzeit-Gedächtnis oder was die auffallende Schwäche des verbal-abstrakten Eingangskanals betrifft. In jedem Fall ist weitere Forschung und Erkenntnis auf dieser Basis höchst sinnvoll und dürfte weitere konkrete Hinweise für den Einzelnen wie auch für generelle didaktische Fragen ergeben.

Ergebnisse

1. Ermittelte Durchschnittswerte:

Test Nr.	Mittelwert	Standard-Abweichung
I, 1. Lesen	5,52	±1,7
I, 2. Hören	4,16	±1,8
I, 3. Sehen	7,29	±1,3
I, 4. Anfassen	6,79	±1,5
I, 5. Kombiniert	6,98	±1,6
II, 1. UZG	7,7 sec (0,12 min)	
II, 2. KZG	783,0 sec (13,05 min)	
III, 1. ohne Verknüpfung	7,81	±3,0
III, 2. mit Verknüpfung	11,58	±3,9
IV, 1. langweilig	6,05	±1,7
IV, 2. interessant	5,75	±1,7
V. Interferenz	5,14	±2,9

2. Aussage der Ergebnisse

Man erkennt, dass die Mittelwerte bei den Tests »Sehen« (I, 3), »Anfassen« (I, 4) und »Kombiniert« (I, 5) sehr nahe beieinander liegen, wobei das Ergebnis beim kombinierten Test sogar etwas schlechter ausfällt als beim »Sehen«-Test. (Vielleicht durch gelegentliche Interferenz zwischen den verschiedenen Eingangskanälen?)

Am auffälligsten sind die statistisch eindeutig niedrigeren Werte des »Hören«-Tests (I, 2), also des auditiven Eingangskanals. Natürlich auch hier beschränkt auf Wörter, also auf abstrakt-verbale Information. Bei Musik, Geräuschen, Stimmenerkennung usw. könnte dieses Ergebnis ganz anders aussehen – und wieder anders, wenn etwa die erwähnten Nonsens-Silben für den »Lesen«- und »Hören«-Test verwendet würden.

Die auffallend schlechtere Speicherung über das gehörte Wort scheint jedenfalls gesichert. Sie wurde noch bestärkt, nachdem von jedem Test die mathematische Verteilungsfunktion ausgerechnet wurde. Aus dieser kann man ablesen, dass bei den Tests »Sehen« (I, 3), »Anfassen« (I, 4) und »Kombiniert« (I, 5) praktisch jeder fünf oder mehr Dinge behalten hat, während beim »Hören«-Test (I, 2) des Öfteren kein einziges Wort mehr erinnert wurde.

Der Bildertest mit den »langweiligen« Zeichnungen (IV, 1) fiel entgegen unserer ursprünglichen Vermutung besser aus als der Test mit den »interessanten« Zeichnungen (IV, 2). Die Verhältnisse kehrten sich um, als wir eine längere Betrachtungszeit (10 sec pro Bild) erlaubten. Wir schließen daraus, dass die interessanten Bilder bei der kurzen Betrachtungszeit von 1–2 sec (in der man noch kaum assoziative Verknüpfungen bilden konnte) vom eigentlichen Begriff ablenken und zumindest keine unmittelbare Merkfähigkeit erzeugen (Indifferenz).

Später erfuhren wir durch andere Versuchsgruppen bei einer Überprüfung des Langzeit-Gedächtnisses (erneutes Abfragen nach mindestens einem Tag), dass bei diesem Bildertest – auch bei der kurzen Betrachtungszeit – *nur* noch Bilder der »interessanten« Gruppe gespeichert waren, dagegen überhaupt keine mehr der ursprünglich gut behaltenen »langweiligen« Gruppe.

Aus der Messung des Ultrakurzzeit-Gedächtnisses (II, 1) ergab sich ein Mittelwert von rund 8 sec. Interessanterweise ist dieser Wert nicht identisch mit dem häufigsten Wert, der nämlich nur rund 2 sec beträgt.

Der Mittelwert ist also in diesem Fall eine nicht sehr aussagekräftige Zahl. Er kam dadurch zustande, dass einige wenige Kandidaten recht lange Zeiten erreichten (bis zu Minuten-Länge). Bei ihnen war die Information offensichtlich schon in das Kurzzeit-Gedächtnis gelangt.

Für das Kurzzeit-Gedächtnis (II, 2) liegt der häufigste Wert bei rund 4 min. Auch hier wurde der Mittelwert durch denselben Effekt unverhältnismäßig erhöht und liegt bei rund 12 min, da bei einigen wenigen Testpersonen die Information offensichtlich in das Langzeit-Gedächtnis gelangte und noch nach über 90 min erinnert wurde.

Ein Vergleich der Tests III, 1 (Merken *ohne* Zusammenhang) und III, 2 (Merken *mit* Zusammenhang) zeigt eindeutig, dass beim bewussten Einsatz von Gedankenverbindungen um 50% mehr Begriffe behalten werden (11,58 statt 7,8). Außerdem bestätigte sich dabei, dass die meisten Testpersonen das Bilden von Gedankenverknüpfungen im Prinzip beherrschen bzw. umgehend erlernen.

3. Aussage der Korrelationsberechnung

Aus den ersten 311 zugesandten Ergebnissen haben wir sämtliche Korrelationen zwischen den verschiedenen Tests errechnet, um festzustellen, ob bestimmte Gedächtniseigenschaften mehr als zufällig mit bestimmten anderen zusammen auftreten. In dieser Berechnung hätte eine völlige Parallelität zwischen zwei verschiedenen Tests den Wert 1, während der Wert 0 bedeutet, dass jeglicher Zusammenhang fehlt. In unserem Fall waren die meisten Korrelationen recht niedrig (unter 0,2), was noch innerhalb der statistischen Fehlergrenze liegt. Daraus folgt, dass die Lerntypen tatsächlich sehr verschieden sind. Lediglich zwischen verwandten Tests (Test I, Test III/IV) ergeben sich signifikante Korrelationen bis zum Wert 0,5, z. B. zwischen »Anfassen« (I, 4) und »Kombiniert« (I, 5), zwischen »Sehen« (I, 3) und »Hören« (I, 2), zwischen »Kombiniert« (I, 5) und »interessante Bilder« (IV, 2).

Praktisch Null ist die Korrelation zwischen irgendeinem der Gedächtnistests (Test I oder III/IV) und der Länge des Ultrakurzzeit-Gedächtnisses (II, 1) und des Kurzzeit-Gedächtnisses (II, 2). Weiterhin zeigen die Gedächtnis-Tests weder zum »Interferenz«-Test (V) noch zum Alter noch zum Geschlecht der Testperson irgendeine Korrelation. Für die Statistiker unter den Lesern sei noch erwähnt, dass die Korrelations-Koeffizienten mit einem Fehler von 0,2 (bei 95% Sicherheit) behaftet sind.

Ein Nachwort zur Wirkung dieses Buches von Rudolf Schilling

Auf viele Menschen haben die in diesem Buch angesprochenen Gedanken und Zusammenhänge anregend gewirkt. Das Thema »Schulstress« beschäftigt und bedrängt täglich Schüler, Eltern und Lehrer, die sich mit Punktwerten, Gewichtungen und Prüfungsbestimmungen herumplagen müssen. Sie alle stehen unter dem Druck von Leistungsnormen und eines zermürbenden Wettbewerbs um gute Noten.

Die schulische Wirklichkeit ist von dem, was man »biologisch sinnvoll« nennen kann, noch weit entfernt. Es drängt sich daher die Frage auf: Wie haben sich Buch und Film ›Denken, Lernen Vergessen‹ auf die noch so unvollkommene Realität ausgewirkt? Haben sich überhaupt konkrete Folgen ergeben? Oder ist dieser Anstoß, der Denken und Lernen auf seine biologischen Grundlagen zurückstellen will, im Kreis der Leser und Zuschauer nur nickend entgegengenommen worden, dann aber steckengeblieben?

Es wäre vermessen zu erwarten, dass eine Fernsehserie oder ein Buch ein ganzes System verändern könnten, zumal ein so festgefahrenes wie unser Schulsystem. Trotzdem kann man heute, einige Jahre seit der ersten Veröffentlichung, feststellen, dass ›Denken, Lernen, Vergessen‹ Bewegung in die pädagogische Landschaft gebracht und eine Anzahl von Veränderungen in Gang gesetzt hat.

Die Wirkung liegt darin begründet, dass Frederic Vester auf naturwissenschaftlich-biologischer Basis genau das belegt, was viele Betroffene mehr oder weniger deutlich gespürt haben: dass nämlich das schulische Lernen grundsätzlich falsch vorgeht, dass es dem menschlichen Organismus widerspricht.

Aus der Kenntnis der Gehirnvorgänge belegt ›Denken, Lernen, Vergessen‹ die Aufklärung darüber, dass die Schulmisere ihre Ursachen weniger beim Einzelnen als im Schulsystem selbst hat, in den Unsinnigkeiten der üblichen Pädagogik, der Lehrmittel, der Lehrpläne, der Schulordnung, der Struktur des Unterrichts. Damit sind Schüler, Eltern und Lehrer von quälenden Selbstzweifeln und

Selbstvorwürfen befreit worden. Viele Eltern und Lehrer, die latent bereit waren, zum Gegenangriff auf die lernfeindliche und damit lebensfeindliche Schulbürokratie überzugehen, bekamen nun endlich stichhaltige Argumente geliefert. Weil diese Argumente aus der Biologie der Lernvorgänge hergeleitet sind, lassen sie sich nicht mehr so einfach vom Tisch wischen.

Eine Durchsicht der rund 20 000 Zuschriften zeigt, dass Buch und Film viele dazu ermutigt haben, eigene Bemühungen intensiver voranzutreiben und mit den aus ›Denken, Lernen, Vergessen‹ gewonnenen Erkenntnissen selber aktiv zu werden. Bürger- und Elterninitiativen wie zum Beispiel die »Aktion humane Schule« erhielten gleichsam Munition für ihre Bestrebungen. Sinnvolle, aber bisher nicht zum Zuge gekommene Alternativ-Ideen in der Schulpädagogik bekamen Schützenhilfe. Wer bislang vereinzelt oder ohne von anderen zu wissen über eine »kindgerechte« und »lerngerechte« Pädagogik nachgedacht hatte, konnte nun auf Grund und an Hand der wissenschaftlichen Argumentation von ›Denken, Lernen, Vergessen‹ gemeinsam mit Gleichgesinnten eigene Ideen in die Tat umsetzen. Eine große Zahl von Elterninitiativen und bildungspolitischen Arbeitskreisen griffen die Inhalte von ›Denken, Lernen, Vergessen‹ auf, diskutierten sie auf öffentlichen Veranstaltungen und leiteten daraus bildungspolitische Forderungen ab.

Wie war das Echo an den Hochschulen? Einige Dozenten begannen sich ernsthaft mit der »Biologie des Lernens« zu beschäftigen. Inzwischen sind bereits eine ganze Reihe von Examensarbeiten zu diesem Thema geschrieben worden. In mehreren Instituten wurden auch eigene Untersuchungen, besonders zu Fragen der Lerntypen und der unterschiedlichen Eingangskanäle, durchgeführt. Viele Studenten und Dozenten, vor allem natürlich der pädagogischen Hochschulen, baten um Stellungnahmen und Beratung bei Prüfungs- und Diplomarbeiten, bei Dissertationen und anderen wissenschaftlichen Projekten, die sich mit dem Denken und dem Lernen auseinander setzen – ganz abgesehen natürlich von Vesters Vorlesungen und Seminaren selbst: an den Universitäten Konstanz, Regensburg, Essen oder in seinen Filmvorlesungen an der von Professor Hellbrügge (dem Gründer der Münchner Montessori-Schule) eingerichteten »Kine-Klinik« an der medizinischen Fakultät der Universität München.

Besonders interessant waren die Rückmeldungen von außerhalb des eigentlich pädagogischen Bereichs. Mehrere psychosomatische Kliniken haben die Lernbiologie in ihre Arbeit einbezogen und auf dieser Grundlage neue Therapieformen entwickelt. Die Anregungen wirkten bis in die bauliche Gestaltung hinein (wie beim Neubau des Rehabilitationszentrums Hochegg bei Wien). Am Lehrstuhl für »Baukonstruktion und Entwerfen« der Technischen Universität Berlin wurden Erkenntnisse aus ›Denken, Lernen, Vergessen‹ in die Architektenausbildung aufgenommen. Der »Elternkreis drogengefährdeter und drogenabhängiger Jugendlicher« arbeitet mit Erfolg nach lernbiologischen Konzepten – unter anderem mit Vesters Filmen.

Am raschesten hat die Wirtschaft reagiert, die bestrebt ist, die Schulung der Mitarbeiter möglichst effizient zu gestalten. ›Denken, Lernen, Vergessen‹ – sowohl die inzwischen käuflichen Filme als auch das Buch – werden zunehmend in Ausbildungskursen verwendet. Frederic Vester selbst wurde von einer Reihe von großen Firmen eingeladen, betriebsinterne Kurse, Tagungen und Seminare für Ausbilder (und Ausbilder der Ausbilder) abzuhalten, um diese in die Biologie des Lehrens und Lernens einzuführen.

Inzwischen haben auch Volkshochschulen, Management-Institute, Verwaltungsakademien und Lebenshilfezentren mehr und mehr auf Buch und Filmen beruhende Kurse und Seminare durchgeführt. Die Zentrale für berufliche Bildung der Bundespost zum Beispiel hat eine Sonderausgabe des Buches herstellen lassen, um die Biologie des Lehrens und Lernens auf breiter Basis in die innerbetriebliche Ausbildung einfließen zu lassen.

Am häufigsten wurde der Wunsch geäußert, es sollten Kurse entwickelt werden, die in die neuen, biologisch begründbaren Wege des Lernens einführen. Nachdem dieses Vorhaben zunächst an der Bürokratie der zuständigen Ministerien scheiterte, ist es nun durch privates Engagement doch in eine konkrete Phase gerückt: Gemeinsam mit dem Klett-Verlag und dem Bayerischen Volkshochschulverband wird zurzeit am Institut von Frederic Vester ein allgemeiner Grundkurs ausgearbeitet, der eine biologisch fundierte

»Gebrauchsanweisung« für den richtigen Umgang mit unserem kostbarsten Instrument, dem Gehirn, liefert.

Dasselbe ist im Bereich der Lehrmittel für Schulen festzustellen. Auch hier hat der neue Ansatz lediglich dank der Privatinitiative einiger Verleger erste sichtbare Spuren hinterlassen. Die ernsthaftesten Bemühungen zu einer Umorientierung in lernbiologischer Richtung hat wohl der Klett-Verlag unternommen. Er beauftragte schon kurz nach der Ausstrahlung der Filme das Institut von Frederic Vester, entsprechende Curricula aufzubauen sowie eine Pilot-Serie für einen neuen Schulfilmtyp herzustellen (unter dem Titel ›Blick ins Gehirn‹). Die neuen Schulfilme sollen unter lernbiologischen Gesichtspunkten den Möglichkeiten des Mediums Film besser gerecht werden. Ferner ist Frederic Vester zur inhaltlichen Gestaltung neuer Schulbücher herangezogen worden. Der Klett-Verlag hat sich den in diesem Buch ausgesprochenen Grundsatz zu Eigen gemacht, dass Lehrbücher in Zusammenarbeit mit den Schülern konzipiert und geschrieben werden müssen.

Ein weiteres Schulbuch, ›Deutsch 7‹ des List-Verlags, bezieht ebenfalls wesentliche Erkenntnisse von ›Denken, Lernen, Vergessen‹ ein. Der Westermann-Verlag gibt mit seinen ›Leitthemen‹ für Lehrer unter Frederic Vesters Mitarbeit konkrete Arbeits- und Denkhilfen zur Anwendung eines »vernetzten« und damit biologisch sinnvollen Denkens und Lernens.

Aufs Ganze gesehen haben bis heute, wie es vielleicht nicht anders zu erwarten war, die Schulbehörden, Kultusministerien und Hochschulverwaltungen am trägsten reagiert. Diese sind (und waren es leider schon immer) für neue Erkenntnisse am wenigsten aufgeschlossen, auch wenn sich diese in ihrem nächsten Arbeitsbereich vorteilhaft auswirken könnten.

An politischen Vorstößen Einzelner hat es dennoch nicht gefehlt. So reichte zum Beispiel im Februar 1976 der bayerische Landtagsabgeordnete Werner Kubitza eine schriftliche Anfrage ein »betreffend Wiedereinbeziehung des menschlichen Organismus in die Lernvorgänge«. Die lakonische Antwort des Staatsministeriums für Unterricht und Kultus war, dass in den bayerischen Schulen die lernbiologischen Erkenntnisse längst berücksichtigt seien und dass diesbezüglich alles in bester Ordnung sei. Bezeichnend ist, dass das

Ministerium ungefähr zur gleichen Zeit bekannt gab, dass in den Lehrplänen der Grundschulen die Fächer Musik und Sport stark gekürzt werden müssten.

Wenn wir versuchen, Bilanz zu ziehen, so lässt sich trotz aller Einzelerfolge nicht sagen, dass ›Denken, Lernen, Vergessen‹ bereits einer neuen Pädagogik und Didaktik zum Durchbruch verholfen hätte. Es ist jedoch anzunehmen und zu hoffen, dass die vorhandenen Ansätze weiterwirken werden und eine Kettenreaktion von Veränderungen einleiten.

Eines steht fest: Die Humanisierung der Schule – und damit auch des späteren, durch die Schule geprägten Berufslebens – ist in der Bundesrepublik wie in anderen Ländern zu einem brennenden Politikum geworden. Möge daher diese Taschenbuchausgabe mit ihrer Breitenwirkung zu dieser Humanisierung einen weiteren Beitrag leisten. Nur wenn wir biologisch sinnvoll lernen, werden wir das Gelernte auch biologisch sinnvoll anwenden, und das heißt: eine lebenswertere und lebensfähigere Welt vorbereiten.

München 1978

Worterklärungen

ACETYLCHOLIN: Verbreiteter→ = »AFR« – Transmitter im Nervensystem.

ACTH: Adreno-Cortico-Tropes-Hormon. Steuerhormon des → Hypophysen-Vorderlappens. Bewirkt die Abgabe der Nebennierenrindenhormone, z. B. von→ Hydrocortison.

ADRENALIN: Hormon des Nebennierenmarks (»Flucht«-Hormon). → Catecholamin mit vielseitiger Rolle. Erhöht Blutdruck und Blutzuckerspiegel, steigert die Herzfrequenz und wirkt als → Transmitter und Gegenspieler anderer Transmitter.

AMINOSÄURE: Etwa zwanzig verschiedene Aminosäuren bilden die Bausteine aller → Proteine. Allgemeine Formel:

$H_2N\text{–}\underset{\displaystyle R}{\underset{|}{CH}}\text{–}COOH.$

Der Rest R variiert stark und bestimmt Art und Form der Verkettung und Verknäulung der Aminosäure zum → Protein.

AMNESIE, RETROGRADE: Rückwirkendes Vergessen. Nur die schon im → Langzeit-Gedächtnis gespeicherten Eindrücke bleiben erhalten.

ARCHETYP: Urtümliche bzw. angeborene Verhaltensweise bzw. Bilder.

AXON: ¹⁄₁₀ mm bis meterlanger Zellfortsatz des → Neurons, der die Nervenerregung weiterleitet.

CATECHOLAMINE: Chemische Substanzgruppe, zu der u. a. → Adrenalin und → Noradrenalin gehören.

CHROMOSOMEN: Im Zellkern verwahrte Träger der Erbsubstanz. Aus → DNA und → Proteinen aufgebaute häkchenförmige »Gen-Pakete«, die sich kurz vor jeder Zellteilung verdoppeln.

CODE, GENETISCHER: Seine Einheit, das Codon, ist eine Dreierfolge von Nukleotiden (→ DNA). Es gibt 64 verschiedene Codons. Ihre in der → DNA festgelegte Reihenfolge wird auf die → RNA übertragen, die wiederum bei der → Proteinsynthese die Aneinanderknüpfung der jeweils einem Codon entsprechenden → Aminosäuren bestimmt.

CODEIN: Chemischer Abkömmling des → Morphins.

CORPUS CALLOSUM: Auch »Balken«. Brücke aus Nervenfasern, die die beiden Gehirnhälften miteinander verbindet.

CORPUS STRIATUM: Mit den unwillkürlichen Bewegungen betrautes Schaltzentrum seitlich des → Thalamus.

CORTEX: Großhirnrinde. Sitz der Sinneswahrnehmungen und intellektuellen Leistungen.

DNA: Desoxyribo-Nucleic-Acid (alte Abk.: DNS; engl. acid = Säure). Träger der genetischen Information. Spiraliges Makromolekül aus zwei Strängen (Doppel-Helix), welches in einer unregelmäßigen, kettenartigen Aneinanderreihung die Nukleotide enthält: vier verschiedene Stickstoffbasen mit einem Zuckerphosphatrest. Die Zuckerart heißt Desoxyribose.

Effektor: Organ bzw. Gewebe, das auf bestimmte chemische oder nervliche Impulse mit einem entsprechenden Effekt reagiert.

Elektroenzephalogramm (EEG): Kurvenverlauf der Aktionsströme des Gehirns, die durch Elektroden aufgenommen werden.

Enzyme: Biokatalysatoren. → Proteine, die den Ablauf chemischer Reaktionen bzw. die Einstellung eines Gleichgewichts beschleunigen.

Epiphyse: Zirbeldrüse. Unter dem Hinterende des → Corpus callosum gelegen. Steuert bestimmte rhythmische Funktionen.

Evolution: Entwicklung der Lebewesen von den Gasmolekülen der Uratmosphäre über → Aminosäuren, Zellen, Zellverbände und Organismen bis zur Artenvielzahl der Lebewesen.

Genetischer Code: → Code.

Gonaden: Geschlechtsdrüsen, Keimdrüsen (Hoden, Eierstöcke).

Halluzinogen: Halluzinationen hervorrufende Substanz.

Haptisch (griech.): Den Tastsinn betreffend.

Hardware (engl. = Metallwaren): Bei der Datenverarbeitung die Elektronik und feste Verdrahtung einer Rechenanlage im Gegensatz zum veränderbaren Programm (→ Software).

Hemisphäre: hier: Gehirnhälfte.

Holographie: Dreidimensionale Wiedergabe eines mit Laserstrahlen auf einer Fotoplatte kodifizierten Bildes (Hologramm).

Hydrocortison: Durch → ACTH gesteuertes Nebennierenrindenhormon. Beeinflusst den Zucker- und Eiweißstoffwechsel, verringert die Immunabwehr.

Hypophyse: Hirnanhangdrüse. Anhang des → Hypothalamus. Steuert einen großen Teil des Hormonhaushalts.

Hypothalamus: Unterer Teil des → Thalamus; der → Hypophyse übergeordnet. Entstehungsort vieler → Triggerhormone.

Interferenz: hier: Störung der Informationsaufnahme im Gehirn durch andere, »interferierende« Wahrnehmungen.

Ion: Elektrisch geladenes Atom oder Molekül.

Kalium: Als → Ion wichtiger Ladungsträger bei der Nervenerregung und -leitung.

Kurzzeit-Gedächtnis: Etwa 20 Minuten dauernd, durch starken Schock (→ Amnesie) löschbar. An die Bildung von → RNA gebunden.

Kybernetik (griech. kybernetes = Steuermann): Wissenschaft von den Steuerungsvorgängen, Wirkungs- und Regelkreisen.

Langzeit-Gedächtnis: Entsteht durch die feste Einlagerung von → Proteinen innerhalb des → Neurons, die sich an der → RNA gebildet haben (→ Kurzzeit-Gedächtnis).

Limbisches System: Aus dem Riechhirn entwickelte Region oberhalb des Zwischenhirns, u. a. bei der Entstehung von Gefühlen beteiligt.

LSD: Lyserg-Säure-Diäthylamid. → Halluzinogenes Rauschmittel.

MEG: Magneto-Enzephalographie (Registrierung der Magnetfelder des Gehirns).

Mescalin: → Halluzinogen aus Peyotl, einer mexikanischen Kakteenart.

METHADON: → Morphinabkömmling mit geringeren Suchterscheinungen.

MNEMOTECHNIK (griech. mnemos = Gedächtnis): Technik des Speicherns und Merkens von Information.

Morphin: Opiumbestandteil. Stammverbindung z. B. für → Codein.

MRI: Magnetic Resonance Imaging (entspricht der Kernspin-Tomographie).

NATRIUM: Als → Ion wichtiger Ladungsträger bei der Nervenerregung und -leitung.

NEUROLOGIE: Die Lehre von den Nerven und Nervenkrankheiten.

NEURON: Nervenzelle, Gehirnzelle. Wird durch elektrochemische Impulse (Wahrnehmungen) erregt. Ihre Funktion ist es, die Erregung zu »erkennen« und auf andere Zellen weiterzuleiten.

NORADRENALIN: Durch → Sympathikusreizung u. a. im Nebennierenmark ausgeschüttetes → Catecholamin (»Angriffs«-Hormon) mit → Transmitterwirkung vor allem bei hemmenden → Synapsen.

NUKLEINSÄUREN: Makromoleküle in Lebewesen wie → DNA und → RNA.

OPERATIONAL: Mit Tätigkeit verbunden, durch Handlung beschreibend.

PARASYMPATHIKUS: Bildet mit seinem Gegenspieler → Sympathikus das → vegetative Nervensystem. Seine Funktion dient zu Erholung, Energiespeicherung, Aufbau.

PEPTID: Verbindung aus zwei oder mehr → Aminosäuren, die miteinander zu einer Kette verknüpft sind.

PET: Position Emissions-Tomographie.

PROTEIN (auch: Eiweiß): Riesenmolekül aus einer Kette zahlreicher (100–1000) → Aminosäuren, die zu einer dreidimensionalen Form verknäult sind.

PSILOCYBIN: → LSD-ähnliches → Halluzinogen.

PUROMYZIN: Antibiotikum, hemmt u. a. die Biosynthese der → Proteine.

REGELKREIS: Ein in sich geschlossener Informationskreislauf, der Abweichungen von einem sog. Sollwert durch Rückkoppelung (Feedback) selbst regelt.

RIBOSOM: Virusgroße Zellpartikel, an denen sich mit Hilfe der → RNA die Proteinbiosynthese vollzieht.

RNA: Ribo-Nucleic-Acid (alte Abk.: RNS; engl. acid = Säure). Ähnlich der → DNA gebautes Riesenmolekül. Übernimmt bei der Transkription den Informationsinhalt der DNA und überträgt ihn aus dem Kern in die Zelle.

SCOTOPHOBIN: → peptidartige Substanz aus den Hirnen von Ratten, die auf »Furcht vor Dunkelheit« dressiert waren.

SOFTWARE (engl.): Sammelbegriff für die veränderbaren Programme bei Rechenanlagen, Medien etc. im Unterschied zum Gerät selbst (→ Hardware).

STAMMHIRN: Entwicklungsgeschichtlich ältester Teil des Gehirns. Steuert lebenswichtige Körperfunktionen (Atmung etc.).

STRESS: Anspannung, Verbiegung, Verzerrung (ursprünglich in der Werkstoffprüfung). In der Biologie: durch → Stressoren ausgelöster neurohormoneller Mechanismus, der ein Lebewesen auf Flucht oder Angriff präpariert.

Stressor: Stress erzeugender innerer (Angst, Unsicherheit) oder äußerer (Hitze, Kälte) Reiz, der ein charakteristisches z. T. messbares Symptombild ergibt.

Sympathikus: Bildet mit dem → Parasympathikus das vegetative Nervensystem. Seine Erregung durch den → Hypothalamus z. B. unter → Stress bewirkt → Catecholaminausschüttung aus der Nebenniere und andere direkte und indirekte Stoffwechselveränderungen.

Synapse: Endknöpfchen der Nervenfasern. Dient als Schaltstelle zwischen Nerv/Nerv, Nerv/Muskel etc. Ankommende Signale werden mittels → Transmitter auf die angrenzende Zelle weitergeleitet.

Testosteron: In den Hoden gebildetes männliches Sexualhormon.

Thalamus: Region im Zwischenhirn. Wichtige Schaltzentrale für sämtliche Sinneswahrnehmungen.

Transkription: »Ablesung« der genetischen Information auf der → DNA durch die → RNA. Dabei entsteht ein getreuer komplementärer »Abdruck« des entsprechenden Gen-Abschnitts.

Transmitter: Chemische Überträgersubstanzen (z. B. → Acetylcholin, → Noradrenalin) in den → Synapsen, die bei Erregung des → Axons freigesetzt werden.

Triggerhormone: In den Nervenzellen des → Hypothalamus gebildete Auslösehormone, die die Produktion weiterer Hormone in Gang setzen.

Ultrakurzzeit-Gedächtnis: Elektrochemische Erregung der Gehirnzellen durch Wahrnehmungen, die nach 10 bis 20 Sekunden wieder abklingt.

Vagus: Hauptnerv des → Parasympathikus.

Vegetatives (Nerven-)System: Besteht aus → Sympathikus und → Parasympathikus (→ Vagus). Steuert die autonomen, dem Willen nicht unterliegenden Körperfunktionen wie bestimmte Drüsenfunktionen, Verdauung, Blutdruck, Herztätigkeit etc.

Anmerkungen und Literaturhinweise

Für den näher interessierten Leser soll im Folgenden vor allem der Zugang zu den *biologischen Grundphänomenen* etwas erleichtert werden. Da viele der angeführten Forschungsarbeiten aus dem englischen Sprachbereich stammen, wird, wo immer möglich, auf interdisziplinäre Übersichtszeitschriften wie Scientific American, New Scientist, Science und ähnliche verwiesen, die auch in deutschen Bibliotheken fast immer greifbar sind.

1 Scientific American, Special Issue: Mind and Brain (Sept. 1992).

2 F. Vester: Unsere Welt – ein vernetztes System, München 1983. (Das Buch ist eine Zusammenfassung der gleichnamigen Wanderausstellung des Autors.)

3 R. E. Cytowic: Farben hören, Töne schmecken. Die bizarre Welt der Sinne, Berlin 1995.

4 B. Hassenstein: Biologische Kybernetik, Heidelberg 1973. Ders.: Information und deren Verarbeitung, in: Das Leben, S. 303 ff., Freiburg 1971. Eine erste repräsentative Kurzübersicht führender Fachkollegen bot bereits die Ausgabe des New Scientist vom 25. Juni 1970 mit sieben Artikeln von S. Rose: The future of brain sciences; P. Bateson: What is learning; G. Horn: Experience and the central nervous system; B. Tiplady: The chemistry of memory; K. Oatley: The psychologists' view of memory; J. Dobbing: Food for thinking; M. P. M. Richards: Behaviour and the social environment; sämtlich New Scientist 46, 618 ff. (1970). Siehe auch H. Schnabl: Sprache und Gehirn, Elemente der Kommunikation, München 1972.

5 F. Vester: Neuland des Denkens, Kap. Kybernetik, S. 50 ff., 10. Aufl. München 1997; ders.: Ballungsgebiete in der Krise, 5. aktualisierte Aufl., München 1994.

6 R. J. Wurtman: On the function of the pineal gland, Proceedings of the 25th International Congress of Physiological Sciences, München 1971.

7 M. C. Corballis u. J. L. Biale: Scientific American 224, 96 (März 1971). J. A. Sechzer (über die Wechselwirkung zwischen den beiden Großhirnhälften): Science 169, 889 (1970). N. Geschwind, M. S. Gazzaniga, W. A. Lisham (Untersuchungen über durchtrennte Hirnhälften), ref.: New Scientist 48, 578 (1970). R. W. Sperry u. B. Preilowski: Die beiden Gehirne des Menschen, Bild der Wissenschaft 9, 921 (1972). R. E. Ornstein: Die Psychologie des Bewusstseins, Köln 1974.

8 E. de Bono: Das spielerische Denken. Warum Logik dumm machen kann, und wie man sich dagegen wehrt, Hamburg 1977. Tony Buzan:

Use both sides of your brain, New York 1976. Ders.: Kopf Training. Anleitung zum kreativen Denken, München 1993.

9 A. Rupert Sheldrake: A New Science of Life – Das schöpferische Universum, London 1981. Ders.: Das Gedächtnis der Natur, München 1991.

10 Über erste Vergleiche Computer und Gehirn s. z. B. K. Smith: A Computer that learns like the brain, New Scientist 43, 473 (1969). A. M. Uttley: Models of memory, New Scientist 46, 634 (1970). Vgl. auch J. Schurz: Gehirnstruktur und Verhaltensmotivation, Naturwissenschaftliche Rundschau 25, 45 (1972) sowie J. P. Schadé: Die Funktion des Nervensystems, Stuttgart 1971.

11 Wegweisend waren hier die Arbeiten von E. Körner an der TH Ilmenau. Vgl. HighTech Juli 1991, S. 26.

12 T. E. Everhart u. T. L. Hayes: Scientific American 226, 67 Jan. 1972). Aufnahmen von E. R. Lewis, Univ. of California.

13 In Anlehnung an die ausgezeichneten Darstellungen von J. P. Schadé, s. Anm. 10.

14 Erste illustrative Artikel über die synaptische Übertragung s. z. B. H. Haas u. L. Hösli: Naturwissenschaftliche Rundschau 26, 237 (1973). V. P. Whittaker: Die Naturwissenschaften 60, 281 (1973). Bericht über das Synapsensymposium der Royal Soc., London: Umschau für Wissenschaft und Technik 72, 398 (1972); über die 106. Versammlung der Gesellschaft Deutscher Naturforscher und Ärzte, Düsseldorf: Naturwissenschaftliche Rundschau 24, 207 (1971). L. Heimer, Scientific American 225, 48 (Juli 1971). Vgl. auch die Spezialausgabe des Scientific American, Anm. 1.

15 J. L. Conel: Life as revealed by the microscope, New York 1970. G. D. Grave (über die Rolle des Sauerstoffs): Journal of Neurochemistry 19, 187 (1972), ref. New Scientist 53, 193 (1972). S. Shapiro u. K. Kukovich (über die Prägung des Säuglingsgehirns durch Sinneswahrnehmungen): Science 167, 292 (1969). Neuere Arbeiten über die Ausbildung des Grundmusters kommen aus den Instituten von K. Altert, Hirnforschungsinstitut Univ. Zürich; von J. Dobbing, Univ. Manchester; von B. Cragg, Monash-Univ., Australien und anderen.

16 T. N. Wiesel u. D. H. Hubel: Long-term changes in the cortex after visual deprivation, Proceedings of the 25th International Congress of Psychological Science, München 1971. R. D. Freeman, D. E. Mitchell u. M. Millodot: A neural effect of partial visual deprivation in humans, Science 175, 1384 (1972). Über das Sehzentrum der Ratten berichtete B. Cragg (s. Anm. 15) aus australischen Untersuchungen.

17 C. Blakemore u. andere: Proceedings of the National Academy of Sciences 70, 1353 (1972), ref. New Scientist 58, 662 (1973), New Scientist 54, 4 (1972). S. Rose (über die Gehirnaktivität bei der Prägung von Küken): Science 181, 576 (1973).

18 J. L. Neikes: Verhaltensbeobachtung und Entwicklungsanalyse als Schlüssel zur Erfassung und Grundlage zur Bildung geistig behinderter Kinder, Praxis der Kinderpsychologie 16, 62 (1968). Ders.: Über Grund-

lagen u. Möglichkeiten der ethologisch stimmigen Betreuung von gesunden und behinderten Kindern, Praxis der Kinderpsychologie 17, 292 (1968). R. Balazs: Hormones and Brain development, New Scientist 58, 96 (1973). S. Levine: Sex Differences in the brain, Scientist American 214, 84 (April 1966).

19 H. Neville u. P. Chase (Unterernährung): Experimental Neurology 33, 485 (1972). B. Cragg (Unterernährung): Brain 95, 143 (1972), beide ref. New Scientist 54, 121 (1972). J. Dobbing (Unterernährung und Hyperkinese): ref. New Scientist 64, 268 (1974). J. H. Menkes (Eiweißüberernährung): Medical Tribune 38, 1 (1971). G. D. Grave (Sauerstoffmangel): s. Anm. 15. J. D. Fernstrom u. R. J. Wurtman (spätere Nahrungseinflüsse im Regelkreis Schlaf – Nahrungsverbrauch – Nahrungsaufnahme – Hormonmuster): vgl. Scientist American 228, 51 (Juli 1973).

20 Auf der medizinischen Tagung der Roche-Forschungsstiftung 1977 in Basel berichtete z. B. A. Carlsson über Tierversuche, nach denen bestimmte mit der Muttermilch übertragene Psychopharmaka (z. B. zur Narkose benutzte Neuroleptika) die spätere Lernfähigkeit schädigen, indem sie die Bildung wichtiger Transmitter (Dopamin) im wachsenden Säuglingsgehirn verhindern.

21 Nach internationalen statistischen Untersuchungsergebnissen vgl. New England Journal of Medicine 319, 468 (1988) u. 322, 83 (1990).

22 Den Anfang hierzu bildet die schmerzfreie (durch autogenes Training entspannte) Geburt nach Read oder nach Leboyer und das Zusammenlassen von Mutter und Kind in den ersten Stunden, das auch bei Tieren als entscheidend für mütterliches Verhalten und einen funktionierenden Brutpflegeinstinkt beobachtet wird. S. z. B. M. M. Klaus, New England Journal of Medicine 286, 460 (1972), sowie J. L. Neikes, s. Anm. 18. T. Bower (über die gewaltige Lernkapazität Neugeborener): Competent Newborns, New Scientist 61, 672 (1974). Weiterhin M. Odent: Die sanfte Geburt, München 1978 u. Marion Schreiber: Die schöne Geburt, Hamburg 1981.

23 Es handelt sich um vorübergehende Veränderungen, erkennbar anhand von Zeitsprungbildern bestimmter Gehirnzellenkomplexe im präfrontalen Cortex, die aus verschiedenen Altersgruppen von 3 bis 15 Jahren stammen. Mehrere amerikanische und kanadische Institute kamen dabei zu den gleichen Ergebnissen. Siehe u. a. E. R. Sowell et al: In vivo evidence for post-adolescent brain maturation in frontal and striatal regions, Nature Neuroscience 2, 859 (1999) oder im daran anschließenden Artikel J. N. Giedd et al.: Brain development during childhood and adolescence: a longitudinal MRI-study.

24 Die Feinstruktur solcher Wachstumsvorgänge im lebenden Gehirn konnte erst kürzlich mit neueren Aufnahmetechniken wie MRI (magnetic resonance imaging = Kernspin-Tomographie) und PET-Scanning (Positronen Emissions-Tomographie) erfasst und dargestellt werden. Mit Hilfe der Magnetoenzephalographie (MEG) lassen sich zudem an den Änderungen der Magnetfelder die Aktivitäten der Gehirnfelder

lokalisieren und damit auch Veränderungen der Gehirnorganisation nachvollziehen.

25 M. Crenson: Parents just don't understand: Brain changes, not hormones, explain many adeloscent behaviors, The Associated Press 30. 12. 2000.

26 Nach C. Ferris (University of Massachussetts in Worcester) äußert sich bei jugendlichen Hamstern, während sich z. B. ein bestimmtes Verhältnis von Dominanz und Unterordnung zwischen den Tieren bildet, dieser »Lernvorgang« in anatomischen Veränderungen im Hypothalamus. Vgl. z. B. F. T. Crews: Binge ethanol consumption causes differential brain damages in young adolescent rats compared with adult rats. Alcohol Clin.Exp.Research 24, 1712 (Nov. 2000).

27 Nach Untersuchungen an der Birmingham University N. Y. manifestiert sich das Verhalten Erwachsener in ihrem Gehirn unterschiedlich stark, je nachdem in welchem Alter die ersten Einflüsse z. B. von Drogen erfolgten. Vergl. auch F. T. Crews in Anm. 26 sowie L. P. Spear: Neuroscience and Behavioral Reviews 24, 417 (2000).

28 L. E. Ponton: The Romance of Risk: Why Teen-agers Do the Things They Do. Basic Books; USA, 1998.

29 H. Tritthart: Lokalisation von Gedächtnisinhalten, Naturwissenschaftliche Rundschau 24, 289 (1971). K. H. Simon: Möglichkeiten der Erinnerung, Naturwissenschaftliche Rundschau 24, 388 (1971). L. Mutschnik (über die Kapazität des Ultrakurzzeit-Gedächtnisses): Ideen des exakten Wissens 253, 1969. W. Sintschenko u. G. Wutsch (UZG u. optische Wahrnehmung): Ideen des exakten Wissens 89, 1970.

30 P. Yarnell u. S. Lynch, The Lancet 1, 863 (1970), ref. New Scientist 46, 215 (1970).

31 H. L. Teuber: The frontal lobes and their function, Proc. of the 25th International Congress of Psychological Science, München 1971. Vgl. auch Bericht in der Medical Tribune 35, 27. 8. 1971.

32 H. Marko: Ein Funktionsmodell für die Aufnahme, Speicherung und Erzeugung von Information im Nervensystem, Röntgenblätter 24, Nov. 1971. Vgl. auch H. Schnabl, s. Anm. 4, S. 99 ff. u. 113 ff.

33 G. F. Domagk u. H. P. Zippel: Biochemie der Gedächtnisspeicherung, Die Naturwissenschaften 57, 152 (1970). E. Kosower: A Model for molecular memory mechanisms, New Scientist 57, 710 (1973). K. H. Simon, s. Anm. 29.

34 H. L. Teuber, s. Anm. 31 zur Gehirnaktivität beim Übergang vom Kurzzeit- zum Langzeit-Gedächtnis und bei posttraumatischer und retrograder Amnesie.

35 Das zeigen z. B. Untersuchungen des Teams von D. Shalit u. anderen am Hadassah Hospital in Jerusalem wie auch die unter Anm. 33 aufgeführten Arbeiten.

36 B. W. Agranoff: Memory and protein synthesis, Scientist American 216, 115 (1967). S. auch S. Rose, s. Anm. 17.

37 Vgl. F. Vester: Neuland des Denkens, Kap. Leben – im Anfang war das Wort, S. 166 ff., München 1997.

38 G. F. Domagk: Theorien u. Experimente zur Gedächtnisspeicherung, Chemie in unserer Zeit 7, 1 (1973).

39 G. Chedd: Scotophobin – memory molecule or myth?, New Scientist 55, 240 (1972), sowie die kritische Nachuntersuchung von A. Goldstein: Comments on the »Isolation, identification and synthesis of a specific-behavior-inducing brain peptide«, Nature 242, 60 (1973). H. P. Zippel: Sind Erinnerungen Moleküle?, Bild der Wissenschaft 11/8, 38 (1974). Ebenso falsch – und die Komplexität der genetischen Information ignorierend – wäre die von manchen Gentechnikern suggerierte Annahme, dass ein bestimmtes Gen eine bestimmte Funktion befiehlt.

40 H. D. Lux u. andere: Excitation and external flow (über die RNA- und Proteinsynthese elektrisch stimulierter Neuronen): Experimental Brain Research 10, 197 (1970). Ref. V. Shashoua (Lernvorgang benötigt RNA in Goldfischen): Proceedings of the National Academy of Sciences 65, 160 (1970). Vgl. auch B. Tiplady, s. Anm. 4.

41 H. Laudien: Physiologie des Gedächtnisses, Heidelberg 1977; vgl. ders.: Wie funktioniert das Gedächtnis?, Umschau für Wissenschaft und Technik 77, 310 (1977).

42 Dabei werden die Übergänge zwischen den beteiligten Gehirnzellen über den synaptischen Spalt durch in beide Richtungen wirkende einfache Botenstoffe (z. B. Glutamat und Stickstoffmonoxid) ausgelöst. Vgl.: Gedächtnis-Gas aufgespürt, Bild der Wissenschaft 4, 120 (1992).

43 G. W. Kreutzberg u. P. Schubert: Neuronal activity and axonal flow, in: E. Genazzani u. H. Herken (Hrsg.): Central nervous system – studies on metabolic regulation and function, Berlin 1973.

44 Nach Untersuchungen von H. Hyden, Univ. Göteborg, Inst. f. Neurobiology.

45 Bericht der Umschau in Wissenschaft und Technik 73, 91 (1973) zur Biologie des Gedächtnisses über die Arbeiten von W. O. Shaffer (Weg der visuellen Eindrücke), E. H. Rubin (Hirnströme durch bekannte und unbekannte Wahrnehmungen), T. O. Kleine (Speicherung immunologischer u. geistiger Informationen). Vgl. auch E. Kosower, s. Anm. 33.

46 G. O. M. Leith (über geistige Fähigkeiten im Alter): Impact of Science on Society (UNESCO) 18, 169 (1968). F. Craik: When Memory fades (über das Vergessen), New Scientist 53, 428 (1972). F. Wilkie u. C. Eisdorfer: Intelligence and blood pressure in the aged, Science 172, 959 (1971).

47 H. Haug: Biologisches Altern des menschlichen Gehirns. Naturwissenschaftliche Rundschau 42, 448 (1989).

48 R. C. Atkinson u. R. M. Shiffrin: The control of short-term memory, Scientific American 225, 82 (August 1971).

49 H. Schnabl: Zur Funktion des Gedächtnisses in Kommunikationsprozessen, Naturwissenschaftliche Rundschau 25, 343 (1972).

50 So wurde zum Beispiel 1983 die dafür verantwortliche Substanz, ein Glutamatrezeptor, gefunden, der wie eine Schleuse in der Zellmembran wirkt, die umso besser funktioniert, je häufiger sie benutzt wird. Vgl. auch Anm. 42.

51 Becker-Carus: Grundriss der Physiologischen Psychologie, Heidelberg 1981.
52 Vgl. R. E. Cytowic (Anm. 3): Über die Implikationen der Synästhesie.
53 R. Fischer u. Mitarb., Experientia 23, 150 (1967).
54 H.C. Leuner (Psych. Klin. Univ. Göttingen): Die experim. Psychose, Berlin 1962. D. Mutschler, VII. Internationaler Kongress für Psychotherapie, Wiesbaden 1967.
55 G. Horn u. J. MacKay (über LSD-Schäden): 5. International Congress of Pharmacology, San Francisco 1972, ref. in New Scientist 55, 181 (1972). H. Kolanski u. W.T. Moore (über Haschisch-Schäden): Journal of the American Medical Association, 2. Okt. 1972. R. Lewin: Marihuana on trial, New Scientist 54, 548 (1972) (auch über andere Halluzinogene unter Angabe weiterführender Literatur). F. Benington u. Mitarb. (über spezifische Gehirnrezeptoren für halluzinogene Amphetamine), Nature New Biology 242, 185 (1973).
56 C.B. Pert u. S.H. Snyder: Opiate receptor – Demonstration in nervous tissue. Science 179, 1011 (1973). T.J. Teyler (Hrsg.): Altered states of Awareness III, External control (Marihuana, Hallucinogenic drugs, Experiments with goggles, The split brain of man, The physiology of meditation), Scientific American Readings, San Francisco 1972.
57 Solche »Glücksdrogen« könnten auch mit den kürzlich entdeckten körpereigenen opiat-ähnlichen Substanzen unseres Gehirns, z. B. dem Enkephalin, konkurrieren und deren transmitterähnliche Übermittlerrolle in einem noch unentdeckten Nervennetzwerk auf nachhaltige Weise stören. Vgl. R. Lewin: Opiates in all our Brains, New Scientist 66, 436 (1975).
58 F. Vester: Hormone und die Umwelt des Menschen, Die Kapsel 31, 1343 (1973).
59 R. Guillemin u. R. Burgus: The hormones of the hypothalamus, Scientific American 227, 24 (Nov. 1972).
60 F. Vester: Phänomen Stress – wo liegt sein Ursprung, warum ist er lebenswichtig, wodurch ist er entartet? 17. Aufl. München 2000.
61 Vgl. die klassischen Arbeiten über die verschiedenen Transmitter und die Rolle der Giazellen, Synapsen und Enzyme für deren Speicherung, Nachschub und Abbau von U.S. von Euler: Klinische Wochenschrift 49, 524 (1971). W. Logan u. S.H. Snyder: Nature 234, 297 (1971), sowie F. Henn und A. Hamberger, Proceedings of the National Academy of Sciences 68, 2686 (1971).
62 Über die Rolle des Stress, seine Evolution und seine Beziehung zum Verhalten vgl. F. Vester (Anm. 60) sowie H. Schäfer u. M. Blohmke: Sozialmedizin, Stuttgart 1972, A. Alland: Aggression und Kultur, Frankfurt 1974, H. Autrum: Autorität – Stress, München 1973, sowie J. Schurz, s. Anm. 10. Über die Beziehung zum Lernen vgl. G.B. Leonard: Erziehung durch Faszination, München 1971 sowie F. Vester: Neuland des Denkens, Kap. 18: Denkmodelle – auf dem Weg zur dynamischen Norm, und Kap. 19: Lernen – auf dem Weg zu einer kybernetischen Lernstrategie. München (9. Aufl.) 1995.

63 S. Levine: Stimulation in infancy, Scientific American 202 (Mai 1960). Ders.: s. Anm. 18.
64 S. Levine: Stress and behaviour, Scientific American 224, 26 (Jan. 1971).
65 L. D. Harmon: The recognition of faces, Scientific American 229, 75 (1973).
66 T. Buzan: Kopf Training. Anleitung zum kreativen Denken. Vgl. auch Cytowic. Anm. 3. Über die Integrationsfunktion von Gehirn bzw. Computer vgl. R. B. Fuller: Die Aussichten der Menschheit – Projekte und Modelle I, Frankfurt 1968 (z. B. die Entstehung einer »originellen Frage«). S. auch A. Kompanejez: Quantenspiel der Gedankenfreiheit, Bild der Wissenschaft 9, 912 (1972).
67 Die Anfang der 70er Jahr entwickelte Theorie der Fuzzy logic nach Lotfi Zadeh arbeitet mehr mit den Beziehungen zwischen den Teilen eines Systems als mit den Teilen selbst. So kommt man statt mit einer Fülle exakter Messdaten mit wenigen unscharfen Bereichen aus. Nicht nur, dass dabei der Datenaufwand (z. B. für die Prozesssteuerung) drastisch reduziert wird, auch die Ergebnisse sind paradoxerweise genauer und es treten weniger Fehler auf, da die Regulations- und Steuerungsabläufe des Systems effizienter genutzt werden. Vgl. z. B. B. Kosko: Fuzzy logisch. Eine neue Art des Denkens. Hamburg 1993 sowie R. Seising: Prinzipiell Unscharf! Exakte Naturwissenschaften und Fuzzy Set Theorie, Naturwissenschaftliche Rundschau 54, 177 (2001).
68 In F. Vester und A. v. Hesler: Sensitivitätsmodell, Umlandverband Frankfurt (1980) sowie in Studiengruppe für Biologie und Umwelt (Hrsg.): Ökologie im Verdichtungsraum – Biokybernetische Erfassung und Planung, Frankfurt 1979 sind die theoretischen Grundlagen des Verfahrens dargelegt und in F. Vester: Die Kunst, vernetzt zu denken – Ideen und Werkzeuge für einen neuen Umgang mit Komplexität (DVA 1999) die 20-jährige Erfahrung in der praktischen Anwendung der dazu entwickelten Software (System-Tools) beschrieben.
69 K. H. Pribram: The neurophysiology of remembering, Scientific American 220, 73 (Jan. 1969). Zur Diskussion der Hologrammhypothese vgl. P. J. van Heerden, Nature 225, 177 (1970), und D. J. Willshaw, Nature 225, 178 (1970). Vgl. auch J. O'Keefe u. L. Nadel: Maps in the brain, New Scientist 62, 749 (1974).
70 J. B. Gurdon, Scientific American 219 (Dez. 1968).
71 F. Vester: Die Theorie der Repressoren – und spezielle Aspekte, die sich für den Arzt daraus ergeben, Die Kapsel 21, 711 (1967).
72 O. J. Grüsser: Signalverarbeitung im Zentralnervensystem, Die Naturwissenschaften 59, 436 (1972). R. B. Fuller, s. Anm. 66.
73 M. Rosenzweig u. Mitarb.: Brain changes in response to experience, Scientific American 226, 22 (Febr. 1972). Vgl. auch J. Dobbing, s. Anm. 19. Über die Rolle der Gliazellen vgl. R. Prü u. R. Briceno, Brain Research 36, 404 (1972), ref. in New Scientist 53, 528 (1972).
74 F. Vester: Psychologisch-soziologische Effekte der Netzwerkplanung auf die Gruppe, Kommunikation V, 183 (1968). G. Walter (über Kommuni-

kation zwischen Gehirnen, Bedeutung des indiv. Grundmusters): Impact of Science on Society (UNESCO) 18, 179 (1968). W. Biehler: Resonanz in der Biologie (mit weiterführender Literatur über Rhythmen u. Resonanzen). Mitteilungen der Pollichia (Bad Dürkheim) 16, 96 (1969). Vgl. auch J. Schurz, s. Anm. 77.

75 Vergleiche das Kapitel »Vom Klassifizierungs-Universum zum Relations-Universum« in Anm. 105.

76 S. Anm. 60 u. 62.

77 J. Schurz: Gehirnstruktur und Verhaltensmotivation, Naturwissenschaftliche Rundschau 25, 45 (1972).

78 S. I. Hayakawa: Sprache im Denken und Handeln, Allgemeinsemantik, Darmstadt 1971.

79 F. Vester: Neuland des Denkens, Kap. Denkmodelle – auf dem Weg zur dynamischen Norm, S. 456 ff. München 1997. Vgl. auch G. B. Leonard, in Anm. 62, S. I. Hayakawa, s. Anm. 78, O. Illner-Paine: Industrial realism brightens the classroom, New Scientist 48, 31 (1970).

80 S. I. Hayakawa: s. Anm. 78, (über intentionale Einstellung, akademischen Jargon etc.). I. J. Lee, C. R. Rogers u. R. R. Roethlisberger: Probleme der Kommunikation, in: S. I. Hayakawa (Hrsg.): Wort und Wirklichkeit – Beiträge I zur Allgemeinsemantik, Darmstadt 1972. G. Schwarz (Hrsg.): Wort und Wirklichkeit – Beiträge II zur Allgemeinsemantik, Darmstadt 1974.

81 G. Akinlaja: Moderne Unterrichtsmethoden bedrohen unsere Kinder, Medical Tribune 8 Nr. 45 a, Ausg. 13. 11. 1973. P. Rozin u. Mitarb.: American children with reading problems can easily learn to read English represented by chinese characters, Science 171, 1264 (1971). British Medical Research Council, Abt. f. Entwicklungsphysiologie (Bericht): Bild der Wissenschaft 9, 1143 (1972); vgl. auch K. Sirch: Der Unfug mit der Legasthenie, Stuttgart 1975.

82 Über die Assoziationstheorie s. z. B. D. Thomson u. E. Tulving, Journal of Experimental Psychology 86, 255 (1970). P. Newelski, Ideen der exakten Wissenschaft 379, 1969, A. Luria, Scientific American 222, 60 (März 1970), H. Tritthart, s. Anm. 29, B. Tiplady, New Scientist 46, 625 (1970), u. a.

83 Vgl. F. Vester: Denkblockaden und Hormonreaktion, in: Hormone und die Umwelt des Menschen, s. Anm. 62 sowie F. Vester, G. B. Leonard, s. Anm. 62, und G. Akinlaja, s. Anm. 81.

84 S. Anm. 62, 83 u. 85.

85 H. R. Maturana u. F. J. Varela: Der Baum der Erkenntnis. Wie wir die Welt durch unsere Wahrnehmungen erschaffen – die biologischen Wurzeln des menschlichen Erkennens, München 1990; vgl. auch F. Vester: Phänomen Stress, 14. Aufl. München 1995.

86 Über Schocktherapie gegen Panik u. Prüfungsstress arbeitet das Team von J. Prochaska, Department of Psychology, Univ. of Rhode Island, Providence R. I., USA. S. I. Hayakawa (s. Anm. 78): Sprache und Überleben (S. 6), Der Prozess der Symbolbildung (S. 22), Die Sprache des

sozialen Zusammenhalts (S. 72), Misstrauen gegen Abstraktionen (S. 194), Der blockierte Verstand (S. 227). S. auch Bericht der Medical Tribune Nr. 23, 4. 6. 1971, über Probleme der Lernforschung.

87 Neugierde, Wissbegierde, Lernbegierde sind Triebe, die einem Betätigungsdrang unserer Nervenzellen entsprechen: ähnlich dem Bewegungsdrang unseres Körpers (der ja ebenfalls durch Nerven erfolgt). Ungestillte Neugierde ist unerträglich, ihre Erfüllung dagegen befriedigt. Der Wunsch nach etwas »Interessantem« (neugierig gemacht zu werden), entspringt wahrscheinlich dem Wunsch nach einer Spannung, deren Befriedigung Lust erzeugt. Der Betätigungsdrang der Nervenzellen könnte fast als Ersatz dafür verstanden werden, dass sich Nervenzellen im Gegensatz zu den anderen Körperzellen nie mehr teilen können (auf Grund ihrer extremen Spezialisierung).

88 So werden zum Beispiel bei der Folge 1,1; 1,01; 1,001; 1,0001; ... die Glieder zwar auch immer kleiner, der Grenzwert ist aber 1 und nicht Null! Oder umgekehrt: bei der Zahlenfolge 0,1; 0,2; 0,01; 0,02; 0,001; 0,002; ... werden die Glieder *nicht* dauernd kleiner, trotzdem ist sie eine echte Nullfolge. Die Schüler werden das dann vielleicht so formulieren, dass die Glieder einer Nullfolge »schließlich« der Null »beliebig nahe« kommen. Später kann dann der Lehrer das Wort »schließlich« durch die Nummerierung der Glieder n wiedergeben, das »beliebig nahe« durch die Wahl einer Größe ε, die als Schranke gilt. Auf diese Weise geht der Weg vom »unscharfen« Ganzen zum präzisen Detail, ohne dass das »Ganze« verloren geht.

89 Vgl. S. I. Hayakawa (Anm. 78): Höhere Bildung, akademischer Jargon und Babuismus, S. 300 ff.

90 Osborn: The Body, London 1972, gibt ein Beispiel für Lernen durch Selbstentdeckung mit Hilfe mehrerer mitgelieferter Lehrmittel, ref. New Scientist 53, 659 (1972). L. Issing: Lautes Denken fördert das Lernen, Umschau in Wissenschaft und Technik 70, 386 (1970). Vgl. A. Luria, s. Anm. 82 sowie H. Tritthart, s. Anm. 29, über die Biologie der Betätigung verschiedener Assoziationsfelder.

91 Neue Lern- und Lehrformen auf der Basis der Lernbiologie und Suggestopädie haben inzwischen vor allem in der Weiterbildung und als individuelle Lernhilfen – wenn auch noch nicht in unseren Lehrplänen – Fuß gefasst. Einige Titel. R. Miller: Lehrer lernen. Ein pädagogisches Arbeitsbuch, Weinheim 1986; R. Harter-Meyer: Cornelsen Arbeitslehre 1, Berlin 1995; G. Bubolz: Lernen unter anthropologischen, psychologischen und pädagogischen Aspekten, Frankfurt 1989; K. Riedel: Persönlichkeitsentfaltung durch Suggestopädie, Hohengehren 1995; B. Sensenschmidt: Bio-logisch Lernen, Göttingen 1993; T. Buzan: Nichts vergessen! Kopftraining für ein Supergedächtnis, München 1994; K. Oppolzer: Super lernen. Tipps & Tricks von A–Z, München 1993; F. Vester u. a.: Aufmerksamkeitstraining in der Schule, Heidelberg 1996 sowie die in Anm. 92 u. 95 genannten Titel.

92 Das amerikanische Journal of the Chemical Society zeigte auf dem Deck-

blatt seines Aprilheftes (1973) den ernst gemeinten Hinweis auf eine neue Lerntechnik: Science comics, ref. New Scientist 58, 39 (1973). B. N. Volgin hat in der russischen Zeitschrift Chemie und Leben (Chimija i jisn) 3, 3 (1973) die Einführung von Komik, Erstaunen, Freude durch Zeichnungen u. Musik in die Vorlesungen als Lernhilfe empfohlen, ref. in New Scientist 59, 210 (1973), R. E. Smith untersuchte den positiven Effekt humorvoller Versionen eines Lerninhalts auf die Examensresultate im Journal of Personality and Social Psychology 19, 243 (1972), und die Nachrichten aus Chemie und Technik 20, 146 (1972) berichten über die didaktische Umsetzung der komplizierten Regeln der chemischen Analyse als Kartenspiel.

93 F. Vester: Neuland des Denkens, Kap. 18: Denkmodelle, München (9. Aufl.) 1995

94 L. Hogben: Wunderbare Zahlenwelt – 5 Jahrtausende Mathematik, Gütersloh 1956.

95 Erste Hinweise hierzu kamen von K. R. Hammond: Computer graphics as an aid to learning – it can facilitate the rapid learning of an important cognitive skill (mit weiterführender Literatur über Feedback-Lernen und Nutzung des »Fehlers« als Orientierungshilfe), Science 172, 903 (1971). M. Goldsmith (Vorsitzender der Commonwealth Assoc. of Science and Mathematics Educators über die historische Notwendigkeit völlig neuer Curricula für eine integrierte Wissenschaft): Science Teachers in search of significance, New Scientist 58, 261 (1973).

96 F. Vester: Die Sache mit der Wüstenschnecke – Untersuchung von Ökosystemen. In Anm. 2 Kap. 18.

97 A. M. Bihrle u. Mitarb. berichten in Brain and Cognition 5, 399 (1987) über ähnliche Ergebnisse von Lernerfolgen mit unterschiedlich Gehirngeschädigten.

98 Dieser 1978 von der Studiengruppe für Biologie und Umwelt in München durchgeführte Kleinversuch wurde nicht weiter verfolgt, da er bei der erstarrten Struktur des Medizinstudiums keine Chance auf allgemeine Einführung hatte.

99 Eine Weiterentwicklung von Frederic Vesters *Ökolopoly*, das Rollenspiel *Kybernetien, das Parlament entscheidet*, war unter anderem im Rahmen des 2. Göttinger Symposiums von der Bundeszentrale für politische Bildung als Modell unterhaltsamen Lernens in der Schule und das Computerspiel in Workshops seit der CeBit'94 zu sehen und auszuprobieren. 1999 wurde es als Server/Client-Version vom ZDF über Internet im Wettbewerb angeboten.

100 Die mit der Comenius-Medaille 2000 und von *Bildung-Online* als Lernspiel des Monats ausgezeichnete CD-ROM-Version *ecopolicy* (Westermann-Multimedia) ist im Handel oder direkt bei der Studiengruppe für Biologie und Umwelt Frederic Vester GmbH zum Preis von DM 69,– (zuzügl. Versandkosten) erhältlich. Weitere Informationen finden sich auf den Webseiten www.ecopolicy.de oder www.frederic-vester.de.

101 D. Dörner: Die Logik des Misslingens, Hamburg 1992.

102 F. Vester: Wasser = Leben. Ein kybernetisches Umweltbuch mit 5 Kreisläufen des Wassers. Ravensburg 1991.

103 F. Vester: Ein Baum ist mehr als ein Baum, München 1986. Das (faule) Ei des Kolumbus, München 1984. Dieses und weitere ›Fensterbücher‹ des Autors werden derzeit auf CD-ROM als interaktive Lernform übertragen.

104 Know-how-Paket »Sensitivitätsmodell Prof. Vester®«. Computergestütztes Planungsinstrumentarium mit Intensivschulung und Softwarebetreuung zum Umgang mit komplexen Systemen. Information bei sbu, Nussbaumstr. 14, 80336 München, sowie im Internet unter http://www.frederic-vester.de.

105 Die Umsetzung als praktische Planungs- und Entscheidungshilfe ist ausführlich dargestellt in F. Vester: Die Kunst, vernetzt zu denken – Ideen und Werkzeuge für einen neuen Umgang mit Komplexität, München 1999.

106 Ausser ›Unsere Welt – ein vernetztes System‹ (s. Anm. 2) ist hier ›Mensch und Natur – gemeinsame Zukunft‹ (für das Bayerische Umweltministerium auf der IGA 83 in München erstellt) sowie die Wanderausstellung ›Wasser = Leben‹ nach dem gleichnamigen Drehscheibenbuch (s. Anm 102) zu nennen.

107 In dieser Richtung gab mir der Pädagoge und Künstler Hugo Kükelhaus (†) wertvolle Impulse, vgl. z. B. ›Organismus und Technik‹, Frankfurt 1979, ›Fassen, Fühlen, Bilden‹, Köln 1975 oder ›Exempla – Entfaltung der Sinne‹ (in der von Robert Jungk herausgegebenen Reihe ›Morgen – Entwürfe für die Zukunft‹), Stuttgart 1975.

108 Über eine Art »innere Resonanz« zwischen den beiden Hirnhälften vgl. J. A. Sechzer, s. Anm. 7, sowie M. S. Gazzaniga, ref. in Umschau in Wissenschaft und Technik 69, 186 (1969). Tests zur Interferenz- und Decay-Theorie vgl. J. Ceraso: The interference theory of forgetting. Scientific American 217, 117 (Okt. 1967), Tests zur Verweilzeit der Kurz- und Langzeiterinnerung (die Dreiteilung in UZG, KZG und LZG war damals noch nicht erkannt) vgl. L. R. Peterson: Short term memory, Scientific American 215, 90 (Juli 1966).

109 Vgl. den Bericht: Mind-Mapping ersetzt lineare Denkweise durch hirngerechte Problemlösungen (Karriere-Serie) Wirtschaftswoche v. 7. 6. 91.

Bildquellen

Deutsche Verlags-Anstalt, Stuttgart (Hellmut Ehrath): 19, 20, 21, 23 (Zeichnung), 24, 26, 31, 34, 35, 98; (Jahn) 168.
Studiengruppe für Biologie und Umwelt, München: 22, 23, 42, 46 (links oben), 80, 106, 123, 128, 129.
E. R. Lewis, Univ. of California: 33.
ANP Foto, Amsterdam: 46.
Karl-Friedrich Schäfer: 63.
Aiga Rasch, Stuttgart: 68, 69, 104, 112, 152, 153, 222, 223.
Studio Roderjan, Hamburg: 74, 76, 77, 78.
U. S. National Laboratory, Oakridge: 79.
L. D. Harmon: 108, 109.
Klaus Bruder, Ottobrunn: 114 (links), 142.
Deutscher Taschenbuch Verlag, München: 118 (rechts).
Die übrigen Abbildungen stammen aus dem Fernsehfilm ›Denken, Lernen, Vergessen‹ von Frederic Vester.

Register

Ecopolicy – Das kybernetische Strategiespiel von Frederic Vester

Wie steuert man eine Industriegesellschaft, ein Schwellenland und ein Entwicklungsland so, dass es zu einem Gleichgewicht der Bereiche Politik, Produktion, Umweltbelastung, Lebensqualität, Sanierung, Aufklärung und Bevölkerungsentwicklung kommt?

Das Programm simuliert die Wirkungszusammenhänge die sich aus einzelnen Spielentscheidungen ergeben und schärft das Verständnis für die ökologischen, wirtschaftlichen und sozialen Zusammenhänge dieser Welt. Es fördert politisches Denken und Handeln, Gruppendynamik und Teamarbeit.

Systemanforderungen:
Pentium II PC, 32 MB RAM, VGA-Karte, Soundkarte, CD-ROM-Laufwerk, Microsoft Windows95/98/2000/NT/ME

ISBN 3-14-364005-7
Herausgeber und Vertrieb
Westermann Schulbuchverlag GmbH
Postfach 49 38
38039 Braunschweig
www.westermann.de

Frederic Vester im dtv

Ein großer Umweltforscher und Kybernetiker,
der Neuland des Denkens erschließt.

Neuland des Denkens
dtv 33001
Frederic Vester fragt, warum menschliches Planen und Handeln so häufig in Sackgassen und Katastrophen führt. Das fesselnd und allgemeinverständlich geschriebene Hauptwerk von Frederic Vester.

Phänomen Streß
Wo liegt der Ursprung des Streß, warum ist er lebenswichtig, wodurch ist er entartet? · dtv 33044
Vester vermittelt in einer auch dem Laien verständlichen Sprache die Zusammenhänge des Streßgeschehens.

Unsere Welt – ein vernetztes System
dtv 33046
Anhand vieler anschaulicher Beispiele erläutert Vester die Steuerung von Systemen in der Natur und durch den Menschen und wie wir sie zur Lösung von Problemen einsetzen können.

Crashtest Mobilität
Die Zukunft des Verkehrs
Fakten–Strategien–Lösungen
dtv 33050

Frederic Vester
Gerhard Henschel
Krebs – fehlgesteuertes Leben
dtv 11181
Das vielschichtige Problem Krebs wird in grundlegenden biologischen und medizinischen Zusammenhängen diskutiert und dargestellt.

dtv

Biologie im dtv

William H. Calvin
Der Strom, der bergauf fließt
Eine Reise durch die Evolution
dtv 36077

Adolf Faller
Der Körper des Menschen
Einführung in Bau und Funktion
dtv 32518

Karl Grammer
Signale der Liebe
Die biologischen Gesetze der Partnerschaft
dtv 33026

Stephen Hart
Von der Sprache der Tiere
Vorwort von Frans de Waal
dtv 33012

François Jacob
Die Maus, die Fliege und der Mensch
Über die moderne Genforschung
dtv 33053

Konrad Lorenz
Er redete mit dem Vieh, den Vögeln und den Fischen
dtv 20225

Josef H. Reichholf
Das Rätsel der Menschwerdung
Die Entstehung des Menschen im Wechselspiel der Natur
dtv 33006

Jeanne Rubner
Was Frauen und Männer so im Kopf haben
dtv 33031
Vom Wissen und Fühlen
Einführung in die Erforschung des Gehirns
dtv 33042

Gertrud Scherf
Wörterbuch Biologie
dtv 32500

Nancy M. Tanner
Der Anteil der Frau an der Entstehung des Menschen
Eine neue Theorie zur Evolution
dtv 30591

Günter Vogel
Hartmut Angermann
dtv-Atlas Biologie
Tafeln und Texte
In drei Bänden
dtv 3221/dtv 3222/dtv 3223
Kassettenausgabe
dtv 5937

Naturwissenschaft im dtv

William H. Calvin
Der Strom, der bergauf fließt
Eine Reise durch die Chaos-Theorie
dtv 36077
Wie der Schamane den Mond stahl
Auf der Suche nach dem Wissen der Steinzeit
dtv 33022

Luigi Luca Cavalli-Sforza
Gene, Völker und Sprachen
Die biologischen Grundlagen unserer Zivilisation
dtv 33061

Holk Cruse, Jeffrey Dean, Helge Ritter
Die Entdeckung der Intelligenz
oder Können Ameisen denken?
dtv 33064

Antonio R. Damasio
Descartes' Irrtum
Fühlen, Denken und das menschliche Gehirn
dtv 33029

Paul Davies, John Gribbin
Auf dem Weg zur Weltformel
Superstrings, Chaos, Komplexität
dtv 30506

David Deutsch
Die Physik der Welterkenntnis
Auf dem Weg zum universellen Verstehen
dtv 33051

Hoimar von Ditfurth
Im Anfang war der Wasserstoff
dtv 33015

Hans Jörg Fahr
Zeit und kosmische Ordnung
Die unendliche Geschichte von Werden und Wiederkehr · dtv 33013

Robert Gilmore
Die geheimnisvollen Visionen des Herrn S.
Ein physikalisches Märchen nach Charles Dickens
dtv 33049

Karl Grammer
Signale der Liebe
Die biologischen Gesetze der Partnerschaft
dtv 33026

Helmut Hornung
Astronomische Streiflichter
Sternbilder, Gestirne und ihre Geschichten
dtv 33059

Naturwissenschaft im dtv

Lawrence M. Krauss
»Nehmen wir an, die Kuh ist eine Kugel...«
Nur keine Angst vor Physik · dtv 33024

Peretz Lavie
Die wundersame Welt des Schlafes
Entdeckungen, Träume, Phänomene
dtv 33048

Sydney Perkowitz
Eine kurze Geschichte des Lichts
Die Erforschung eines Mysteriums
dtv 33020

Josef H. Reichholf
Das Rätsel der Menschwerdung
Die Entstehung des Menschen im Wechselspiel mit der Natur · dtv 33006

Abner Shimony
Der Kampf um den verlorenen Tag
Eine Geschichte des Kalenders · dtv 33067

Simon Singh
Fermats letzter Satz
Die abenteuerliche Geschichte eines mathematischen Rätsels
dtv 33052

Frederic Vester
Neuland des Denkens
Vom technokratischen zum kybernetischen Zeitalter
dtv 33001
Denken, Lernen, Vergessen
Was geht in unserem Kopf vor?
dtv 33045
Unsere Welt – ein vernetztes System
dtv 33046
Crashtest Mobilität
Die Zukunft des Verkehrs
Fakten, Strategien, Lösungen
dtv 33050

What's what?
Naturwissenschaftliche Plaudereien
Hrsg. von Don Glass
dtv 33025

Das neue What's what
Naturwissenschaftliche Plaudereien
Hrsg. von Don Glass
dtv 33010

Fred Alan Wolf
Die Physik der Träume
Von den Traumpfaden der Aborigines bis ins Herz der Materie
dtv 33005

132 Grundtypen der Lebewesen/Baupläne der Tiere V: Insekten

A
1 beißend-kauend (Küchenschabe)
2 leckend-saugend (Biene)
3 saugend (Schmetterling)
4 stechend-saugend (Mücke)

1 Facettenauge
2 Fühler
3 Oberlippe
4 Unterlippe
5 Lippentaster
6 Oberkiefer
7 Unterkiefer
8 Kiefertaster
9 Stechborste

Typen von Mundgliedmaßen bei Insekten

Flugmuskel
Vorderdarm
Punktauge
Facettenauge
Fühler
Mitteldarm
Malpighische Gefäße
Herz
Oberlippe
Oberkiefer
Unterlippe
Unterkiefer
Speicheldrüse
Hüfte
Schenkelring
Oberschenkel
Unterschenkel
Fuß
Bauchmark
Eierstock
Enddarm
B
(1 Oberschlundganglion 2 Unterschlundganglion)

Vorderflügel
Kopf
Brust
Hinterleib
Hinterflügel
Tracheen
Luftsack
Stigma
C
Beuger
Strecker
Gelenkhaut
starres Chitin
D
E

Insekt: Bauplan (B, C); Beingelenk (D, Längsschnitt);

dtv-Atlas
Biologie
Band 3

dtv-Atlas Biologie
von Günter Vogel und
Hartmut Angermann
3 Bände
292 Farbseiten von
Inge und István Szász
Originalausgabe
dtv 3221/3222/3223

dtv-Atlas Psychologie
von Hellmuth Benesch
2 Bände
208 Farbseiten
von H. u. K. von Saalfeld
Originalausgabe
dtv 3224 / 3225

C.G. Jung – Taschenbuchausgabe

Herausgegeben von Lorenz Jung
11 Bände in Kassette dtv 59049
Auch einzeln erhältlich

Die Beziehungen zwischen dem Ich und dem Unbewußten
dtv 35170
Ein Überblick über die Grundlagen der Analytischen Psychologie

Antwort auf Hiob
dtv 35171
In diesem Spätwerk wirft Jung Grundfragen der religiösen Befindlichkeit des Menschen auf.

Typologie
dtv 35172
Die vier "Funktionen" der Jungschen Typenlehre – Denken, Fühlen, Empfinden und Intuition.

Traum und Traumdeutung
dtv 35173

Synchronizität, Akausalität und Okkultismus
dtv 35174
Jungs Beschäftigung mit dem Okkulten, auf der Suche nach den Tiefendimensionen des Unbewußten

Archetypen
dtv 35175

Wirklichkeit der Seele
dtv 35176
Eine Aufsatzsammlung zum Thema Analytische Psychologie.

Psychologie und Religion
dtv 35177
C.G. Jung beschreibt Religion als eine der ursprünglichsten Äußerungen der Seele gegenüber dem Göttlichen.

Die Psychologie der Übertragung
dtv 35178
Die Übertragung, ein Zentralbegriff der Analytischen Psychologie.

Seelenprobleme der Gegenwart
dtv 35179
Eine Aufsatzsammlung.

Wandlungen und Symbole der Libido
dtv 35180
Das zentrale Werk, mit dem sich C.G. Jung von Sigmund Freud löste.

Arno Gruen im dtv

»Arno Gruen ist der erste Psychoanalytiker, der von Nietzsche geschätzt worden wäre.«
Henry Miller

Der Verrat am Selbst
Die Angst vor Autonomie bei Mann und Frau
dtv 35000

Heute aktueller denn je: der Begriff der Autonomie, der nicht Stärke und Überlegenheit meint, sondern die volle Übereinstimmung des Menschen mit seinen eigenen Gefühlen und Bedürfnissen. Ein Buch, das eine Grunddimension menschlichen Daseins erfaßt.

Der Wahnsinn der Normalität
Realismus als Krankheit: eine grundlegende Theorie zur menschlichen Destruktivität
dtv 35002

Arno Gruen legt die Wurzeln der Destruktivität frei, die sich nicht selten hinter vermeintlicher Menschenfreundlichkeit oder »vernünftigem« Handeln verbergen. Er führt vor Augen, daß dort, wo Innen- und Außenwelt auseinanderfallen, Verantwortung und Menschlichkeit ausbleiben.

Der Verlust des Mitgefühls
Über die Politik der Gleichgültigkeit
dtv 35140

Solange Schmerz und Leid zu empfinden als Schwäche gilt, ist unser Menschsein verarmt und unvollständig. Das Buch entwickelt Wege, wie wir uns der Politik der Gleichgültigkeit bewußt werden und einen Ausweg aus der Sackgasse zu immer mehr Gewalt und weniger Mitgefühl finden können.